Mit siebzehn trampte Helge Timmerberg nach Indien, bereiste den legendären Hippie-Trail; in Kurdistan fiel er unter die Wölfe, im Iran wurde er verhaftet, und in Belutschistan traf ihn die Liebe – sie hieß Leila. Seither, seit vier Jahrzehnten, ist Timmerberg auf Reisen, Seßhaftigkeit hat ihm das Schicksal verboten – entstanden sind daraus ebenso abenteuerliche wie einzigartige Reportagen. Er erzählt, wie Hunter S. Thompson ihm in den Rocky Mountains die Freundin ausspannen wollte (und es nicht schaffte); wie Steven Seagal ihm beim Aikido einen Daumen und warum Havanna ihm das Herz brach. Er berichtet von einem wilden Kamelritt durch die marokkanische Wüste, von geheimen Haschisch-Oasen in Wien und davon, wie ihn am Amazonas um ein Haar der Jaguar gekriegt hätte. Und was noch? Geschichten über die Thaiboxer von Bangkok, die Astrologen von Varanasi, den Geheimdienst in Nordkorea und die Taxifahrer von Tel Aviv. Auf St. Pauli arbeitete Timmerberg als Nachtclub-Portier; in Marrakesch fand er sein Lieblingshaus. Aber auch hier konnte er nicht bleiben – unterwegs ist sein Zuhause.

Ein Abenteuerbuch, das seinesgleichen sucht – hintergründig, lebensklug und vor allem: packend von der ersten bis zur letzten Seite.
«In meiner Generation der beste Schreiber Deutschlands.» (Sibylle Berg)

Helge Timmerberg

Der Jesus vom Sexshop

*Stories
von unterwegs*

Rowohlt Taschenbuch Verlag

Veröffentlicht im Rowohlt Taschenbuch Verlag,
Reinbek bei Hamburg, Juni 2011
Copyright © 2010 by Rowohlt · Berlin Verlag GmbH, Berlin
Umschlaggestaltung ZERO Werbeagentur, München
(Foto: © Frank Zauritz; Location: Hotel Bogota, Berlin)
Satz aus der Hoefler PostScript (InDesign)
bei Pinkuin Satz und Datentechnik, Berlin
Druck und Bindung CPI – Clausen & Bosse, Leck
Printed in Germany
ISBN 978 3 499 62489 6

Inhalt

Ein Hippie in Persien
(Kurdistan – Aserbaidschan – Belutschistan)
9

Neulich im Heiligen Land
(Tel Aviv)
37

Wenn es weh tut, schlag zurück
(Bangkok)
41

Under the Sherry Moon
(Andalusien)
51

Sieben Tage im Reich der Angst
(Nordkorea)
57

Gold im Amazonas
(Brasilien)
73

LSD
(Bielefeld und Amsterdam)
111

Unter Schleppern
(Neu-Delhi)
123

Wenn Betten reden könnten
(Hotels)
127

Fabelhaftes Auto
(Berlin)
133

Hart. Härter. Hunter
(Rocky Mountains)
141

Der Slibowitz-Contest
(Belgrad)
153

Der Jesus vom Sexshop
(Hamburg)
161

Ana Marrakchi, mon ami
(Marrakesch)
169

Setzt euch nicht auf Kamele!
(Sahara)
183

Auszug aus der Medina
(Marrakesch)
193

Die Astrologen von Varanasi
(Indien)
203

Der Strand der gestrandeten Geschichten
(Havanna)
215

Cuba Libre
(Havanna)
229

I did it my Hemingway
(Havanna)
237

Stille
(überall)
245

Ein echter Samurai
(Paris)
249

Nur immer rein, der Herr!
(St. Pauli)
261

Ping Pong
(Wien)
275

Luft und Liebe
(Berlin – Zürich)
291

Freiheit von der Freiheit
297

Ein Hippie in Persien
(Kurdistan – Aserbaidschan – Belutschistan)

Angefangen hat es sicherlich mit Karl May, dem Simmel des 19. Jahrhunderts, aber richtig auf Trab gebracht wurde der Dämon erst mit der Lektüre eines Buches, das ein sportlicher Journalist geschrieben hatte: «Mit dem Fahrrad um die Welt». An den Namen des Autors kann ich mich nur noch unter Hypnose erinnern, unvergessen sind allerdings seine Schilderungen von den Nächten, in denen die Wölfe hinter ihm her waren. Und vor ihm waren die hohen Berge. Ich selbst reiste zum ersten Mal im Alter von siebzehn Jahren durchs wilde Kurdistan, und um ein Haar wäre es mir so wie dem Journalisten ergangen. Ich war zwar nicht mit dem Fahrrad unterwegs, aber bekanntlich ist es den Wölfen egal, wie man zu ihnen kommt.

Ich kam mit dem Zug von Istanbul. Drei Tage, zwei Nächte und immer mehr Schnee, immer höher, meterhoch hatten die Verwehungen ihn neben den Gleisen aufgehäuft, und die Endstation war Erzurum. Wir schrieben das Jahr 1970, es gab Pferdekarren und Reiter, und alle Männer trugen graue Mäntel und graue Bärte, und ich denke, alles in allem sah es in Erzurum so aus, wie sich Kafka Urlaub vorgestellt hat, eigentlich wie am Ende der Welt. Ein eisiger Wind trieb uns an schäbigen Holzhäusern vorbei, bis wir einen Minibus fanden, eine Art organisierter Linienverkehr zwischen dem Ende der türkischen Eisenbahn und der Grenze zum Iran. Sie lag nicht mehr als achtzig Kilometer entfernt, aber es wurde wirklich kurvig, und an den Seiten ging es wirklich schroff bergab, und was mich den Wölfen so nahe brachte, war ein Fehler, den ich machte: Ich begann mit den mitreisenden Moslems ein Gespräch über Mohammed, den Propheten. Eigentlich begannen sie damit. Sie wollten wissen, was ich über ihn denke, und ich hatte gerade ein enorm psychedelisches Jahr hinter mir, in dem ich unter Einfluß von LSD Hermann Hesse gelesen hatte, und antwortete in einem Englisch, das dem ihren nicht so unverwandt war: «Mohammed, holy man. But Jesus same, same. And same, same auch Buddha. We all same, same. Understand?»

Sie verstanden das zwar (auch inhaltlich), waren aber anderer Meinung und behielten aus eigener Kraft heraus recht. Wir waren nicht alle eins und nicht alle gleich, wir waren uns nicht mal ähnlich; ich zum Beispiel hätte niemals versucht, die Diskussion mit einem Rausschmiß aus dem Minibus zu beenden. Die Kurden schon. Sie rissen die Schiebetür auf, und acht Hände packten an, um einen Ungläubigen loszuwerden. Zehn Hände wollten mich zurückziehen. Zwei davon gehörten einer minderjährigen Architektentochter aus Hamm/Westfalen, zwei weitere einem englischen Freund aus Bath, außerdem hielten mich noch ein starker Holländer und zwei Amerikaner fest, und ich selbst hielt mich natürlich auch fest, an allem, was ich zu greifen bekam. Es sind Bücher darüber geschrieben worden, Essays, Dissertationen (Kulturwissenschaft, Theologie, Soziologie), aber alles Geschriebene würde zur Not in einen einzigen und nicht mal langen Satz passen, der die siebziger Jahre erklärt und hundertprozentig stimmt: Sechs Hippies waren schwächer als vier Mohammedaner.

Noch bevor ich glauben konnte, was hier geschah, lag ich im Schnee, und als ich wieder aufgestanden war, konnte ich es noch immer nicht glauben und schrie den verblassenden Rücklichtern des Minibusses hinterher, bis sie gänzlich in der Nacht verschwanden. Das fiel ihnen nicht schwer. Frau Holles kurdische Verwandte schüttete Lawinen von Schneeflöckchen auf uns herunter, und jedes einzelne Weißröckchen wurde vom Wind zu einem Geschoß geformt. Sagte ich «auf uns herunter»? Wer ist noch in dieser Geschichte, die Freund und Feind im Minibus gerade verläßt?

Wolfsgeheul beantwortet die Frage.

Adrenalin ist an und für sich nicht bösartig, sondern ein befreundetes Hormon. Es macht wach und putzmunter, denn es rast wie Rasierklingen durchs Blut und tut den Nerven gut, tausendmal besser als Kokain. Adrenalin ist der letzte Joker des Lebens. Und ist dieses auch ein durchgehend verschlafenes gewesen, egal, im Angesicht des Todes verschafft es Mega-Aufmerksamkeit für die Situation. Es gibt Adrenalin-Klassiker wie den Schatten eines Schlachtermessers hinter dem transparenten Duschvorhang, oder wenn man durch ein Flugzeugfenster schaut, und die Turbine brennt. Adrenalin auch, wenn im Hals der Apfel klemmt oder ein hungriger Wolf seine Lieder singt. Ein hungriger Wolf? Mir schien, es waren mehrere.

In einer unheilschwangeren Situation gilt es, einen kühlen Kopf zu bewahren. Bei zwanzig Grad minus kein Problem. Was wußte ich über den Umgang mit Wölfen außerhalb des Zoos? Bitte nicht füttern! Was wußte ich noch? Daß ich mir durchaus komfortablere Möglichkeiten vorstellen konnte zu sterben. In der Palette der gewaltsamen Tode zählte ich den hier anstehenden zur Spitzengruppe des Grauens, in der die Folter der Champion ist. Wölfe jagen in Rudeln, ein Dutzend Tiere oder mehr fallen über dich her, und wenn du Glück hast, zerfetzen sie dir sofort die Kehle. Hast du aber Pech, kann's passieren, daß dir ein Wolf die Hoden abreißt, während dir ein anderer das Gesicht zerfleischt und du so lange schreist, bis du keine Zunge mehr hast.

DIE FÜNF BANGEN FRAGEN:
1. Wie schnell sind Wölfe, wenn Hunger und Blutdurst sie treiben? (Auf jeden Fall schneller als satte Schäferhunde.)
2. Über welche Distanz können sie mich riechen? (Menschen haben zehn Millionen Riechzellen, Wölfe fünfhundert Millionen.)
3. Wie weit sind sie von mir entfernt? (Ich bin schwerhörig. Daß ich sie überhaupt gehört habe und immer wieder höre, beweist, daß sie praktisch hinter mir stehen.)
4. Wieviel Zeit bleibt mir?
5. Zeit, um was zu tun?

Wölfe fürchten sich vor Feuer. Das weiß ich von Karl May. Gibt's hier Holz? Ja. Und wie zündet man nasses Holz an? Ein brasilianischer Goldsucher im Amazonas hat mir gezeigt, wie es geht. Nasses Holz muß geschält werden. Leider zeigte er mir das erst viele Jahre später. Trotzdem war es in Kurdistan zum Sterben zu früh und zum Stehenbleiben zu kalt, und der Grund, warum ich in dieser Nacht noch mal wie Rotkäppchen davongekommen bin, offenbarte sich schon sehr bald. Der Minibus war nicht nur wegen der Dunkelheit und des Schneetreibens so schnell verschwunden, sondern auch, weil die Straße in diesem Abschnitt um einen besonders dicken Felsen herumführte. Hinter dem Felsen warteten sie auf mich, und dank des Umstands, daß einige von ihnen die Wartezeit zur Verrichtung ihrer Notdurft nutzten, ging ich niemals vorher und niemals nachher in meinem Leben jemals wieder so erleichtert an scheißenden Moslems vorbei.

Drei Stunden später erreichte ich den Iran, drei Wochen darauf Pakistan, dann Indien, dann Thailand und nahezu jedes südostasiatische Land, auch Shanghai, Hongkong, Tokio, die kompletten USA (außer Alaska) und das komplette Europa (außer Norwegen und Irland), vom afrikanischen Kontinent sah ich Ägypten, Marokko und Uganda, und ich war auch noch im Libanon, in Syrien und Belize (Mittelamerika), bevor ich fünfzehn Jahre später ein zweites Mal ins wilde Kurdistan kam.

Diesmal bereits als Journalist, der sich die Reise dadurch finanzierte, daß er beschrieb, was auf der Traumroute der Hippies (Hamburg–Himalaja overland) noch immer so war wie einst und was nicht. Griechenland war 1985 keine Militärdiktatur mehr, sondern ein demokratischer Staat, die Türkei war nicht mehr länger eine Demokratie, sondern eine Militärdiktatur, der Iran gehörte nicht mehr dem Schah und seinen schnauzbärtigen Geheimpolizisten, sondern Chomeini und seinen vollbärtigen Revolutionsgardisten, Saddam Hussein bombardierte Teheran, und gab es noch Wölfe in Kurdistan?

In Kurdistan rissen noch immer wilde Flüsse in tiefen Schluchten alles mit sich, was dem Abgrund zu nahe gekommen war, und unweit der Stelle, an der ich mich mal zu Tode erschrocken hatte, standen jetzt eine Tankstelle und ein Restaurant. Wir hielten an. Es war am Abend, so gegen zehn, ein schmutziges Dutzend Lastwagenfahrer saß an schmucklosen Tischen, außerdem gab es zwei Soldaten in schäbiger Uniform. Ein Pornovideo lief. Was die Küche bot, wollte ich nicht probieren, ich nahm nur einen Çay (türkischer Tee), serviert in einem Wasserglas, und alles mögliche ging mir durch den Sinn. Alles mögliche und nichts Besonderes. Weil ich, wie nicht oft genug erwähnt werden kann, schwerhörig bin, brauchte es ein paar Takte, bis ich mitbekam, daß es ein deutschsprachiger Porno war. Er spielte in einem deutschen Krankenhaus. Deutsche Schwestern ließen deutsche Möpse raus. Das war normal (einer der zahllosen in Deutschland arbeitenden Kurden hatte ihn mitgebracht), aber illegal. Pornographie war in der Türkei verboten, und ein trauriger Polizist mußte deshalb nach draußen gehen und mit dem Rücken zur Eingangstür stehen, um den Gesetzesbruch nicht zu sehen.

Ich gesellte mich zu ihm. Die Luft in dem Laden war zu stickig, das Neonlicht zu grell, der Porno zu dilettantisch. Pornos mit Rahmenhandlung sind immer dilettantisch, weil die Akteure keine Schauspieler sind, sondern Leute wie du und ich. Also rauchten wir eine, und der Polizist wollte wissen, was ich von Mohammed halte. Ich war nicht mehr siebzehn. Diesmal antwortete ich korrekt: «Allah Akbar, Mohammed rasul Allah» (Allah ist groß, und Mohammed ist sein Prophet). Des Polizisten bis dato graue Augen leuchteten auf, auch die Sterne schienen etwas heller, und dann rauchten wir noch eine und noch eine und schauten lange in den Mond. Der Grund ist leicht zu erraten: Wir wußten einfach nicht, wohin. Denn vor uns heulten die Wölfe und hinter uns die Masturbanten.

Siebzehn Jahr, blondes Haar, und es war ja eigentlich nichts geschehen außer dem Aufbruch nach Indien, mit einem Schlafsack, einem Rucksack, einer Gitarre und einem ganz einfachen System: Alles hat Sinn, solange es vorangeht, weitergeht, immer weiter, von Land zu Land, von Stadt zu Stadt und über die Brücken. Es war wirklich nichts geschehen, nur daß alle Brücken abgebrochen waren und sich im Kopf nichts mehr an dem Platz befand, wo es vorher mal stand. Und bald gab es nur noch eine Lehre und einen Lehrer, und Bäume zogen wie Kommata vorbei, Häuser wie Punkte, Landschaften wie Seiten, und Gebirgsketten schlossen Kapitel ab.

So kamen sechs Hippies aus den Bergen der Osttürkei in einer Winternacht des Jahres 1970 in ein Tal hinunter und konnten links den Ararat sehen, auf dem nach der Sintflut die Arche Noah landete, und vor sich den nächsten Gebirgszug und den Paß, der hindurchführte, und das Licht auf seinem Kamm. Ein kaltes Licht, das allen Grenzen eigen ist, ein Licht für Stacheldraht, scharfe Hunde und lauernde Lastwagen. Das Tor nach Persien. Bazargan.

Die Lastwagen gehörten, wie sich bald herausstellte, einem Afghanen in mittleren Jahren, von dem ich guten Gewissens sagen kann, daß ich Menschen wie ihn bis dahin nur in Bilderbüchern gesehen hatte. Lederhaut-Menschen, Kaftanträger, bunte Turbane, wilde Bärte, Augen wie Pferdehändler, Autohändler in diesem Fall. Der Afghane hatte vier Lkws, einen Bus und einen Pkw gebraucht in München erstanden, und an der persischen Grenze kamen ihm die türkischen Fahrer abhanden, und dann hat er uns gesehen. Sechs Hippies ohne Fahrzeug, sechs Fahrzeuge ohne Fahrer. Schrott aus dem Westen, der zusammengehört. Allah hat es arrangiert.

Der Deal: Wir fahren seine Karawane nach Afghanistan und bezahlen nichts dafür. Das Problem: Der einzige ohne Führerschein bekommt das größte Gerät. Warum? Weil ich lange blonde Haare hatte? Weil ich ein Milchgesicht war? Oder weil eine Erinnerung in mir schlummerte, wie ich mich auf Vaters Schoß an einem Lenkrad festhielt, als ich drei Jahre alt war? Man weiß es nicht. Ich bekam den Bus. Fünfzig Sitzplätze und, wie mir schien, auch fünfzig Meter lang.

Ein Benz. Ein Diesel, vier Gänge, drei Pedale. Eins für Gas, eins, um den Kopf an die Windschutzscheibe zu knallen, und eins, dessen Funktion ich nicht sogleich verstand. Wichtig wurde zudem das Zusammenspiel von Fuß und Hand, und wäre der Bus ein Karnickel gewesen, dann würde ich sagen, es war artgerecht, wie ich ihn vom Straßenrand aus in Bewegung setzte.

Die ersten tausend Kilometer bis Teheran erwiesen sich dann in der Tat als ideal für den Anfänger am Steuer, denn sie waren asphaltiert. Nach drei Tagen konnte ich kuppeln und zwischenkuppeln und die Kupplung langsam kommen lassen, und ich konnte auch mit der Kupplung bremsen, denn die Bremse selbst hatte die Eigenart, daß sie zweimal getreten werden mußte, bevor sie beim dritten Mal ihre Arbeit aufnahm. Unter Automobilisten wird das «pumpen» genannt. Ein ganz normaler Vorgang. Nur der Schaltknüppel verhielt sich unnormal. Er schien aus Gummi zu sein. Das war mein erster Eindruck. Mein zweiter: Er ist ein übergroßer Suppenlöffel, den man durchs Getriebe rührt. Und der dritte: Hier geht es nicht mehr ums Schalten, sondern um spirituelles Movement. Also um Mitschwingen und den richtigen Moment.

Thema Lenkrad: Am liebsten würde ich es hier aufzeichnen, so gern habe ich es in der Hand gehabt. Es war groß und grau und hatte in der Mitte eine Hupe, und an der wurde ich zum Mann, sobald am Horizont irgend etwas auftauchte, was ein Hindernis zu werden versprach. Menschen, Esel, Hunde, Hühner wurden gewarnt, denn ich veränderte mich radikal. Ich lenkte einen zwanzig Tonnen schweren ehemaligen Münchner Linienbus durch die persische Provinz Aserbaidschan und gewöhnte mir an, ein Stirnband zu tragen. Noah war hier, Xerxes war hier, Alexander der Große war hier, später auch Harun al-Raschid und Dschingis Khan. Jetzt war Helge, der Trukker, geboren. Staub und Schweiß wurden sein Lieblingsparfum.

In Teheran bekam der Bus nagelneue Stoßdämpfer. Die Stadt war damals die westlichste aller orientalischen Metropolen, und Mercedes-Niederlassungen gab es überall. Sie reparierten auch das Differential und die Scheibenwischer. Die Stadt liegt auf demselben Breitengrad wie Zypern und Kreta, nach Teheran standen Temperaturen wie in Südalgerien an. Dafür hätte ich eine Klimaanlage gebraucht. Aber die haben sie nicht eingebaut. Der Bus blieb zwei Tage in der Werkstatt, und der Verkehr in der persischen Hauptstadt bot genügend Dichte, um mir die nächste Lektion in der Schule des Lebens zu erteilen: urbanes Fahren. Die Kombination von urban und Turban bedeutet zwar überall auf der Welt Anarchie (keine Macht für niemand) und Darwinismus (der Stärkere hat Vorfahrt), aber in Teheran war mir so, als würde ich meinen Führerschein mitten im Urknall machen.

Von Teheran bis Afghanistan waren es dann noch mal tausend bis tausendfünfhundert Kilometer, aber unasphaltiert. Die vier neuen Lektionen:

1. Was tun, wenn Treibsand nach dir greift?
2. Fahren unter dem Einfluß von Drogen.
3. Fahren ohne Bremse im Gebirge.
4. Autoritätsanmaßung gegenüber einem Muselmanen.

Der letzte Punkt war im Grunde die Führerscheinabschlußprüfung, während ich mir bei Punkt eins und zwei nicht wirklich sicher bin, ob die Reihenfolge stimmt. Es könnte durchaus sein, daß ich zuerst gekifft habe und dann von der Straße abgekommen bin. Denn unser Chef, der Afghane, hatte nicht nur in Teheran seine Bestände an Suchtgiften aufgefüllt, sondern fuhr neuerdings auch gern mit mir und nicht mehr in dem einzigen Pkw der Karawane, was ihm anfangs wohl standesgemäßer erschienen war. Aber ein Bus ist ein Bus, vor allem wenn man fünfzig Plätze für sich hat plus eine Rückbank, auf der man ausgestreckt liegen kann, um den generalüberholten Dieselmotor schnurren zu hören. Er fuhr also mit mir, und bei dem Haschisch, das wir rauchten, handelte es sich um Ware aus seinem Heimatland. «Schwarzer Afghane» aber ist eine Sorte, die vorsichtig konsumiert gehört, wenn man nicht mit ihr aufgewachsen ist. Was also tun, wenn man von der Piste abkommt und die Hinterräder im Treibsand durchdrehen?

1. Zweiten Gang rein und Kupplung gaaaanz langsam kommen lassen? (Brachte nichts.)
2. Den Afghanen vor die Räder legen, damit sie Halt finden? (Machte er nicht.)
3. Den Afghanen schieben lassen? (Schaffte er nicht.)
4. Den Afghanen in der Pfeife rauchen? (Richtige Antwort.)

Wir warteten, bis am Horizont eine klitzekleine Staubfahne auftauchte, die zur Staubwolke anwuchs und größer und größer wurde, bis sich endlich ein befreundeter Hanomag mit Abschleppseil aus ihr herausquälte. Problem gelöst! Problem? «Stoned im Treibsand» gehört nicht in die Kategorie Probleme. Es brauchte noch ein paar Tage, bis ich wirklich eins hatte.

Die Wüste Kavir, die wir so unverdrossen durchquerten, wird im Osten von einem Gebirgszug begrenzt, der sich in diesem Abschnitt als besonders unwegsam erwies. Unwegsam, weil die Steigung selbst Bergziegen Mühe macht. Das war noch immer nicht das Problem. Das kam erst, als es wieder abwärts ging. Zwanzig Prozent Gefälle, ununterbrochen über siebenhundert Meter, und das so schnurgerade, daß die Angelegenheit mehr einer Rampe als einer Straße glich. Und wenn man heruntergeschossen war, knickte das Ganze in einem Winkel von neunzig Grad sauber nach rechts ab, um einem Felsen auszuweichen.

Ich erwähnte bereits die Eigenart der Bremsen. Zweimal pumpen, bevor sie beim dritten Mal greifen. Warum ich ausgerechnet hier dreimal pumpen mußte, weiß nur Gott allein. Es kann auch sein, daß sie beim dritten Mal gegriffen haben, aber so, daß es mir nicht auffiel, weil die Bremsbeläge von den rasenden Rädern wie Schimmelkäse angenommen wurden. Dreimal, viermal, fünfmal, dann ließ ich das Pumpen sein und begann so überzeugend zu schreien, daß sich der Afghane wie vom Blitz getroffen von der Rückbank auf die Knie warf und meine Flüche mit einem Stoßgebet begleitete. Alles klar. Allah ist groß, Allah ist mächtig, doch auch die Wirkung der Handbremse blieb eher klein und schmächtig, und so geschah, was ich kommen sah: Ich kriegte die Kurve nicht.

Der Rest der Fahrt ist schnell erzählt.

Wir waren offensichtlich nicht die ersten und vermutlich auch nicht die letzten, denen hier die Bremsen versagten, denn man hatte vor dem eigentlichen «Schluß-mit-lustig-Felsen» in einem Abstand von rund zwei Metern Steinsperren aus losem Geröll aufgeschichtet, jede gut ein bis anderthalb Meter hoch. Durch die erste bretterten wir, als wäre sie Fliegendreck, aber nach der vierten hatten wir genügend Schwung verloren, um den Aufprall am Felsen zu überleben. Ohne Brüche, ohne Blutverlust. Nur dem Bus ging's ziemlich schlecht. Vorderachse gebrochen, Radlager geborsten, Lenksäule verbogen, Karosserie verzogen, Scheinwerfer zersplittert, und im hinteren Teil des Busses ein Loch im Boden, das so groß wie eine Waschmaschine war.

Das Wunder in der Werkstatt. Man schleppte den Bus in die alte Pilgerstadt Meschhad, und die persischen Kfz-Mechaniker zeigten uns, was man macht, wenn es keine Ersatzteile gibt. Die Werkstatt sah wie eine Schmiede aus. Selbst Schrauben haben sie aus herumliegendem Eisen geformt, und schon drei Tage später war diese Fusion eines Mercedes mit dem Schrott der hindukuschnahen Welt wieder fahrbereit. Eine Mutation, ein Persedes, und alles wäre o. k. gewesen, hätte sich nicht plötzlich ein Polizist mit ausgebreiteten Armen vor mir aufgestellt. Solche Penner gibt es überall. Sie haben zu Hause nichts zu sagen und machen deshalb draußen den dicken Max. Er fragte nach meinem Führerschein.

Wenn ich heute das Foto in meinem Reisepaß betrachte, mit dem ich damals unterwegs gewesen bin, dann sehe ich einen Siebzehnjährigen, der so dämlich aus der Wäsche schaut, daß es mir graut. Aber das Foto wurde vor dieser Reise gemacht. Mit dem Mann, der in Meschhad der Staatsgewalt zu trotzen begann, hatte der Knabe nichts gemein. Ich war weg, weit, weit weg von dem Haus, in dem meine Mutter schlief. Und ich hatte lichte Momente. Ich tat so, als verstünde ich ihn nicht.

«Driving license!» sagte er noch einmal.

«No speak English!» sagte ich.

Wir bekamen schnell Publikum, der Bus stand abfahrbereit vor der Werkstatt, die am Rande des großen Basars lag, und da war viel los. Perser, Türken, Usbeken, Afghanen, schmutzige Männer, verschleierte Damen, Kinder, Alte, Kranke und Arme wollten wissen, was hier Sache war und was draus wurde, denn a) hatten sie nichts Besseres zu tun, und b) kam es nicht alle Tage vor, daß die Geduld eines stiernackigen Straßenpolizisten an einem blonden Hippie zerbrach.

«Driving license!!» schrie er und fuchtelte mit den Armen und zeigte mal auf den Bus und mal auf mich. Ich konnte mich nur wiederholen. «No speak English», sagte ich. Er besann sich. Er kramte in den Taschen seiner Uniform. Er fand *seinen* Führerschein. Er hielt ihn mir vor das Gesicht, er zeigte ihn dem Publikum, und er plapperte dabei ständig auf mich ein. Den Text kennen wir schon. «Driving license!!»

Ich verstand ihn noch immer nicht und wollte ihn nicht verstehen, aber es war nicht zu übersehen, daß die Zeit gekommen war zu handeln. Der Mann begann Drohungen zu formulieren. Mit der Linken hielt er seinen Führerschein hoch, mit der Rechten faßte er sich an die Brust. Text: «Me, my driving license.» Dann zeigte er auf den Bus.

Text: «Me, I drive.» Und zeigte auf mich. Text: «No driving license. No drive!»

Ich sprach eingangs dieser Szene von hellen Momenten. Dieser hier war einer. Ich nahm dem Mann einfach seinen Führerschein aus der Hand, ging, ihn hoch über dem Kopf wedelnd, zum Bus und stieg ein. Der verdutzte Polizist folgte mir, ebenso das Publikum. Natürlich paßten nicht alle rein, darum versammelten sie sich vor der Windschutzscheibe und vor der Tür. Ich knallte den Führerschein auf den Fahrersitz und redete auf das Stück Papier ein und konnte plötzlich Englisch und wurde lauter und begann zu schreien (für die Zuhörer in den hinteren Reihen). «Drive!» befahl ich dem Führerschein. Hörte er mich nicht? Verstand er mich nicht? Wollte er mich nicht verstehen? «Drive!» schrie ich noch mal und noch mal. Keine Reaktion. Ich nahm das Dokument vom Fahrersitz, zeigte es wieder dem Publikum und schüttelte den Kopf. «Driving license no drive», sagte ich, und man kann sich denken, wie es weiterging. Ich gab das Papier dem Polizisten zurück, setzte mich hinters Steuer, warf mit der einen Hand den Motor an und ballerte die andere auf die Hupe.

«I drive!»

Da ließen sie mich fahren.

Es schien, daß mein Schutzengel abgeflattert war. Wohin, weiß ich nicht. Vielleicht gibt es Schutzengel-Urlaubsparadiese. Oder schutzengelfreie Zonen. Vielleicht gibt es auch für menschliche Augen gänzlich unsichtbare Schutzengel-Stoppschilder und Schutzengel-Umleitungstafeln, auf denen «Schutzengel – links abbiegen» steht. Geradeaus jedenfalls ging's zur Grenzstation Islam Qala.

Das war nicht Gottes Lieblingsfleckchen auf Erden. Ein

alter Ventilator hielt Staub und Fliegen auf Trab, und der Offizier in dieser Grenzstation Marke Lehmbau sah aus, als habe er schon eine Menge Fingernägel mit der Zange ausgerissen, weil Ausreisevisen verfallen waren. Er wollte meine Gaspistole sehen. Geht nicht, sagte ich. Das muß gehen, sagte er. Deine Kollegen haben sie mir bei der Einreise in den Iran abgenommen, sagte ich. Und genau das steht da auch in meinem Paß geschrieben. Das steht da nicht im Paß geschrieben, sagte er.

Papier des Anstoßes war die Seite sieben meines Reisepasses, auf der, von fünf Stempeln umgeben, etwas in einer Schrift zu lesen war, die mich inzwischen ein bißchen an Sanskrit erinnert und ein bißchen an Arabisch, aber damals sah sie für mich so aus, als habe ein Vögelchen ein bißchen in den Paß geschissen, quasi auf Farsi (iranische Amtssprache). Hier wurde offenbar unter iranischen Offizieren eine Nachricht ausgetauscht, von der ich aus irgendeinem Grund glaubte, daß sie für mich sprach. Ich war jung und dumm wie Brot.

In deinem Paß steht nicht konfisziert, sondern plombiert, sagte der Her-mit-den-kleinen-Fingernägelchen-Offizier. Sie haben dir die Pistole plombiert wieder mitgegeben. Haben sie nicht, sagte ich. Haben sie doch, sagte er. Und dann hast du sie verkauft. Stimmt nicht, sagte ich. Stimmt doch, sagte er. Illegaler Waffenhandel, er schätzte auf grob fünf Jahre. Ich fragte, ob er ein Telefon habe.

Das war die falsche Frage. Warum Telefon? Für ein Telefongespräch! Mit wem? Mit Bazargan, wo meine Gaspistole ist. Wir haben kein Telefon. Da steht doch eins. Nein, da steht keins. Da steht kein Telefon?! Nein. Ich ging zum Telefon und legte meine Hand auf den Hörer. Das ist kein Telefon? Nein. Es waren zweitausendfünfhundert Kilometer bis Bazargan. Long distance, lonely planet. Plötzlich war ich ganz allein in dieser gottverlassenen Kies- und Geröllwüste im Dreiländereck Iran–Turkmenistan–Afghanistan und schlug etwa zwanzigtausend Fliegen tot.

Blick zurück im Zorn, erster Teil: Mein Vater, wie er mir zum Abschied im heimischen Ostwestfalen eine Gaspistole in den Rucksack steckt.

Blick zurück im Zorn, zweiter Teil: Der iranische Offizier, der sie bei meiner Einreise findet und einbehält.

Blick zurück im Zorn, dritter Teil: Der iranische Offizier, der sie bei meiner Ausreise nicht findet und mich einbehält.

Es war Vollmond, als ich komplett von Sinnen kam. Der Mann hatte mich nicht über die Grenze nach Afghanistan gelassen, und ich mußte die tausend bis tausendfünfhundert Kilometer zurück nach Teheran, um bei meiner Botschaft vorzusprechen. Ich machte mich per Anhalter auf den Weg und bin in einem Lastwagen gefahren, der gut und gerne aus den Armeebeständen des Feldmarschalls Rommel hätte geklaut sein können. Fünfundzwanzig Stundenkilometer Höchstgeschwindigkeit, und durch ein Loch über dem Motorblock strömte so heiße Luft ins Führerhaus, daß der steinalte Fahrer seinen Kopf aus dem Seitenfenster halten mußte, und der Kopf des etwas jüngeren Beifahrers hing aus dem anderen Fenster, und nur mir wurden die Lippen zu Trockenpflaumen entsaftet, weil ich direkt vor dem Loch zum Motor saß. Daß mir die Fahrt trotzdem angenehm in Erinnerung blieb, mag daran gelegen haben, daß sie mir irgendwann Opium zu essen gaben.

Blick zurück im Opiumrausch, erster Teil: Mein Vater hatte es gut gemeint. Natürlich machte er sich größte Sorgen. Ich war noch nicht volljährig und wollte nach Indien, und das ist ziemlich weit und ziemlich unübersichtlich. Er machte sich Sorgen, sicher auch Vorwürfe. Vielleicht tat ihm etwas leid. Es war ein Akt väterlicher Fürsorge, gepaart mit einer kompletten Fehleinschätzung der Lage, denn er hat in *seinen* Wanderjahren (1940–45) an den Grenzen mehr oder weniger gern Waffen vorgezeigt.

Blick zurück im Opiumrausch, zweiter Teil: Der Offizier, der mir die Gaspistole abnahm, war ein armes Schwein. An eine Grenzstation verdammt zu sein, wo Nacht für Nacht die Wölfe heulen, ist kein Schicksal, um das man jemanden beneiden kann. Und er verdiente praktisch nichts. Er wurde vom Staat verarscht, also verarschte er mich. Für die Pistole bekam er fünfzig Dollar auf dem Schwarzmarkt. Und mir war sie egal. Ich war Pazifist.

Blick zurück im Opiumrausch, dritter Teil: Der Typ, der mir eben (eben?), vor Stunden (wie lange fahren wir schon durch diese Nacht?), die Fingernägel herausreißen wollte, war ebenfalls ein armes Schwein und hatte Familie und vielleicht ein krankes Töchterlein. Völlig normal, daß er von mir den Verlust ersetzt haben wollte, der ihm entstand, weil er keine Gaspistole mehr fand. Und fünfzig Dollar für zehn heile Finger ist eigentlich noch ein ganz guter Preis.

Ich erreichte Teheran am frühen Morgen des darauffolgenden Tages. Ich fühlte mich krank. Ich suchte mir ein Zimmer, aber ich konnte nicht schlafen. Ich mußte zur Botschaft, ich mußte aufs Klo, eine Diarrhöe begann den Darm zu peitschen. Die Botschaft konnte mir nicht helfen. Sie schickten mich zum Polizeihauptquartier von Teheran. Die schickten mich zum Hauptquartier der Ausländerpolizei, und die hatten bereits geschlossen, als ich kam. Ich schleppte mich in mein Loch zurück und klapperte den Rest des Tages mit den Knochen. In der Nacht fingen die Fieberphantasien an. Haushohe Energiebälle rollten über mich. Das Programm am nächsten Tag: Von der Ausländerpolizei quer durch die Stadt zur Zollbehörde und von der Zollbehörde quer durch die Stadt zur Nebenzollbehörde, und zwischendurch habe ich ein bißchen Joghurt gegessen und bin ein bißchen weiter gestorben, und als ich via Militärbehörde wieder beim Hauptquartier der Polizei landete, wo man mich ein zweites Mal in die Umlaufbahn zu setzen gedachte, torkelte ich aus dem Gebäude, hockte mich auf die Stufen vor dem Portal und weinte bitterlich.

Im Himmel klingelte ein Wecker.

Wie mein Schutzengel wohl ausgesehen haben mag, als er plötzlich kerzengrade auf der Wolke stand? Klient in Not! Diagnose: bakterielle Attacke, seelischer Kollaps, akuter Flüssigkeitsmangel, Opiumentzug. Und eine Art psychosomatische Epilepsie. Es bestand in der Tat Handlungsbedarf für meinen Schutzengel in Sachen Gaspistole.

Ich hatte noch nicht mal ausgeweint, als ich eine Hand auf meiner Schulter fühlte. «Kann ich dir helfen?» fragte eine nette Stimme. Es war ein Perser namens Zadid, der fließend Deutsch sprach. Er hatte in Berlin studiert, und er haßte den Schah. Er nahm mich bei der Hand, setzte mich in ein Taxi und fuhr mit mir zu vier Waffengeschäften. Im letzten fanden wir eine passende Gaspistole. Gleiche Marke, gleiches Modell. Möglicherweise gleiche Seriennummer. Habe ich im alten Basar von Teheran meine eigene Pistole für fünfzig Dollar zurückgekauft? Zadid meinte, das sei egal. Hauptsache, Papiere und Gepäck seien wieder in Harmonie. In relativer Harmonie.

Fünfzig Dollar für den Durchgeknallten an der Grenze zu Afghanistan, fünfzig Dollar für den Rückkauf meiner Pistole im Basar von Teheran, zehn Dollar für Zadid und sieben Dollar für das Busticket nach Pakistan. Blieben noch sechzig Dollar für die restlichen dreitausend Kilometer bis Indien. Und die 39,9 Grad Fieber blieben auch. Keine wirklich problematische Situation, wenn man mit Schutzengel reist. Er hatte mir die Pistole zurückgegeben, er würde mich auch kurieren oder jemanden finden, der es für ihn tut. Jemanden wie Zadid. Ich verabschiedete mich von dem freundlichen Perser, schleppte mich in den Bus und fuhr los. Es war noch ein weiter Weg bis zur Grenze nach Pakistan. Und wir mußten durch die große Wüste Lot.

Erstes Etappenziel (fünfhundert Kilometer) war die alte Kaiserstadt Isfahan, in der der mongolische Eroberer Tamerlan im Jahr 1387 achtzigtausend Menschen abschlachten ließ, um aus ihren Schädeln Pyramiden zu errichten. Zweites Etappenziel (noch mal achthundert Kilometer) war die Stadt Kerman, und als wir dort am Busbahnhof ankamen, war ich auch fast tot. Ich saß in einer Joghurtbude am Straßenrand und konnte nicht mehr aufstehen, als der Bus abfuhr. Ich war zu schwach, ihm auch nur hinterherzuwinken. Was hat der Engel gemacht? «Mustafa», hat er tief im Herzen des Budenbesitzers gesagt, «Mustafa, du Mildtätiger, du Freude Allahs, hilf diesem kranken Ausländer mit den langen Haaren, bevor er krepiert.»

Ich blieb drei Tage und drei Nächte als hochgeschätzter

Gast im Haus des Joghurtbuden-Inhabers, der noch mehr Buden in der Stadt haben mußte, denn das Haus war groß, und es gab ein schönes Gästezimmer mit Tür und Fenster zum Innenhof. Ich schlief auf sieben übereinandergelegten Perserteppichen, und ich hatte das Grammophon der Familie, falls mir das Plätschern des Springbrunnens nicht mehr genügen würde. Die Frau des mildtätigen Mustafa versorgte mich mit frischen Früchten, Joghurt und Tee, ein Arzt wurde hinzugezogen, am zweiten Tag spielte ich bereits mit den Kindern der Familie, am dritten war ich gesund.

Blieb noch das Problem mit der nichtplombierten Gaspistole an der Grenze zu Pakistan. Mirjaveh hieß die Grenzstation. Sie war genauso verrottet wie die nach Afghanistan. Auch sie roch nach Willkür, Verrat, Fliegen und Tod, und ich habe mir fast in die Hosen gemacht, als ich vor den Uniformierten trat. Er sah kein Stückchen freundlicher aus als das Fingernägelreißerchen von Islam Qala. Was wird er dazu sagen, daß in meinem Paß eine Plombe erwähnt wird, die auf meiner Pistole nicht zu finden ist? Und was werde ich daraufhin sagen? Und was dann wieder er? Bakschisch? Wovon? Das waren so insgeheim meine Fragen. Und so wurde das Wüstenfort Mirjaveh im Herzen der landschaftlich ganz und gar nicht reizvollen Provinz Belutschistan in diesem Moment erhöhter Adrenalinausschüttung sicherlich zu mehr als das, was es, nüchtern betrachtet, wirklich gewesen ist. Aber ich wollte lieber verrecken als noch einmal zurück zum Hauptquartier der Polizei von Teheran. Der Engel schnappte sich also das Gehirn des iranischen Blödmanns, um da auch den letzten Schalter auszumachen, und die Gaspistole interessierte niemanden mehr.

Das war die gute Nachricht. Die schlechte: Der Orient

hat drei wirklich eklige Krankheiten anzubieten. Die Lepra, die Pest und die Elephantiasis. Haben Sie auf Ihren Fernreisen schon mal Menschen mit Beinen gesehen, die so dick wie die eines Elefanten waren? Diese Leute haben die Elephantiasis in den Griff gekriegt. Bei den weniger Glücklichen schwellen die Beine so lange an, bis sie platzen. Welches Los war mir beschieden, als ich sie bekam, im Niemandsland zwischen dem Iran und Pakistan?

Ich fuhr in einem Zugwaggon dritter Klasse, der keine Sitze und keine Bänke hatte, und erfreute mich der Gastfreundschaft einer mitreisenden pakistanischen Familie. Sie hatten Teppiche auf dem Boden ausgebreitet und den Teekocher aufgestellt, und weil man die Schiebetür während der Fahrt aufließ, setzte ich mich in die Luke und ließ meine Beine nach draußen baumeln. Draußen war die Wüste und die Nacht, was mich entspannte und die Sterne zählen ließ. Warm war der Wind, süß waren die Träume, und noch hatte ich schlanke Beine.

Hörte ich Musik? Ein Lied, so alt wie die Eisenbahn. Singende Räder, trommelnde Achsen, ölverschmierte Kolben am Baß. Die Dampfmaschine hat den Blues erfunden. Vom Herzen getriebene Menschen haben ihn nachgemacht. Van Morrison hatte gerade das Album «Moondance» veröffentlicht, und Jimi Hendrix war vor drei Monaten gestorben. Mit ihm starb das Jahr. Es war im Dezember 1970, in drei Tagen würde ich in Lahore und damit an der Grenze zu Indien sein. Weihnachten in Goa? Oder Weihnachten im Himalaja? Das war noch nicht ganz klar.

Der Zug stoppte nach zwei Stunden. Wir hatten das Ende des Niemandslands erreicht. Hier begann Pakistan. Vor jedem Waggon wurde ein schmuckloser Tisch aufgestellt, auf jedem Tisch brannte eine Lampe, jede Lampe erhellte ein Gesicht. Arschgesichter, durch die Bank. Pakistanische Zollbeamte wollten Gepäck und Pässe sehen. Vor den Tischen häufte sich der Hausstand von Nomaden (Säcke, Kisten, Schweine), und einer der Zöllner meinte, für diesen Zug bräuchten sie die ganze Nacht. Er bot mir ein Bett in der Grenzstation an. Ein Bett? Sein Bett? Schwuler Muselmane, ick hör dir trapsen.

Nicht eine Stunde war vergangen, da lag er schon neben mir und machte sich am Reißverschluß meines Schlafsacks zu schaffen. Vergeblich. Es war ein beidseitig zu nutzender Schlafsack mit einem beidseitig zu ziehenden Reißverschluß, und ich hielt auf meiner Seite heimlich fest. Und begann gleichzeitig, auf ihn einzuquatschen. Im Orient ein guter Trick. Egal, wie triebgesteuert der Orientale ist, der Kommunikation kann er sich nicht verwehren. Auch eine Art von Tausendundeiner Nacht. Solange man redet, wird man nicht gefickt.

Als ich erwachte, war ich allein. Das goldene Licht der frühen Sonne überschwemmte das Bett. Und durch die offene Tür sah ich ein Kamel vorübergehen. Vögel zwitscherten nicht. Es gibt keine Singvögel in der Wüste. Ich richtete mich auf, ich wollte raus, ich hoffte, noch den Zug nach Lahore zu kriegen. Als ich mich aus dem Bett schwang, fiel ich sofort zu Boden. Ein Schmerz, als wäre ich in aufgestellte Bajonette gesprungen. Ich versuchte noch einmal aufzustehen, und wieder schien sich Eisen von den Fußsohlen bis zum Gesäß durch die Beine zu bohren. Auf dem Bauch kroch ich zur Tür hinaus.

Ich hatte die Örtlichkeit bisher nur bei finsterer Nacht inspizieren können. Da hatte sie besser ausgesehen. Es gibt Kino, und es gibt Wüsten. Und im mühelos greller werdenden Licht der Realität sah ich weder majestätische

Wanderdünen noch liebliche Oasen, sondern Kies und Geröll, soweit das Auge reichte, plus ein einziges (bereits erwähntes) Kamel, das abgemagert und räudig in der Hitze briet. Ich schaute nach rechts. Da stand eine Bank an der Außenwand des Zollhauses, Marke Pakistan.

Krank auf der Bank. Todkrank, wie ich bald erfuhr. Meine Beine sahen aus, als hätte sie jemand über Nacht aufgepumpt, und setzte sich eine Fliege drauf, glaubte ich, man mache eine Zigarette an ihnen aus. Ich müsse sofort in ein Krankenhaus, wurde mir gesagt. Aber nicht in ein pakistanisches. Dafür sei ich weder geboren noch gebaut. Also zurück in den Iran. Mit dem nächsten Bus. Und was kam dann? Ich verlor wieder ein bißchen mehr von dem Grün hinter meinen Ohren.

Bisher hatte ich geglaubt, arm sei gut. Diese Busfahrt belehrte mich eines Besseren. Arm tritt böse zu. Die Sitzbänke waren aus kaltem Stahl, eng aneinandergeschraubt und komplett überladen mit den Ärmsten der Armen. Und alle saßen zusammengekauert da, die Beine angewinkelt. Aber ich mußte sie ausstrecken, sonst war das Brennen nicht zu ertragen, und in dem Gedränge sind sie draufgetreten, obwohl sie sahen, daß ich am Verrecken war. Wechselbad des Schicksals, könnte man sagen. Zwischen der glückseligen Zugfahrt nach Indien und diesem Highway to Hell lag nur eine Nacht. Soviel zu Himmel und Hölle im Niemandsland.

Und so viele Fragen:
1. Sind schwere Krankheiten
   (a) Schicksal
   oder
   (b) falsches Leben?
   (Wenn a, dann interessiert vielleicht auch die nächste Frage.)

2. Ist Schicksal
   (a) Zufall
   oder
   (b) die Hand Gottes?
   (Wenn b, dann stellt sich Frage drei.)
3. Ist Schicksal
   (a) Strafe
   oder
   (b) Chance?
   (Wenn b, dann fragt man sich ...)
4. ... Eine Chance wofür?
5. ... Für die Liebe?

Noch bevor an diesem Tag die Sonne unterging, tupfte mir eine bildschöne persische Krankenschwester sanft den Po mit Alkohol, um mir eine Penicillininjektion zu geben, und sie tat das von nun an alle zwei Stunden, Tag und Nacht, eine Woche lang, und obwohl die Spritze selbst recht unangenehm war, begann ich bald die Minuten zu zählen, bis sie wieder in das Zimmer kam, um mir die Hose herunterzuziehen. Ihr schien es ebenso Gefallen zu bereiten, denn sie spritzte mich auch dann noch weiter, als es gar nicht mehr notwendig war.

Alle waren nett in diesem Krankenhaus. Es lag im Herzen von Zahedan, der ersten Stadt hinter der Grenze zum Iran, und die Ärzte hatten in Deutschland studiert. Sie erzählten mir immer wieder davon, und ihre Augen glänzten dabei, als hätten sie das Paradies geschaut. Kurzer Zeitcheck: Dezember 1970. Regierungsform des Gastgeberlands: Monarchie. Wer hing eingerahmt an jeder Wand? Der Schah. Lebensstil: Go West. Europäisches Bruderland: BRD. Ich hatte lange Haare, keine Schuhe und trug

Hippiefetzen am Leib, war dazu rauschgiftsüchtig und bettelarm, aber ich war made in Germany. Ich brachte den Ärzten die Erinnerung an die beste Zeit ihres Lebens zurück. Dafür haben sie sich bedankt. Ich bekam die beste Medizin, das beste Essen und die schönste Krankenschwester, die sie hatten.

Nach drei Tagen hatte sie die Schwellungen soweit heruntergespritzt, daß ich wieder gehen konnte. Humpelnd noch, aber ich ging. Sie sah es nicht gern, ich sollte mich schonen, und natürlich gefiel es ihr insgeheim dann doch, daß ich nicht zu domestizieren war. Ich erkundete das Krankenhaus. Es war recht klein, und wenn mich die Erinnerung nicht trügt, ein Rundbau. Und es hatte einen Park, mit all den Pflanzen, die in der Wüste wachsen, wenn regelmäßig gegossen wird (Rosen, Orchideen), sowie einen künstlich angelegten Teich, an dem ich träumend verweilte, bis mich ihre süße Stimme an die nächste Wumme Breitbandantibiotika gemahnte.

Anfangs teilte ich das Krankenzimmer mit einem alten Mann, der ein untertassengroßes Loch im Bauch hatte, viel stöhnte und wimmerte und drei Tage nach meiner Ankunft starb. Jetzt wurden wir intimer, und fortan streichelte sie nicht nur mit alkoholgetränkten Wattebäuschen meinen Po, sondern kämmte mir auch das Haar. Einmal fragte sie mich, ob ich ein Foto von mir hätte. Ich besaß noch ein Paßfoto für eventuelle Visaanträge, das ich in Istanbul hatte machen lassen. Es war kein besonders vorteilhaftes Bild. Sie wollte es trotzdem.

Am Abend kam ihre Familie zu Besuch. So zehn oder zwölf Personen. Es gab längst nicht genügend Stühle, nur Großvater und Großmutter konnten sitzen, aber man amüsierte sich. Sie redeten, sie lachten, sie zeigten mit dem Finger auf mich, und ich saß aufrecht im Bett und verstand nicht so recht. Ein Arzt wurde als Übersetzer hinzugezogen. Er gratulierte mir zur Verlobung.

Sie hieß übrigens Leila.

Leila und die Elephantiasis, eine Liebesgeschichte aus dem Südiran, die glücklich verlief, bis sich der Polizeichef von Zahedan einmischte. Er war ebenfalls Patient in diesem Krankenhaus. Er hatte von mir gehört und bestellte mich in sein Zimmer. Ein dicker Mann mit Schnauzer im Schlafanzug. Ich auch im Schlafanzug. Ebenfalls im Zimmer und im Schlafanzug ein kranker, in Persien halbwegs populärer Künstler. Der Künstler hatte den Job, den Polizeichef mit Witzen zu unterhalten oder auch mal was zu singen. Was mein Job werden sollte, wurde dem dicken Polizeichef irgendwann via Eingebung klar. Unter Schlafanzug-Brüdern schlug er vor, daß ich sein Stellvertreter werde. Also zweitmächtigster Polizist der Stadt. Dafür gäbe er mir seine Tochter zur Frau.

Es wurde Zeit, daß ich verschwand. Die Ärzte rieten ab. Sie wollten der Elephantiasis eine Überdosis verabreichen, sie wollten mich beobachten, sie wollten ganz sicher sein. Und meine Krankenschwester weinte, als ich meinte, ich sei nicht mehr krank. Wer kann Frauen weinen sehen? Ich weiß, daß es manche Männer können. Ich weiß aber auch, daß es Menschen gibt, die keine Seele haben. Denen sind Tränen von Haus aus egal. Mir nicht. Ich fuhr trotzdem.

Das Krankenhaus wollte keinen Pfennig sehen, sondern lediglich meine Unterschrift auf einem Stück Papier, auf dem zu lesen stand, daß ich gegen den Rat der Ärzte gehe. Ich unterschrieb das gern. Danach hieß es Abschied nehmen. Das gesamte Personal des Krankenhauses versammelte sich vor dem Portal, der Polizeichef, der Künstler, und jeder nahm mich in den Arm. Zum letzten Mal fühlte ich Leilas Busen beben. Zum letzten Mal.

Mit geheilten Beinen und gebrochenem Herzen ging ich die lange, wie mit dem Lineal gezogene Allee hinunter, die vom Portal des Krankenhauses bis zum Zentrum der Stadt führt, und winkte, bis mir fast die Hand abfiel. Ziel: der Bahnhof von Zahedan. Er ist, wie schon berichtet, an das Eisenbahnnetz des subindischen Kontinents angeschlossen. Jeden Montag um acht Uhr dreißig verließ der Taftan-Expreß die Stadt in Richtung Lahore. Ich kannte mich aus. Ich buchte dritter Klasse und suchte mir einen Waggon mit netter pakistanischer Großfamilie. Ich denke, jeder von uns hat das Recht auf eine zweite Chance.

Neulich im Heiligen Land
(Tel Aviv)

Me, I was in Tel Aviv. Ich hatte dort beruflich zu tun. Und was ich an Auslandsjobs besonders mag, ist der Feierabend. An der Rezeption empfahl man mir eine Diskothek, deren Name mir inzwischen entfallen ist (die Sache ist ein bißchen her), aber im Taxi wußte ich ihn noch. «No problem, Klaus», sagte der Fahrer. Er gab Gas, ich freute mich auf einen angenehmen Abend im mediterranen Klima, die Quatscherei begann.

«Zum ersten Mal in Tel Aviv, Klaus?» fragte der Taxifahrer.

«Nein, zum dritten Mal. Und ich heiße auch nicht Klaus.»

«Haha, das ist gut, du heißt nicht Klaus. Und du glaubst, damit kommst du durch, Klaus?»

Mir war es im Grunde egal, meinetwegen sollte ich Klaus für ihn sein, aber er machte sich geradezu einen Spaß daraus, jeden seiner Sätze entweder mit Klaus zu beginnen oder zu beenden.

«Hör mal», sagte ich, «wie heißt du?»

«Ich heiße Joschua, aber alle nennen mich Joschi. Schön, daß du danach fragst, Klaus.»

«O.k., Joschi, ich heiße Helge.»

Joschi schien langsam ärgerlich zu werden. Er könne verstehen, daß ich nicht immer und überall erkannt werden wolle, er habe Verständnis für das Menschenrecht auf Anonymität, aber ich solle ihn auch nicht für einen Neandertaler halten, der gerade aus der Höhle gekrochen sei. Er gehe oft ins Kino, strenggenommen sei er Cineast, und ich sei nun mal Klaus Kinski, da laufe das mit der Anonymität nicht. «Was soll man machen. Das ist der Preis des Ruhms, Klaus.»

Wir fuhren inzwischen nicht mehr durch das Zentrum von Tel Aviv, auf den Bürgersteigen tat sich kaum noch etwas, auf der Fahrbahn auch. Es sah nach Vorstadt aus, und es war nicht einmal Mitternacht. Ich fragte Joschi, wie er auf so 'nen Scheiß komme.

«Du siehst aus wie Klaus Kinski. Du sprichst Englisch wie Klaus Kinski ...»

«Aber ich bin nicht so tot wie Klaus Kinski.»

«Hör mal, Klaus, damit scherzt man nicht.»

Ich scherzte keineswegs. Kinski war im Jahr zuvor gestorben. Ich hatte selbst darüber geschrieben. Als ich Joschi das sagte, wurde er still. Er war betroffen, nein, traurig. Er hatte ein halbes Jahr zu spät von dem Tod erfahren, und er war, wie es schien, ein Klaus-Kinski-Fan. Ich ließ ihn Abschied nehmen und sah schweigend aus dem Fenster. Ein melancholischer Moment. Leider regnete es nicht. Aber ein bißchen Wind war da, und der wiegte die Palmen. Etwa zu dem Zeitpunkt, als wir die Auffahrt zur Stadtautobahn erreichten, begann Joschi wieder zu lachen. «Alles klar, Klaus! Ich bin doch tatsächlich für einen Moment darauf reingefallen. Ich habe einfach vergessen, daß du Schauspieler bist.»

Wir fuhren in einem großen Bogen um Tel Aviv, in der Dunkelheit waren die Lichter der Strandhotels und hinter ihnen die Positionsleuchten der Schiffe zu sehen. Vielleicht hätte ich jetzt gern davon geträumt, weiterzufahren, immer weiter, bis Eilat, bis in die Wüste Sinai, aber die Diskussion, die nun von neuem anhob, ließ das Träumen nicht zu. Ich weiß nicht, wie ich es schaffte, daß Joschi mir schließlich fast glaubte. Nein, ich weiß es doch. Ich erzählte ihm von den alten Chinesen, die fest davon überzeugt waren, daß es jeden Menschen dreimal gibt, oder, anders gesagt, jeder hat zwei Doppelgänger. Auch du, Joschi, irgendwo. Vielleicht in Kalifornien. Vielleicht in Wien. Irgendwo auf dieser Welt laufen zwei Männer rum, die so aussehen wie du. Aber nicht dasselbe tun. Und auch nicht denselben Namen haben. Womöglich war es das, was ihn fast akzeptieren ließ, daß ich nicht Klaus Kinski war; aber was er definitiv nicht akzeptierte, war Klaus Kinskis Tod, und so flackerte naturgemäß das Mißtrauen immer wieder auf, auch nach der Stadtautobahn.

Wir fuhren noch durch ein paar verschlafene Viertel, dann belebte es sich, und wir waren da. Der Rezeptionist meines Hotels hatte mir einen guten Tip gegeben. Vor der Diskothek standen viele schöne Israelinnen, und wer die Welt kennt, weiß, was das heißt. Israel hat DEFINITIV die schönsten Frauen. O.k., der Rezeptionist hätte mir auch sagen können, daß die Diskothek am anderen Ende der Stadt ist und die Taxifahrt einiges kostet. So hundert Dollar (Nachttarif). Aber ich rechnete sie ohnehin auf Spesen ab, so what. «Bye-bye, Klaus», sagte Joschi zum Abschied, und der Rest des Abends verlief normal. Also wie immer. Als ich die Diskothek wieder verließ, fragte ich den Türsteher nach einem Taxi. Um wohin zu fahren? Zum Hilton. «Dafür brauchst du kein Taxi, Mann, das ist hundert Meter die Straße runter.»

Man wird verstehen, daß ich jetzt erst mal ziemlich

sauer war. Und dann ziemlich beschämt. Letztlich aber bewunderte ich Joschi. Er hatte mich genial reingelegt. Das war eine Weltklassenummer. Ohne sie hätte ich ihn mit Sicherheit sehr bald gefragt, wie weit es eigentlich noch bis zu dieser Scheißdiskothek ist. Ich bin nicht doof. Ich bin nicht reiseunerfahren. Und ich bin nicht Klaus Kinski. Ich sehe nicht mal aus wie Klaus Kinski. Aber ich bin so eitel wie Klaus Kinski. Klar, Eitelkeit ist blöde. Und Eitelkeit ist auch eine Schwäche. Weil leicht zu manipulieren. Doch: niemand ist eitel ohne Grund.

Wenn es weh tut, schlag zurück
(Bangkok)

Ein Dorf im Norden, früh am Morgen. Ich sitze in einer Hütte mit dem Rücken an der Wand. Mai Lin fragt mich, ob ich Schlangen zum Frühstück mag. Ich verneine das. Über meinem Kopf hängt ein kleiner Sack. Ich habe ihn vorher nicht wahrgenommen und sehe ihn erst, als Mai Lin ihn vom Nagel nimmt und öffnet. Vier oder fünf Schlangen sind darin. Ihre Brüder haben sie in der Nacht mit Steinschleudern erledigt. Jede ist so etwa einen Meter lang. Mai Lin beginnt, sie aufzuschlitzen. Und als sie mit den Schlangen fertig ist, holt sie die tote Ratte aus dem Sack. Ich verlasse sofort die Hütte.

Wenn du Thai-Boxen verstehen willst, dann mußt du dahin reisen, wo sie Ratten essen, hatte man mir gesagt. Da kommt es her. Mai Lins Eltern und Geschwister sind landlose Bauern, wie sechzig Prozent der Bevölkerung in den nordöstlichen Provinzen Thailands. Sie leben von gelegentlichen, wahnwitzig schlecht bezahlten Saisonarbeiten und dem, was sie fangen. Traditionell gibt es für diese Menschen, außer der immer wieder versprochenen und nie durchgeführten großen Landreform, nur eine Möglichkeit, das zu ändern: nach Bangkok zu gehen. «Die Armen verkaufen ihre Körper», sagt ein siamesisches Sprichwort. Die Frauen als Huren, die Männer als Muay Thai.

Die Voraussetzungen dafür erklärt der Reisbauer Tongdee, der im Nachbardorf eine Boxschule sein eigen nennt, seitdem der Dorfoberste die achthundert Baht für den Sandsack gestiftet hat. Trainiert wird auf nacktem Lehmboden. Der Reisbauer sagt, ein Boxer brauche: 1. Kraft, 2. Schnelligkeit, 3. einen guten Lehrer und 4. Gehorsam gegenüber dem Lehrer. Und was er den Dorfkindern als erstes lehrt, geht so: «Wenn es weh tut, zeig nicht, daß du Schmerzen hast – und schlag zurück.»

Bangkok, Lumpini-Stadion, am nächsten Abend. Hexenkessel, Abteilung Südostasien. Zweitausend Zuschauer, hohe Wetten, alle brüllen. Thais sind irgendwann mal ausgewanderte Südchinesen. Und alle Chinesen sind dem Glücksspiel und der Wettsucht verfallen. Die Fingerzeichen, mit denen sie sich verständigen, kann ich nicht entschlüsseln, aber die ganze Halle fuchtelt mit den Händen, während im Ring zwei Muay Thai der 150-Pfund-Gewichtsklasse aufeinander losgehen. Die Regeln: Beißen, Unterleibsattacken und Kopfstöße sind verboten; ansonsten sind sämtliche Boxtechniken erlaubt, Handrückenschläge, Tritte, Ellbogen- und Kniestöße dürfen zum Kopf, Körper und zu den Beinen ausgeführt werden. Die Tritte und Ellbogenstöße sind am K.o.-effektivsten, die meisten Punkte bringt der Krokodilschwanz-Schlag. Ein sehr schwieriger und deshalb selten ausgeführter Tritt, bei dem das Schienbein im Nacken des Gegners explodiert. Jeder Treffer wird von der Menge mit einem Kampfschrei honoriert, der so tief aus dem Bauch kommt, daß er sich wie aggressives Stöhnen anhört.

Dazu spielt eine zehnköpfige Gruppe auf Trommeln und Blasinstrumenten. Der Sound der Flöten bewirkt auf der Stelle Trance, die Trommeln sind in etwa so schnell wie

Technobeat. Nach diesem Rhythmus fallen die Schläge. Denn das ist das Prinzip. Wenn es weh tut, schlag zurück, hatte der Reisbauer gesagt. Jede blitzschnelle Attacke wird mit einer Gegenattacke beantwortet; während eines Schlagabtauschs drischt jeder Kämpfer gut ein dutzendmal auf den anderen ein, dann schnappen sie nach Luft, hüpfen ein bißchen auf der Stelle und explodieren ein weiteres Mal. Von zehn Schlägen führen sie sieben mit dem Schienbein aus. Das Schienbein ist der Hammer im Muay Thai, leider ist es auch der schmerzempfindlichste Teil des Beins. Früher, als es noch keine Sandsäcke gab, haben sie ihren Schienbeinen an Bananenstauden die Pingeligkeit abtrainiert, daß es die ganz Harten auch an Eisenstangen tun, wird immer wieder erzählt, aber ich kenne keinen, der es gesehen hat oder gar fotografiert. Doch der Unterschied zwischen Eisen und Knochen ist in diesem Ring ohnehin kaum auszumachen.

Ich sitze in der ersten Reihe, und die erste Reihe ist so nah dran, daß man sein Bier am Rand des Ringes abstellen kann. Das tun auch alle, und alle rauchen, und keinen scheint die Dusche aus Schweiß und Blut zu stören, wenn sich der Kampf in seiner Ecke abspielt oder, besser, abspult. Uralte Bewegungsabläufe. Die burmesischen Mönche, die den Kampf im 15. Jahrhundert entwickelten, und die siamesischen Könige, die ihn für ihre Soldaten perfektionierten, sind längst tot. Aber Muay Thai lebt. Muay Thai ist ein unsterbliches Wesen. Denen, die sich ihm opfern, schenkt es ohne Ende Schmerzen, aber auch eine gewisse Tödlichkeit. Ansonsten fallen mir an diesem Abend im Lumpini-Stadion noch drei Dinge auf. Erstens: Die Kämpfer sehen dem Gegner nicht in die Augen, nicht auf die Fäuste und nicht auf die Beine, sondern auf die Bauchmuskeln, denn die Bauchmuskeln zucken vor jedem Schlag. Zweitens: Nicht weit von mir sitzen drei Touristinnen aus dem Westen. Alle drei mit dem gleichen Gesichtsausdruck. Versunken und doch erregt. Drittens: Nachdem die nunmehr beide blutenden Muay Thai fünf Runden lang wie Tollwutkranke aufeinander eingehämmert haben, fällt nach dem Schlußgong der Sieger auf die Knie, um dem Verlierer die Füße zu küssen.

Bangkok, am Nachmittag, die goldenen Buddhastatuen eines großen Tempels ragen in den Himmel. In direkter Nachbarschaft zu den Experten der Gewaltlosigkeit liegt der Aumanun-Boxstall, einer der größten und berühmtesten des Landes. Er hat zahllose Champs hervorgebracht. Fünf sind es zur Zeit. Hier trainieren an die dreißig Kämpfer jeder Altersstufe und Gewichtsklasse, es gibt mehrere Trainer und zwei Cheftrainer. Unter den Boxern sind auch zwei Japaner, doch sie werden, wie alle ausländischen Kämpfer, von den Thais nicht ernst genommen. Der weltweite Boom des Muay Thai eröffnet den thailändischen Boxern zwar internationale Karrieren, aber umgekehrt kommt hier keiner weit. Denn das ist das Leben der Muay Thai. Jeder in diesem Boxstall trainiert seit seinem achten Lebensjahr sechs Stunden pro Tag. Kein Alkohol. Keine Drogen. Sie essen im Boxstall, sie schlafen im Boxstall, ihn zu verlassen, egal ob am Tag oder in der Nacht, ist verboten. Also auch kein Sex. Ausnahme: Nach jedem Kampf dürfen sie für vier Tage nach Hause.

Mit dem Geld sieht es so aus: Kampf- und Siegprämien bis fünftausend Baht gehen zu hundert Prozent an den Boxer, von jeder Summe zwischen fünf- und zehntausend Baht bekommt der Boxstall tausend, und ab zehntausend

Baht wird halbe-halbe gemacht. Mit dem fünfundzwanzigsten Lebensjahr ist in der Regel Schluß. Dann haben die Boxer kaputte Knochen und was gespart, oder sie haben kaputte Knochen und nichts gespart, oder sie machen es wie der Mönch, der dort in gelben Tüchern friedlich auf der Mauer sitzt. Er schaut den Kämpfern zu, denn er ist selber mal Kämpfer gewesen, Profi, Lumpini-Champ (Kampfname: Tiger). Weil ihn dann die Welt zu nerven begann, hat er vor etwa dreizehn Jahren bei Buddha eingecheckt. Als ich ihn frage, welches Leben härter ist, das des Mönches oder das des Boxers, lacht er lange und laut. Er beruhigt sich wieder. «Mönch ist tausendmal härter», sagt er.

«Er hat recht», sagt Thitipong Aumanun, der Besitzer des Boxstalls, und er sagt es, weil er ein guter Boxstallbesitzer ist. Die schlechten lassen ihre Boxer in den letzten drei Tagen vor dem Kampf bis zu zehn Kilo abschwitzen, damit sie ihre Gewichtsklasse halten. Zehn Kilo in drei Tagen. Nichts essen, nichts trinken, Schwitzanzug und endloses Joggen mit Begleitern, die sie auffangen, wenn sie umzufallen drohen. Gute Boxstallbesitzer machen das nicht. Für Thitipong Aumanun liegt die Grenze bei vier abzutrainierenden Kilo, und sein Mann, der heute abend antritt, braucht überhaupt nicht abzunehmen. Der hat Idealgewicht. Der kann die letzten drei Tage schlafen, soviel er will.

Wie wir hören, ist er gerade aufgewacht. Kampfname: Den Toranee. Held der Erde, aber Erde nicht im Sinne von Planet, sondern von Acker. Er kommt aus den nordöstlichen Provinzen, ist fünfundzwanzig Jahre alt, hat hundertfünfzig Kämpfe hinter sich, von denen er hundertzweiundzwanzig gewann. Er war bereits Lumpini-Champ in seiner

Gewichtsklasse, wurde geschlagen, gehört aber noch immer zur Top ten. Bis zum jetzigen Zeitpunkt seiner Karriere hat er sechshunderttausend Baht verdient, und davon hat er im Heimatdorf für seine Familie (landlose Bauern) einen Acker, ein Haus und ein Auto gekauft. Er hofft, noch zwei Jahre kämpfen zu können. Heute abend geht es um fünfzigtausend Baht.

Lumpini-Stadion, am Abend, backstage. Die Boxer haben keine Kabinen. Irgendwo am Rand der Halle ist ihr Bereich, wo sie beten, sich umziehen und massieren lassen. Vier Masseure pro Mann. Akkordarbeit. Neun Kämpfe sind angesetzt. Die Boxer kommen und gehen. Mit ihnen Trainer, Freunde, Boxstallbesitzer. In der Luft liegt ein schwerer Teppich an Gerüchen. Billiges Kokosöl, teure Parfums, Zigaretten. Die Trommeln der Kampfmusik und die Schreie der Menge dringen aus der Arena. Und nur wenige Meter von mir entfernt verliert ein junger Boxer sein Gesicht.

Er ist gerade von seinem Kampf zurückgekommen. Er hat ihn verloren. Er sitzt mit gesenktem Kopf auf einem der Massagetische und sieht regungslos zu Boden, während sein Boxstallbesitzer ihn zuerst ohrfeigt und beleidigt und dann mit der flachen Hand direkt auf den Mund zu schlagen beginnt. Der Boxstallbesitzer ist ein reicher Mann und trägt schwere Ringe an der Hand, mit der er schlägt. Alle hier erstarren, und keiner sieht den Boxer an, weil jeder Blick auf seine Schmach ihm noch ein Stückchen mehr Haut vom Gesicht ziehen würde.

Guter Boß, schlechter Boß. Der gute steht neben mir und scherzt mit seinen Leuten. Aber Thitipong Aumanun hat auch gut lachen. Sein Mann hat gewonnen. «Held der

Erde» kämpfte souverän, und alle, einschließlich seines Vaters, warten hier auf ihn. Er wird gerade genäht. Geplatzte Augenbraue. Also noch ein Grund zur Freude, denn das Stadion bezahlt dem Boxer pro Stich fünfhundert Baht Schmerzensgeld. Als er kommt, geht alles sehr schnell. Der Boß blättert ihm seinen Anteil von fünfundzwanzigtausend Baht in die Hand, die «Held der Erde» sofort und mit einer selbstverständlichen Bewegung an seinen Vater weitergibt. Draußen wartet ihr Wagen. Vier Tage frei. Sie werden die ganze Nacht durchfahren, bei Sonnenaufgang wird der Muay Thai wieder in seinem Dorf sein, wo man ihn liebt, achtet und ihm Autorität zuspricht. Und keiner mehr Feldratten ißt.

Bangkok, nächster Abend, Bang Po Road. Das Leben ist ein unendlicher Fluß von gelben Taxilichtern. An seinem Ufer hat Ratanapol Sor Vorapin, achtundzwanzig Jahre alt, einen Nudelsuppenstand. Ich rede mit ihm über die häßliche Szene gestern im Lumpini-Stadion. Er sagt, wenn ein Muay Thai nach dem Kampf von seinem Promoter geschlagen wird, nennt man das die sechste Runde. Und hätte der Boxer den Kopf gehoben und protestiert oder sich gar gewehrt, wäre er heute nicht mehr am Leben. Auch er, der Nudelsuppenmann, wäre nicht mehr am Leben, wenn nicht der Godfather (Mafiaboß) seines Viertels ihn lieben und beschützen würde.

Ratanapol Sor Vorapin ist das beste Beispiel dafür, was einem extrem guten Boxer in einem extrem schlechten Boxstall passieren kann. Er hat fünfzig Muay-Thai-Kämpfe gewonnen, bevor ihn eine Knieverletzung dazu zwang, auf das westliche Boxen umzusteigen. Er wurde auf Anhieb IBF-Weltmeister im Federgewicht und konnte den

Titel fünf Jahre lang verteidigen. Ratanapol kämpfte in Miami und Las Vegas, in Thailand kannte ihn jedes Kind. Sechs Millionen Baht hat der Besitzer seines Boxstalls an ihm verdient. Er selbst hat davon rund fünf Prozent gesehen. Und als er nach fünf Jahren seinen Titel verlor, weil man ihn vor dem Kampf von 57 Kilo auf 46,5 Kilo runtergehungert hatte und er im Ring so schwach war, daß sein südamerikanischer Herausforderer glaubte, gegen einen Kranken anzutreten, hat der Besitzer seines Boxstalls ihn fertiggemacht. Erst hat er ihn geschlagen, und dann hat er ihn ein Jahr nicht kämpfen lassen. Das heißt: ein Jahr kein Geld. Und als Ratanapol am Ende den Boxstall gegen den Willen seines Besitzers verließ, glaubte der Boß den Gesichtsverlust nur durch einen Auftragsmord wiederherstellen zu können. «Aber weil ich in meinem Leben viel Gutes getan habe», sagt der Nudelsuppenmann, «kam das Gute schließlich zu mir zurück.» In Form seines Beschützers (der Godfather, der die Hände über ihn hält, ist ein großer Boxfan) und in Form einer Nudelsuppenverkäuferin namens Naam Phon. Das heißt «Regenwasser». Sie arbeitete an einem Stand in der Nähe seines alten Boxstalls. Er hat sich in sie verliebt, weil sie ein so schönes Gesicht hat und so helle Haut, aber er ist schüchtern, und er hat ein Jahr und zwei Monate lang jeden Tag bei ihr Nudeln gegessen, bevor er seine Gefühle offenbarte. Inzwischen haben sie zwei Kinder und einen eigenen Stand und ein Einkommen von rund eintausendfünfhundert Baht täglich.

Thais lächeln immer, auch wenn sie sturzunglücklich sind, aber das Lächeln von Ratanapol war echt. Was für eine Karriere. Auch er kommt vom Dorf und kennt den Geschmack von Ratten, auch er ist den Weg der Schmerzen gegangen und hat für fünfzig Baht seinen ersten Boxkampf gemacht. Dann ist er ein berühmter Champ geworden. Und dann ein berühmter Verlierer. Und dann ein glücklicher Mann. Gute Frau, gute Söhne, gute Arbeit. «Nudelsuppen sind ehrenvoll», sagt der Ex-Muay-Thai.

Under the Sherry Moon
(Andalusien)

Die Traurigkeit ist wie eine Gitarrensaite, dazu bestimmt, die Liebe unsterblich zu machen. Die Ehre ist dafür da, der Saite Spannung zu verschaffen, und ansonsten ist nur noch zu sagen, daß der Katholizismus der Andalusier nicht ganz koscher ist. Sie glauben, Gott habe die Pferde nach seinem Antlitz geschaffen. Was dagegen stimmt, ist, daß die Pferde den Flamenco inspirieren. Man hört sie galoppieren, wenn der alte Zigeuner spielt. Sein Lied hat folgenden Inhalt:

Ein junger, schöner Landarbeiter verliebt sich in ein junges, schönes Mädchen. Sie will ihn nicht, weil er ein Bauer ist. Er geht fort und reitet mit den Desperados, verliert ein Auge und ein Bein und kommt nach langen Jahren narbenübersät in sein Dorf zurück. Beide sind jetzt steinalt. Er erkennt sie sofort. Sie ihn nicht. Denn kaum war er damals verschwunden, hatte sie in ihrem Herzen etwas gefunden, das geschlafen hatte und dann zwar den Rest ihres Lebens nach dem jungen, schönen Landarbeiter schrie, aber nicht nach dem alten Mann, der nun vor ihr stand.

Olé!

Flamenco ist die Seide, mit der man zerrissene Herzen näht. Vor zwölf Jahren bin ich hier schon einmal diesbezüglich in Behandlung gewesen. Ich bin zurück und trinke Sherry, und was jetzt? Ich habe ein Problem: Ich habe einen Auftrag, und es ist Vollmond, und das kann nicht gutgehen. Jerez de la Frontera an der Südküste Spaniens ist auch in den Zeiten, in denen keine Feste gefeiert werden, eine besoffene Stadt, denn sie gilt als Quelle des Sherrys, hier wird er gemacht, hier wird er getrunken, hier wird er über Hemden geschüttet. Ich rede von meinen Tischnachbarn. Alles gestandene Zigeuner, plus Zigeunerinnen. Nie zuvor ist so wichtig gewesen, was einst ein Freund mir riet: Sieh nicht nach den Frauen der anderen.

Der alte Sänger läßt das Singen sein. Ich lade ihn auf ein Glas Tio Pepe ein. Das gehört sich so. Cantatores und Guitarreros werden in Jerez mit Alkohol entlohnt. Er nimmt die schwarze Sonnenbrille ab. Er ist nicht blind, wie ich angenommen hatte. Auf meine Frage, ob er nur mit Ray Ban singt, sagt er: ja. Dann frage ich ihn, wie alt ein Mann eigentlich werden muß, damit nicht jedes seiner Lieder mit «Mujer» beginnt. Diese Frage versteht er nicht. Solange ein Cantatore singen kann, wird er den Frauen seinen Atem schenken. Im guten wie im bösen. Beides ist ein Kompliment. Er persönlich habe sich für die Sehnsucht und gegen die Erfüllung entschieden. Die Sehnsucht hält länger. «Sie ist treuer als ein Hund», sagt der alte Zigeuner.

Die Sehnsucht folgt dir in jedes Haus, in jede Hütte, in jedes Bett, sie geht mit dir über alle Straßen, über die Berge, über das Meer. Ihr ist nichts zu schwer, nichts zu unbequem, und sie bleibt bei mir, als ich das Zelt verlasse, um mich ein wenig umzuschauen. Das Festgelände ist etwa so groß wie zwei, drei Fußballfelder und angelegt wie eine kleine Stadt mit Alleen und Plätzen, nur daß am Straßenrand Zelte statt Häuser stehen. Ich schätze, es sind so an die zweihundert, und in jedem wird olé! geschrien.

Pferde, Kutschen, Reiter, wohin das Auge blickt. Klassische Garderobe, eng tailliert. Und Hüte, die sofort herunterfallen, wenn man eine weniger stolze Haltung einnimmt. Ich kam mir vor wie in einem Film, sagen wir «1492», in dem Gérard Depardieu Kolumbus spielt. Phasenweise war es auch «Don Quichotte». In Jerez und Umgebung gibt es mehr Pferde als irgendwo sonst in diesem pferdeverliebten Land, denn in Jerez befinden sich die königlich spanische Reitschule und die Ställe der Sherry-, Stier- und Viehbarone, und die andalusischen Cowboys, die deren Herden kontrollieren, brauchen ebenfalls Pferde, die sich im Kreis drehen können und aus dem Stand galoppieren.

Jeder Einwohner dieser Stadt kann reiten, jeder Mann, jede Frau, jedes Kind, und die kleinen Señores und Señoritas verlieren manchmal die Kontrolle über ihren prächtigen Araberhengst. Um ein Haar werde ich niedergeritten. Aber vor jedem der Flamencozelte stehen Sherry-Fässer, etwa so groß wie Regentonnen, hinter denen man sich in Sicherheit bringen kann.

Ich lehne an den Fässern und sehe lange in den Mond. Mir scheint, ich habe etwas verloren. Die schönsten Feste werden bedeutungslos, wenn ich sie nicht teilen kann. «Hola, hombre», sagt jemand hinter mir. Ich drehe mich um und schaue wieder in die unergründliche Welt der schwarzen Ray Ban. Zufall? Oder ist er mir gefolgt? Er ist nicht allein, Tio Pepe ist bei ihm. Er bietet mir die Flasche an. «Der Mond ist das beste Telefon», sagt der alte Zigeuner, «wenn man sicher sein kann, daß am anderen Ende der Liebe jemand steht, der auch zum Mond aufsieht.»

Ich reiße mich los von dem Himmelstelefon, wir gehen ein Stück zusammen. Wer nicht reitet, der tanzt. Einer der Vorteile am Flamenco ist, daß er Hände als vollwertige Instrumente akzeptiert. Vier Hände reichen für Schlag und

Gegenschlag, für Frau und Mann am Wegesrand, und wenn ein Clan im Kreis zusammensteht, ist das Geschehen dynamischer als in jeder Diskothek. Unweit eines großen Pavillons hält der Alte inne. Der Pavillon ist so voll, daß zahllose Tänzer ihre Köpfe und Oberkörper aus den offenen Fenstern schwingen lassen. Musik: ich glaube, Gipsy Kings. Ich habe eine Erkenntnis, nichts Weltbewegendes, nichts Neues, aber mir persönlich kommt sie zum ersten Mal. Um mich herum tanzt eine ganze Stadt, Menschen jeglichen Alters und aller Einkommensklassen, und ich sehe, wie unwichtig die Unterschiede sind, denn der Tanz macht sie alle schön. Er hat seine eigene Form. Wie ein eigenständiges Wesen, vor dem der Tänzer verblaßt und zweitrangig wird.

Die lange Reise der Zigeuner. Von jeder Station ihrer Jahrhunderte währenden Tour haben sie das Beste mitgebracht. Ich sehe Südindien in den Bewegungen ihrer Hände, ich sehe Persien in der Haltung ihrer Köpfe, ich sehe Arabien, Ägypten und Marokko, was den Bauchtanz angeht, und dann sehe ich, direkt vor mir, Beine, die diesen panorientalischen Rhythmus an die legendären spanischen Stiefelabsätze weitergeben.

«Warum tanzt du nicht mit ihr?» fragt der alte Zigeuner.

«Flamenco ist zu schwer», antworte ich.

«Unsinn. Beim Flamenco gibt es die Technik, und es gibt das Gefühl. Die Technik lernst du nie. Das Gefühl hast du schon.»

Also tanze ich, und das Mädchen dreht sich um mich, und ich höre die Männer singen und die Pferde galoppieren und bin angekommen, wo es nie ein Gestern gab und kein Morgen geben wird, obwohl es früher Morgen ist und die Sonne den Mond vertreibt und aus meiner Brust nicht mehr die Trauer aufsteigt, wie Rauchzeichen aus der Vergangenheit aufsteigen, sondern etwas ganz anderes, etwas, das fliegen kann. Alegría, auch die Freude ist eine Gitarrensaite.

Sieben Tage im Reich der Angst
(Nordkorea)

Nordkorea ist weit weg. Etwa achttausend Kilometer östlich von uns und locker fünf Jahrzehnte in der Vergangenheit. Manchmal denkt man, es könnte auch Science-fiction sein. Überall sind Lautsprecher, um das Volk um sieben Uhr morgens mit Musik zu wecken. Und es hört bis zum Abend nicht mehr auf. Alle Straßen, alle Plätze, alle öffentlichen Gebäude werden damit beschallt, auch die Fabriken, Schulen und Kasernen, und es ist immer dasselbe Stück, dasselbe Lied, opernhaft vorgetragen, leicht hysterisch, sehr hohe Tonlage. Es erinnert stark an die Musik, die in dem Film «Mars Attacks!» die Köpfe der Marsmännchen platzen läßt. Wer den Film nicht kennt, mag sich seine Oma vorstellen, die unter dem Einfluß von Eierlikör den ganzen Tag Arien stemmt. Das ist kein Witz. Genau so hört sich das an, was da aus allen Lautsprechern des Landes dringt. Permanent. Was bewirkt das? Was macht das mit Menschen?

Ich hörte die so ambitionierte wie totalitäre Musik zum ersten Mal auf dem Flughafen von Pjöngjang, gleich nach der Landung. Dort sah ich auch zum ersten Mal diese übermißtrauischen Augen unter den für meinen Geschmack zu großen Uniformmützen der Soldaten. Sie sahen den Feind in mir, den Spion, oder, noch schlimmer, einen Journalisten. Paß bloß auf, gleich gibt's was auf die Rübe, das in etwa war mein Gefühl, doch dann wurden wir in den Ankunftsraum für VIPs geführt, wo uns eine unheimlich nette Delegation aus zivil gekleideten nordkoreanischen Politikern und Aufpassern die Handys wegnahm und Tee servierte.

Die Fahrt vom Flughafen zum Hotel führte zunächst durch ein sattgrünes Land und erinnerte mich an einen autofreien Sonntag in Deutschland. Auf der sechsspurigen Straße begegnete uns zwar dann und wann auch mal ein Auto, aber ansonsten schien sie für Fahrradfahrer, Fußgänger und Eichhörnchen gebaut. Die Wahrheit ist, daß Militärkolonnen im Ernstfall auf ihr recht zügig vorankommen würden, aber so ernst war die Lage wohl gerade nicht.

Also freie Fahrt bei hoher Geschwindigkeit bis Pjöngjang, und noch bevor wir das Hotel erreichten, fielen mir zwei Dinge auf. Erstens: So wie Indianer keinen Alkohol vertragen, kommen Kommunisten mit Beton nicht klar. Der Triumph der Platte, der Unfarbe Grau, überall. Als zweites fiel ins Auge, daß Nordkoreaner sich anscheinend gern synchron bewegen. Sobald eine Gruppe zusammen ist, minimum acht Personen, formiert sie sich zur Kolonne und marschiert in Zweier- oder Viererreihen, statt spazierenzugehen. Wohlgemerkt, nicht alle bewegen sich in Formation, aber immerhin doch so viele, daß man ständig irgendwo eine Kolonne sieht. Kinder marschieren zur Schule, Arbeiter zur Baustelle, Soldaten zur Kaserne oder am Fluß Taedong entlang.

Zwei hohe, finstere Türme mit einer Lobby dazwischen und komplett verwanzt – das war das Hotel. Überall wird abgehört, in den Zimmern, den Fluren, den Restaurants. Ab sofort mußte man aufpassen, was man sagt, also schwieg ich beim Essen und überließ das Reden denen, die wissen, wie es geht. Zu Tisch saßen der deutsche Politiker Hartmut Koschyk, in dessen Delegation ich nach Nordkorea gereist war, der deutsche Botschafter Thomas Schäfer und die Nordkoreaner, die uns vom Flughafen abgeholt hatten und jetzt sehr viel lachten.

Es gibt falsches Lachen, mit Sicherheit, und es gibt böses Lachen, aber irgendwie ordne ich Lachfalten, die wie ein Strahlenkranz ins Gesicht eingebrannt sind, immer nur dem guten Lachen zu. Neben solchen Leuten sitze ich eigentlich ganz gern und schaue ihnen auch gern in die Augen. Ri Jong ist ein kleiner älterer Herr. Entspannt und, wie es scheint, von gutmütigem Charakter. Und das darf eigentlich nicht sein, denn der Mann ist ein Abgeordneter in der Obersten Volksversammlung von Nordkorea, also ein Politiker im letzten stur-stalinistischen Staat auf Erden, gegen den Kuba wie ein sozialistischer Club Med wirkt und China wie die Wiege der Menschenrechte. Hier wird laut Amnesty International jeder geprügelt, gefoltert und exekutiert, der nur die kleinste Kritik am System übt. Hier sollen in Arbeitslagern zweihunderttausend politische Gefangene der Willkür ihrer Bewacher ausgesetzt sein, rund zwanzigtausend von ihnen sterben jährlich. Und zweieinhalb Millionen Nordkoreaner starben in den durch Mißwirtschaft ausgelösten Hungersnöten der neunziger Jahre, während die Streitkräfte des Landes die drittstärksten in Asien sind. Nur China und Indien sind militärisch noch stärker, aber seitdem Nordkorea Atomwaffen besitzt und sich allen bilateralen Abkommen entzieht, zählt dieses «noch stärker» weniger als zuvor. Darum wollen die Nachbarn atomar aufrüsten, und wenn das geschieht, ist in Südostasien die Hölle los. Nordkorea ist brandgefährlich. Nordkorea ist Stalins, Maos und Pol Pots ewiger langer Arm, und ich speise in einem «Schurkenstaat» am fernöstlichen Ende der «Achse des Bösen», aber der Abgeordnete Ri Jong wirkt absolut nicht wie ein Schurke, sondern wie ein freundlicher Kleingärtner, der seine Enkelkinder und Briefmarken liebt. Vielleicht ist er nur professionell. Ri Jong ist Diplomat. Zuständig für Europa und Deutschland, und in seiner Funktion als Vorsitzender des Asien-Friedenskomitees ist er auch zuständig für die Beziehungen zu den USA, Japan und Südkorea. Er hat in der DDR studiert, er spricht Deutsch, trotzdem redet er mit uns auf koreanisch und läßt sich unsere Worte übersetzen.

Der Bundestagsabgeordnete Hartmut Koschyk hält eine Rede zum Stand der Dinge. Als Vorsitzender der Deutsch-Koreanischen Parlamentariergruppe hat er das Land bereits viele Male besucht. Er kennt sich mit dem Temperament und der Mentalität der Nordkoreaner aus. Er sagt nicht, was ich sagen würde: Hört mal, Jungs, das könnt ihr im 21. Jahrhundert einfach nicht mehr machen, euer Volk verhungern lassen und mit der Atombombe rumfuchteln. Außerdem kotzen uns Menschenversuche mit Giftgas und Viren an inhaftierten Oppositionellen an, und daß Beten verboten ist, kann uns ebenfalls nicht gefallen. Also hört auf mit dem Scheiß, und dann gibt's auch Knete. Und Getreide. Und Heizöl. Ihr laßt euer Volk im Winter bei zwanzig Grad minus ohne Heizung sitzen und empfehlt den Menschen, Gras und Kräuter zu essen. Ihr seid doch nicht ganz dicht. Nein, so redet Hartmut Koschyk nicht. Der CSU-Mann lobt zunächst das nordkoreanische Bier, das wir trinken, die nordkoreanischen Gerichte, die wir speisen, und die Schönheit der nordkoreanischen Frauen, von denen uns eine bedient. Er lobt die klassische nordkoreanische Medizin, hier insbesondere die nordkoreanischen Chiropraktiker, für die es, wie fürs Bier, Verwendung in

Berlin gebe, er lobt die nordkoreanischen Trickfilmer und den nordkoreanischen Ginseng, und als ich schon glaube, er wird jetzt auch noch die Kopfballstärke der nordkoreanischen Fußballerinnen loben, bekommt er die Kurve und beginnt sich über die kleinen, aber feinen Fortschritte in Richtung atomarer Abrüstung zu freuen sowie darüber, daß die Gespräche zwischen Nord- und Südkorea wiederaufgenommen wurden. Wenn Deutschland da mit Rat und Tat zur Seite stehen könne, tue es das gern, denn, wie wir alle wissen, sei ja auch Deutschland mal geteilt gewesen.

Das ist Diplomatie. Sie ist das Gegenteil von Journalismus. Sie sagt nie, wie leer das Glas ist, sondern immer nur, wie voll und daß es nicht schaden könne, es noch ein bißchen voller zu machen. Weil MdB Hartmut Koschyk so schön geredet hat, reden auch die Nordkoreaner schön, und so wurde es ein schöner Abend, und warum kann das eigentlich nicht auch in der großen Politik so gehen? Ich dachte noch lange darüber nach, als ich in meinem Zimmer war. Ich hatte die Zeit, über so was nachzudenken, denn der Jetlag ließ mich nicht schlafen, und ausgehen konnte ich nicht. Es gibt in der nordkoreanischen Zwei-Millionen-Metropole Pjöngjang nichts, wohin man gehen kann. Keine Kneipe, keine Bar, kein Restaurant, keine Diskothek, kein Café. Eine Stadt ohne Gastronomie, ohne Unterhaltungsindustrie. Eine Nacht ohne Musik und Tanz und Lichterglanz. Niemand bummelt. Niemand jagt seinem Traum hinterher. Wie ich hörte, sind die Straßen abends menschenleer. Bezeugen kann ich es nicht, denn obwohl die beiden hohen, dunklen Türme des Hotels unterbelegt waren, hatte man uns im einundzwanzigsten Stock einquartiert. Von da aus sieht man nichts. Und mit dem Fahrstuhl runterfahren, um nachzusehen, ging auch nicht, denn nachts sind die Fahrstuhlknöpfe für die drei unteren Etagen deaktiviert. Ein merkwürdiges Gefühl befiel mich. Zu dem Gefühl paßte, daß man mir am Flughafen nicht nur das Handy, sondern auch den Reisepaß abgenommen hatte. Willkommen im Gefängnis.

Tags darauf wurde unserem Fotografen erst mal erklärt, was er fotografieren durfte. Im Prinzip alles, nur folgende Ausnahmen seien zu beachten: keine Baustellen oder einstürzende Neubauten, um sicherzugehen eigentlich gar keine Häuser und Straßen sowie keine militärischen Anlagen, also auf gar keinen Fall Soldaten oder Polizisten, und, um sicherzugehen, eigentlich überhaupt keine Menschen. Was er dagegen fotografieren konnte, waren alle Denkmäler des «ewigen Führers» (Vater Kim Il-sung) und des «geliebten Führers» (Sohn Kim Jong-il), aber diese auch nicht von hinten oder von der Seite und auch nicht im Ausschnitt, sondern immer nur von vorn und von oben bis unten. Und, ach ja, natürlich durfte er auch nicht aus dem fahrenden Wagen fotografieren. Unser Fotograf hielt sich nicht daran, was dazu führte, daß sie immer schneller fuhren, weil sie glaubten, daß ab 110 km/h niemand mehr vernünftige Bilder machen kann. Irrtum. Mit einer Blende von 2,8, der Belichtungszeit einer zweitausendfünfhundertstel Sekunde und einer Lichtempfindlichkeit des Films von achthundert ASA geht das schon. Aber Mitziehen nicht vergessen.

Mir machten sie es auch nicht leicht. Ich durfte mit niemandem sprechen, denn der Kontakt mit Ausländern könnte die Menschen verwirren. Weil ihnen Handys, Internet, freie Medien und das Verlassen des Landes verboten sind, wissen sie nicht, wie die Welt außerhalb von

Nordkorea ist. Der einzige Fernsehsender zeigt hauptsächlich Kriegsfilme, in denen Japaner und Amerikaner massakriert werden, und berichtet man doch mal von etwas anderem, zum Beispiel von internationalen Sportereignissen wie den Olympischen Spielen, werden alle Wettkämpfe ausgelassen, in denen Sportler feindlicher Nationen gewinnen. Nach nordkoreanischer Nachrichtenlage hat also seit fünfzig Jahren kein US-Sprinter und kein japanischer Karatekämpfer oder Sportschütze mehr irgendwas gewonnen. Um dieses Weltbild nicht zu stören, durfte ich mit niemandem sprechen außer denen, die sie mir vorstellten, und diese Menschen hatten merkwürdige Blicke.

Woran erinnern sie mich? An eine Sekte. Augen sind die Fenster zur Seele, und ihre scheinen schwer manipuliert. Sobald sie über Kim Il-sung reden, wird etwas angeknipst in ihrem Blick. Man kann es fast hören, wie sich der Schalter umlegt, bevor ihre Pupillen zu glänzen beginnen und die Zunge Märchen erzählt. Die Zunge der Dame zum Beispiel, die uns durch den «großen Studienpalast des Volkes» führt.

Das Gebäude ist wirklich groß, aber es hat keine hunderttausend Quadratmeter Grundfläche, wie sie stolz berichtet, und es hat auch keine Billion US-Dollar gekostet, es sei denn, sie haben es tausendmal aufgebaut und neunhundertneunundneunzigmal wieder abgerissen, aber das macht man selbst in Nordkorea nicht. Außerdem glaube ich ihr kein Wort, als sie von den Schriften des «ewigen Führers» schwärmt, die hier zum Studium ausliegen. Denn würde es stimmen, was sie sagt, könnte ich mir die Kugel geben. Ich gelte zu Hause als Vielschreiber, weil ich in acht Jahren acht Bücher veröffentlicht habe. Kim Il-sung dagegen soll zehntausendvierhundert Bücher verfaßt haben, und es wären noch hundertmal mehr gewesen, hätte er nicht auch anderes zu tun gehabt, wie zum Beispiel den Koreakrieg zu gewinnen, was ebenfalls nicht stimmt. Der Überfall auf Südkorea durch seine Truppen hat rund drei Millionen Tote unter der Zivilbevölkerung gefordert, und doch waren am Ende lediglich die alten Grenzen zwischen Nord und Süd zementiert.

Und was gibt es außer den Werken des «großen Führers» hier sonst noch zu lesen? Oh, sagt die Dame, sehr viel, denn Kim Il-sung hat auch alle Bücher, die ihm von befreundeten Staatenlenkern geschenkt wurden, an den Studienpalast des Volkes weitergegeben. Auch deutsche Bücher? Aber ja, und sofort präsentiert sie uns zwei Exemplare. Eins ist von Dr. Oetker («Wild»), und das andere trägt den Titel «Internet für Dummies».

Der Religionsunterricht ist hierzulande auch nicht ganz koscher. Christliche Missionare sollen nordkoreanischen Kindern die Nasen abgeschnitten und ihr Blut getrunken haben. Solche Gemälde sah ich im «Siegesmuseum für den Befreiungskrieg des Vaterlandes». Kinder, an Bäume gebunden, mit dem Messer des Missionars im Gesicht, gleichzeitig bissen sich die scharfen Hunde der Pater in ihren Beinen fest. Die Dame, die uns hier führte, trug Uniform, was das Tröstliche an der Geschichte ist. Uniformen stehen Nordkoreanerinnen ausnehmend gut, auch das Stöckchen, mit dem sie auf all den musealen Schrott zeigte: amerikanische Jagdflugzeuge, amerikanische Boote, Panzer, Jeeps, vom Himmel geholt, aus dem Wasser gezogen, von der Straße geschossen, und an den Wänden hängen Ölgemälde von den großen Schlachten. Das monumentalste ist ein Panoramabild, in der Mitte des Raumes eine drehbare

Bühne, auf der wir sitzen und den Worten der uniformierten Museumsführerin lauschen, die gerade erzählt, daß die Künstler der nordkoreanischen Armee in liebevoller Feinarbeit über eine Million Menschen in diese Schlachtendarstellung gemalt hätten. Ich frage sie, woher sie wissen will, ob das wirklich stimmt. Sie zähle sie seit sieben Jahren jeden Tag. Sie sei noch immer nicht fertig, aber eine Million seien es bestimmt. Auch das Kriegsmuseum ist ein großer Bau mit endlosen Fluren, himmelhohen Decken, breiten Treppen und nahezu null Publikumsverkehr. Wir sind die einzigen Gäste, die sich hier ergehen.

Als wir unsere Reisebegleiter darum bitten, uns doch endlich mal etwas Lebendiges aus dem nordkoreanischen Alltag zu zeigen, wie zum Beispiel die Bauernmärkte, zukken sie zusammen. Seit kurzer Zeit dürfen Bauern einen Teil ihrer Produkte auch auf freien Märkten verkaufen. Die Partei läßt es zu, weil es anders einfach nicht mehr funktioniert, aber sie schämt sich dafür.

Unsere Begleiter reagieren jedenfalls auf unsere Bitte, als hätten wir sie nach Pornographie gefragt. Nein, zu den Bauernmärkten werden sie uns nie im Leben bringen. Statt dessen bringen sie uns zu einem Freizeitpark für Kinder und Jugendliche. Auch schön. Jede Bude in diesem Freizeitpark ist ein Schießstand, an dem die Kleinen mit Luftgewehren auf US-Pappkameraden schießen. Eine Ausnahme: an einem Stand werden lediglich Bälle auf eine Wand geworfen; es gibt ein Loch in der Wand, da sollen die Bälle durch, und dieses Loch ist natürlich wieder der Kopf eines amerikanischen Soldaten.

Nordkoreas Gesellschaft ist in drei Kasten eingeteilt: Zur loyalen Kaste zählen alle, die aus Arbeiter- und Bauernfamilien kommen, und die Veteranen des Koreakriegs; die schwankende Kaste besteht aus ehemaligen Händler- und Handwerkerfamilien; und als feindlich gesinnte Personen werden Menschen angesehen, deren Väter mal Unternehmer oder Beamte waren, sowie praktizierende Buddhisten und Christen. Diese Kaste wird bei der Lebensmittelverteilung benachteiligt und bei Hungersnöten ganz ausgelassen, den «Schwankenden» werden keine sensiblen Aufgaben übertragen, nur die «Loyalen» bekommen die guten Jobs, etwa den, auf ausländische Journalisten aufzupassen. Daß solch ein System nicht die richtigen Leute, also die Besten und Geeignetsten, an die richtigen Stellen bringt und deshalb auch nicht funktioniert, ist klar.

Ein Beispiel: Wir sollten nur die Schokoladenseiten des Landes kennenlernen, Vorzeige-Fabriken, Vorzeige-Staudämme und Vorzeige-Kindererholungsheime, aber statt uns in einem dieser Heime Kinder zu präsentieren, die spielen und glücklich sind, zeigten sie uns, wie man Kindern das Gehirn wäscht und sie programmiert. Das Ferienheim ist am Meer, drei Autostunden von Pjöngjang entfernt. Als wir es erreichten, strömten gerade einige hundert Kinder aus dem Gebäude heraus, und weil es extrem wenige Ausländer in Nordkorea gibt, reagierten sie auf uns wie auf weiße Elefanten. Umringten uns, berührten uns, lachten, ließen sich jubelnd fotografieren. Ihre Betreuer gingen sofort brüllend dazwischen. Nein, das sollten wir nicht sehen. Vielleicht sollten auch die Kinder nicht sehen, daß Ausländer durchaus lachen können und freundlich sind. Ein paar Minuten später führte man uns dann vor, auf welche pädagogischen Konzepte man hier stolz ist. Karaoke! Einige Kinder mußten sich vor einen Videoapparat stellen, bekamen Mikrophone in die Hand und sollten singen, was die Karaoke-Videos ihnen an Texten vorgaben. Die Videos waren aus nordkoreanischer Produktion. Sie zeigten Bauern, die Mistgabeln in Ausländer (Amerikaner) rammten und deren Schädel mit Spaten spalteten. Die Texte handelten von der Liebe zum Vaterland, zum Führer und zum bewaffneten Kampf. Gerne wollen sie ihr Blut dafür geben. Die Fahrt nach Pjöngjang verlief dann sehr bedrückt. So eine Vergewaltigung von jungen Seelen hatte noch keiner von uns gesehen.

Auch auf dem Rückweg wurden wir mehrmals gestoppt und von der Polizei oder dem Militär kontrolliert. Nicht weil wir Ausländer waren, sondern weil jeder, der über Land reist, erklären muß, warum er das tut. Den Nordkoreanern ist nicht nur das Verlassen ihres Staates unter Androhung von Folter und öffentlicher Hinrichtung verboten, sondern auch das Verlassen ihres Heimatbezirks. Sie können nicht mal eben von A nach B reisen, so wie wir von Berlin nach Hamburg oder von Freiburg nach München, sie brauchen Sondergenehmigungen für jeden Schritt, der sie weg von ihrer Stadt, weg von ihrem Dorf führt. Der Grund dafür ist derselbe wie für das Verbot von Handys. Es soll in Nordkorea nicht so etwas passieren wie in der DDR. Dort haben Telefonketten im ganzen Land darüber informiert, wo das Volk auf die Straße ging. Und alle strömten hin, um «Wir sind das Volk!» zu skandieren. Wie soll das in Korea funktionieren? Kein Telefon, keine Reisemöglichkeiten, keine Meinungsfreiheit, nichts. Statt dessen totale Kontrolle, totale Gängelung, totale Lügen.

Ein für uns fast lustiges Beispiel für die Lügen, die man hier erzählt: der Besuch beim toten und trotzdem «ewigen Führer» Kim Il-sung. Sie haben seinen ehemaligen Regierungssitz zum Mausoleum umfunktioniert. Vier Säle. Im ersten steht die überlebensgroße Statue Kims vor einer blauen, fast spirituell strahlenden Wand. In Vierer- und Sechserreihen werden die Besucher herangeführt, um einen kurzen Moment die Göttlichkeit des verstorbenen Diktators zu spüren. Im zweiten Saal sind Steinreliefs von weinenden Arbeitern, Bauern und Soldaten zu sehen. Beim Eintritt bekamen wir ein kleines Tonband in die Hand gedrückt, das wir uns ans Ohr halten sollten. Auf deutsch wurden wir so darüber informiert, daß Kim Il-sung auf der ganzen Welt als «Sonne der Menschheit» geliebt und verehrt wurde und daß die ganze Welt in Tränen badete, als er starb. Im Durchgang zum dritten Saal war es plötzlich sehr kalt und windig. Sechs Luftdüsen auf beiden Seiten pusteten uns jedes Staubkörnchen von Haut, Haar und Kleidung. Und da lag er, seit Jahren am Verwesen gehindert, in einem gläsernen, luftdicht versiegelten Sarkophag. Wieder mußte man sich in Vierer- oder Sechserreihen davor formieren. Die Nordkoreaner, aber auch die vietnamesischen Generäle vor uns verbeugten sich tief vor der «ewigen Leiche». Jetzt waren wir dran. Und verbeugten uns nicht, keinen Millimeter. Nicht mal ein ganz kleines bißchen mit dem Kopf nickte ich, und auch nicht der Fotograf. Im vierten und letzten Saal dann waren die Wände mit den Orden Kim Il-sungs tapeziert und mit den Fotos der Politiker, die ihm die Orden geschenkt haben. Gaddafi, Castro, Honecker, das ganze Gesocks, nur einen saarländischen Orden und das Foto von Lafontaine habe ich nicht gesehen. Aber vielleicht habe ich auch nicht richtig hingeguckt. Egal, am nächsten Tag konnten wir in der Parteizeitung «Pjöngjang Times» nachlesen, daß sich die deutsche Delegation vor dem «ewigen Führer» in großer Ehrfurcht und Ergriffenheit tief und lang verbeugt hat. Beweise für das Gegenteil haben wir allerdings nicht, weil Fotografieren verboten war.

Wer regiert denn nun das Land? Der «ewige Führer» sicherlich nicht, auch sein Sohn und Nachfolger Kim Jong-il, «geliebter Führer» genannt, wurde seit geraumer Zeit nicht mehr gesehen. Krank? Schwerkrank? Tot? Nein, keineswegs, sagt die Partei, Kim erholt sich nur von einer Operation, und zwar gut. Außerhalb Nordkoreas glaubt dies natürlich kein Mensch. Regiert jetzt also der bisher zweitmächtigste Mann im Staat, ein Mann, der fast den gleichen Namen wie sein Führer trägt? Der Besuch beim Vorsitzenden des Präsidiums der Obersten Volksversammlung Nordkoreas, Kim Yong-nam, wurde jedenfalls für mich zum überraschendsten Moment meiner gesamten Nordkoreareise. Denn der zweitmächtigste Politiker dieses paranoiden, verlogenen, extrem brutalen, totalitären, menschenverachtenden Staates wirkte auf mich wie der netteste, herzlichste und liebenswerteste Achtzigjährige, den ich seit langem getroffen habe. Auch was er sagte, war eigentlich wunderbar. Ja, man rede mit Südkorea, und man komme sich näher, ja, man führe auch mit dem Rest der Welt einen fruchtbaren Dialog, ja, man werde Lösungen für alle Probleme finden, selbst für die atomare Frage, ja, ja, ja, alles werde gut. Die Audienz bei ihm dauerte etwa eine Stunde, und mit jeder Minute mochte ich ihn mehr. Seine fröhlichen, sanften Augen, sein lachendes Gesicht, sein entspanntes, gleichzeitig selbstsicher und bescheidenes Auftreten entwaffneten mich total. Am liebsten hätte ich ihn am Ende umarmt. Statt dessen gab ich ihm nur die Hand, aber er nahm meine mit beiden Händen und drückte sie lang. Darüber dachte ich nach. Nicht nur ein paar Stunden, nicht nur an diesem Tag. Bis heute kann ich nicht verstehen, wie das zusammenpaßt. Wie kann ein so wunderbarer alter Herr verantwortlich sein für alles, was ich in seinem Land gesehen habe? Zwei Antworten hätte ich: Entweder ich bin leichtgläubig, leicht zu manipulieren und leicht zu verarschen. Oder er wird verarscht. Denn über den drei Kasten im Gesellschaftssystem von Nordkorea – der loyalen, der schwankenden und der der feindlich gesinnten Personen – gibt es noch eine: das Militär. Es ist ein Staat im Staat, und die Militärs gebärden sich wie die eigentlichen Machthaber. In dieser Woche wurden wir unterwegs mehrfach von Soldaten gestoppt, und jedesmal war es dasselbe: Unsere Reisebegleiter, denen andere nordkoreanische Zivilisten immer und sofort gehorchten, wurden von ihnen zusammengeschrien. Nicht von einem General, nicht von einem Offizier. Es waren einfache Soldaten, die unsere loyalen Parteimitglieder niederbrüllten, weil wir mal an einem falschen Platz gehalten hatten oder in eine falsche Straße hineingefahren waren, und die ließen sich das ziemlich demütig gefallen. Vielleicht dachten sie an die südkoreanische Touristin, die vor ein paar Wochen erschossen wurde, weil sie etwas abseits von ihrem Hotel in einen falschen Weg eingebogen ist. Das Militär macht in Nordkorea, was es will. Von daher war es wirklich nicht ganz ungefährlich, was wir am letzten Abend taten.

Sieben Tage lang konnten wir keinen, aber wirklich keinen Schritt ohne unsere vier Reiseführer machen, die im Grunde Reiseverhinderer waren. Sie blieben immer dicht bei uns. Nicht ganz so dicht, also rund zwanzig, dreißig Meter entfernt, folgten uns dazu noch drei Geheimdienstler. Wir sollten nicht sehen, was wir wollten, und nicht hören, was wir wollten, sie verhinderten jedes freie Gespräch mit den Menschen. Das war nicht leicht für sie, denn wir versuchten ständig auszubrechen – und jeder von uns in eine andere Richtung. Am Ende der Woche waren wir genervt und müde davon, aber sie auch. Am letzten Spätnachmittag hingen sie ziemlich fertig in den Sesseln des Hotel-Foyers herum und freuten sich auf unsere Abreise. Einen Moment lang schienen sie uns nicht zu beobachten, und der Fotograf und ich nutzten die Chance. Auf leisen, schnellen Sohlen schlichen wir uns aus dem Hotel und waren ENDLICH allein auf der Straße. Wir gingen sie einfach geradeaus, etwa zwanzig Minuten. Bisher hatten wir immer nur dieselben drei, vier gut ausgebauten Straßen gesehen, mit rechts und links respektabler Platte und stalinistischen Monumenten. Jetzt sahen wir Zerfall und bewohnte Ruinen. Die Menschen, die uns entgegenkamen, waren viel schlechter angezogen als alle, die wir zuvor auf den erlaubten Wegen und in den Gebäuden gesehen hatten, in die sie uns führten. Schlechter angezogen, schlechter gelaunt. Das Lachen war weg. Menschen mit grauem Blick. Auf diesen Straßen war keine Freude, kein Sex, kein Flirt, keine Farbe, keine Kreativität, kein Esprit, keine Verheißung, auch keine Verführung, kein Hoffen und kein Versagen, im Grunde: kein Leben. Und wie reagierten sie auf uns? Nur ein Beispiel. Wir kamen um eine Ecke, und da war ein Fahrradfahrer, etwa fünf Meter vor uns. Sobald er uns sah, fiel er vor Schreck um. Zwei weitere Fahrradfahrer fuhren in ihn hinein und fielen auch hin. Das war die Reaktion auf uns.

Unsere Freiheit, oder die Illusion unserer Freiheit, währte zwanzig Minuten. Dann stand wie aus dem Nichts materialisiert unser Oberbewacher vor uns und sagte: «Oh, was für ein Zufall! Ich habe gerade meine Familie hier besucht. Ich leiste euch Gesellschaft.» Und das war's. Vielleicht nur eines noch. Ein bißchen später sagte einer der anderen Bewacher zu mir: «He, wir machen das nur, um euch zu beschützen. Ihr habt keine Ahnung, was DIE mit euch machen können.»

Gold im Amazonas
(Brasilien)

Der Hafen bestand im wesentlichen aus malerischem Schlamm, einem Anleger mit Bar, ein paar kleinen Billardtischen und ein paar Leuten, die auf den Billardtischen Armdrücken machten, und alle sprachen außer Portugiesisch höchstens noch ein bißchen Indianisch. Ich lehnte an einer Bretterwand, trank ein Bier und fühlte mich gleich wohl. Die Boote, die auf dem schwarzen Wasser wie schlafend schaukelten, erinnerten mich an «Fitzcarraldo», und der Vollmond heizte mit seinem physikalisch kalten, aber traumheißen Licht meine gute Laune weiter an. Zwei, drei Bier später drückte eines dieser Boote die Flußdampfer, zwischen denen es gelegen hatte, sanft, aber bestimmt zur Seite, ich stand an Deck, hörte den Motor stampfen und sah den Lichtern von Manaus nach. Es brauchte kein Ahnen, kein Fühlen, kein Schwingen seelischer Schicksalssaiten, um zu begreifen, daß ein Abenteuer vor mir lag. Dafür reichte ein Blick auf die Reiseroute. Rund achthundert Kilometer den Rio Negro flußaufwärts und irgendwo im Dreiländereck von Brasilien, Kolumbien und Venezuela steigen wir wieder aus. Juan kannte sich da glücklicherweise ein wenig aus.

Juan hatte einen Vollbart, wilde schwarze Locken und war der Fotograf. «Die Region ist so groß wie Deutschland», sagte er, «aber es leben nur zweiundzwanzigtausend

Menschen in ihr. Kein Politiker sieht Gründe, für zweiundzwanzigtausend Menschen irgend etwas zu tun. Die Infrastruktur ist hundert Jahre hinter der ersten Welt zurück, und es gibt keine Gesetze. Hast du eine Pistole dabei?»

«Nein.»

«Ich auch nicht.»

Keine Waffe, keine Angst. Alles, was gefährlich war, schien weit weg. Der Fluß war so breit wie ein See, und der Wald wirkte wie eine ferne, dunkle Wand, aber manchmal, wenn Inseln den Rio Negro in mehrere Wasserläufe teilten, wurde der Fluß so schmal wie ein Kanal, und wir konnten die Schlingpflanzen, Lianen und Wurzeln am Ufer sehen. Im Videorecorder des Dampfers sorgte Rambo für klare Verhältnisse im Dschungel, es gab eine kleine Bar und ansonsten nicht viel zu berichten, denn wir machten es wie alle anderen Passagiere (Händler, Missionare, Goldsucher, Indianer, Halbindianer) und baumelten die Sache in unseren Hängematten aus. Man gewöhnt sich schnell an Hängematten, und wenn man sich daran gewöhnt hat, will man nicht mehr raus.

Am vierten Tag unserer Reise trafen wir dann den ersten Mann mit einer frischen Schußverletzung. Bisher hatten wir nur bei kleinen Dörfern und Missionsstationen angelegt und blieben dort auch nur so lange, wie es braucht, Säcke mit schwarzen Bohnen und Reis oder kistenweise Bier loszuwerden, aber das hier war ein großes Goldsuchercamp. Sie arbeiteten auf den Flößen und wohnten in Hütten am Fluß, die sie mit Blättern oder Zeltplanen abgedeckt hatten. Am Ufer dümpelten die zu Bars oder Marketender-Läden umfunktionierten Boote. Bezahlt wurde mit Gold. Ein paar Beispiele:

Rolle Novo (Toilettenpapier) – 0,1 Gramm Gold.
Sempo Livre (Tampons) – 1 Gramm Gold.
Omo, die kleine Packung – 0,4 Gramm Gold.
Omo, die große Packung – 0,8 Gramm Gold.
Aspirin – 1 Gramm Gold.
Einwegrasierer – 1 Gramm Gold.
«Picote» – 1 Gramm Gold.
«All night» – 1,5 Gramm Gold.

«Picote» ist die schnelle Nummer, «All night» die lange, und damit sind wir schon bei den Preisen des Bordell-Flußdampfers, der in Sichtweite des Camps ankerte, obwohl die Geschichte der frischen Schußverletzung noch immer nicht erzählt ist. Ein Marketender hatte mit seinem schwimmenden Laden hier vor Tagen angelegt und einem Goldsucher das Tau zugeworfen, damit er es an einem Baumstamm festmacht. Der Goldsucher rief, der Händler könne ihn am Arsch lecken. Auf die Frage, ob es auch der Arsch seiner Freundin sein dürfe, hat der Goldsucher sofort geschossen.

«Wo ist der Mann jetzt?» fragte ich.

«Im Fluß», sagte der Händler.

Ich saß inzwischen mit einer Cola in einem weißen Plastikstuhl und genoß die Aussicht. Das Licht der Nachmittagssonne lag über dem Rio Negro, dem Abfall am Ufer und den kleinen schwarzen Schweinen zwischen den Hütten. Fast alle Männer im Camp trugen kurze Hosen und lange Bärte, und fast alle waren auf geschmeidige Art muskulös und, wie der Marketender sagte, bewaffnet.

Die Tage auf dem Flußdampfer, der nun ohne uns weiterfuhr, waren eine Zeit der Entschleunigung, die Zeit, die nun anbrach, bescherte uns das Gegenteil. Der Marketender hatte uns ein Motorboot mit Skipper vermietet, der uns zu den Flößen brachte, wann immer wir wollten. Der Mann wurde Feuerkopf genannt, denn ein häßlicher roter Ausschlag entstellte sein Gesicht, aber auch sein Wesen hatte etwas Feuriges, wenn er unter dem Einfluß von Marihuana, Pasta basica (unveredeltes Kokain) und Antarctica (brasilianisches Bier) am Außenbordmotor rumfummelte. Da ich unter demselben Einfluß stand, wußte ich, daß er die Wellen Funken schlagen sah. Meistens rechnete ich in solchen Momenten. Für zwanzigtausend Dollar konnte ich mir ein großes Goldsucher-Floß kaufen, für achttausend ein kleines. Die großen sahen wie Häuser aus, mit großen Motoren, großen Pumpen, Sieben, so groß wie Doppelbetten, und zwanzig Meter langen Saugarmen, an deren Ende sich stählerne Klauen in den Grund des Flusses fraßen. Auf diese Art kämen mir neben Sand, Steinen und Wasser monatlich ein bis zwei Kilo Gold ins Hausboot, also ein- bis zweitausend Dollar, und alles, was ich für mein Wohlergehen sonst noch bräuchte, wären drei Gehilfen, die sich für gewöhnlich zwanzig Prozent der Einnahmen teilen, sowie etwas Quecksilber, das Gold und Stein voneinander trennt, und spätestens jetzt eine Waffe.

Die kleinen Flöße haben kleine Motoren, kleine Pumpen, kleine Siebe und einen Saugarm, der unten im Fluß mit der Hand bedient werden muß. Dafür braucht es Taucher, die bereit sind, mindestens vier Stunden, oft auch sieben oder acht, mit Blei an den Hüften und einem Schlauch auf der Nase in zwanzig Metern Tiefe zu stehen und nichts zu sehen, denn das Wasser des Rio Negro ist tatsächlich so schwarz wie eine sternenlose Nacht. Gefahren: Es gibt Fische, die sind zwei bis drei Meter lang und zertrümmern den Tauchern mit ihren Schwänzen alle Knochen im Leib. Piranhas sind ein kleineres Problem, als man denken sollte; daß aber so Irre wie Feuerkopf mit einem Affenzahn die Flöße umrunden und dabei die Schläuche mit der Sauerstoffzufuhr kappen, kommt schon häufiger vor.

«Vamos», schrie Feuerkopf, «die Nutten warten!»

Die Goldsucher wirkten wie ein Antidepressivum auf mich. Sie arbeiteten unter Lebensgefahr, sie feierten unter Lebensgefahr, sie hatten irgendwann eine Grenze überschritten, und dahinter waren offensichtlich nur noch Zahnlücken und ein angstfreies Lachen. Wir kletterten also lachend die Strickleiter zum Bordellschiff hoch und trafen dort auf ein gutes Dutzend ziemlich häßlicher Mädchen und einige Männer, die sie sich für einen «Picote» schöntranken. Für «All night» waren die Goldsucher ohnehin schon zu voll, denn auf diesem Boot durften sie erst ab Mitternacht mit den Frauen in die Koje. Bis dahin wurde getanzt und konsumiert, und das Bier gab's für ein Gramm im Dreierpack. Als das Schiff zum ersten Mal bei ihnen anlegte, war es noch eine schwimmende Kneipe mit Livemusik auf dem Deck. Die Goldsucher sagten dem Kapitän, sie wüßten was Besseres. Seitdem verdient er in einem Monat soviel wie vorher in einem Jahr.

Wir haben in den Nächten auf dem Boot immer wieder diskutiert, Juan und ich, wie lange wir noch im Flußcamp bleiben sollen. Wäre es nach mir gegangen, ruhig noch länger, aber Juan meinte, die Reise ins Abenteuer fange hier, vierhundertfünfzig Kilometer nördlich von Manaus und zwei Tagesreisen entfernt von den Grenzen zu Kolumbien und Venezuela, eigentlich erst an. Was die Goldsucher, denen wir Bier spendierten, bestätigten.

Es gab etwa dreitausend Goldsucher im gesamten Amazonas, verteilt über etwa sechzig Camps. Die Camps wanderten mit den Männern, die Männer wanderten mit den Gerüchten, und seit einigen Monaten erzählte man sich überall im Regenwald, daß ein Camp auf dem Pico da Neblina derzeit die beste Adresse auf der Schatzkarte der Goldsucher sei. Der Pico da Neblina ist Brasiliens höchster Berg und von dem Flußcamp gar nicht so weit entfernt, aber man kommt nicht mit dem Schiff hin, auch nicht mit dem Auto. Man muß ein paar Wochen zu Fuß durch den Wald, und von den Leuten, die das machen, erzählten die Goldsucher am Fluß wie Pfadfinder von echten Soldaten. Die letzte Stadt vor dem Berg heißt São Gabriel. Wer auf den Pico da Neblina will, kann sich da alles besorgen, was er im Dschungel braucht. Aber die Knarre könnten wir auch schon bei ihm kaufen, sagte der Marketender, als wir uns von ihm verabschiedeten. Es war eine große schwarze Pistole. Ich kenne mich mit Feuerwaffen nicht aus, aber Juan, der sich auskennt, sagte nein.

São Gabriel, das wir dank Feuerkopf und dem Schnellboot nach nur sensationellen sechs Stunden erreichten, erwies sich als ein Ort mit zwölftausend Einwohnern und folgender Geschichte: Zuerst kamen die Missionare und bauten ihre Kirche, danach kam die Armee und baute ihre Basis, dann kamen die Händler und bauten ihre Läden, anschließend kamen die missionierten Indianer vom Stamm der Yanomami und bauten Scheiß, denn ein christlicher Indianer ist ein besoffener Indianer, und vor etwa sieben Monaten kamen die Goldsucher und setzten in Sachen Scheißbauen noch einen drauf. Das können sie wirklich gut.

Ich sprach mit vielen in São Gabriel, und alle hatten denselben Traum. Sie kamen von überall aus Brasilien, investierten ihr bißchen Geld in Siebe, Werkzeuge, Macheten, Gummistiefel und Nahrungsmittel, denn im Wald und auf dem Berg gibt es nichts zu essen, es sei denn, man schießt es von den Bäumen. Und wenn sie nach zwei, drei Monaten aus dem Camp in die Stadt zurückkehrten, hatten sie zwei, drei Kilo Gold bei sich. Bis hierher gingen ihre Träume mit der Wirklichkeit noch konform, dann nicht mehr. Denn die zweite Traumhälfte handelt von ihrer Reise zurück nach Hause und von dem, was sie sich dort kaufen wollten. Ein Taxi, einen Kiosk, einen kleinen Laden, etwas Land, etwas Zukunft, eine Chance, aber die Monate im Wald und im Camp hatten sie a) dermaßen wild und b) dermaßen hungrig gemacht, daß sie ihr Gold in den Bars und Bordellen von São Gabriel innerhalb weniger Tage verfeierten. Und wenn sie ausgenüchtert waren, gingen sie zurück in den Wald. Der Lebensstil der Goldsucher veränderte die früher doch recht langweilige Missionars- und Händlerstadt ruck, zuck in ein nettes kleines Sodom und Gomorrha, und das war der Stand der Dinge, als ich mit Jim Beam und ein paar neuen Bekannten in einer großen Bar am Fluß zusammensaß. Die Bar war ein Rundbau, mit offenen Seiten. Und mein Blick konnte entweder über den Fluß schweifen, über seine schwarzen Kanus und silbernen Stromschnellen bis zu den Regenwald-Bergen im Nebel des anderen Ufers, er konnte sich aber auch von diesem Anblick losreißen, um am Tisch in ein Paar blaue Augen zu sehen, die so kalt wie das Eis in meinem Whiskey waren.

Er nannte sich Rico, hieß also eigentlich Frederico, aber noch eigentlicher hörte er auf Friedrich, weil seine Nazi-Eltern kurz vor Kriegsende nach Brasilien entkamen. Sie hatten Farmen im Süden, aber Rico wollte da nie mitmachen. Rico wollte fliegen. Und hat es geschafft. Er ist ein begehrter Kokain-Pilot geworden, weil er, was in der Branche selten ist, einen Flugschein für die 747 hat. Er fliegt die großen Transporte der kolumbianischen Mafia auf der Miami-Route. In São Gabriel war Rico aus Hobbygründen. Einmal im Jahr suchte er auf dem Pico da Neblina, nein, nicht nach Gold, sondern nach Diamanten. Das war Ricos Geschichte. Ob sie stimmt, weiß ich nicht, aber wie Rico rüberkam, könnte sie wahr sein: groß, massiv, etwa Mitte Fünfzig, schulterlange blonde Haare, und diese stahlblauen Augen in seinem Whiskey-verschlampten Gesicht waren nicht nur eiskalt, sie waren auch hochintelligent. Rico hatte Humor, und aus irgendeinem Grund mochte er mich. Außerdem saßen mit zu Tisch ein Ex-Major der brasilianischen Armee und seine Leibwächter. Der Ex-Major trank sich in den Feierabend. Er hatte an diesem Tag bereits einen Mann angeschossen und dann seinen Leibwächter den Rest machen lassen. Mord wollte das hier niemand nennen. Das war eine Hinrichtung, strikt nach dem Goldsucher-Gesetzbuch. Das dünnste Gesetzbuch der Welt, es hat nur einen Paragraphen: «Du sollst nicht stehlen.» Und nur eine Strafe: Wer bestohlen wird, darf den Dieb töten, und ist er selbst dazu nicht in der Lage, dürfen es seine Freunde für ihn tun. Der Ex-Major besaß flußabwärts vier große Goldsucher-Flöße, für sie hatte er an diesem Morgen an einer schwimmenden Tankstelle riesige Mengen Benzin gekauft, und als er später feststellen mußte, daß sein Benzin im Verhältnis 50:50 mit Wasser gepanscht worden war, ist er sofort wieder zurückgefahren und hat den Tankwart umgelegt. Aber das Thema war langsam durchgekaut, inzwischen beschäftigten sich alle mit meinen Reiseplänen. Ob ich denn wirklich den Weg zum Pico gehen wolle. Ob ich wisse, was ich tue. Nein, sagte ich, das wisse ich meistens nicht, bisher sei es allerdings auf diese Art immer ganz gut gegangen.

«Aber nur, weil du noch nie auf diesem Weg gewesen bist», sagte Rico. «Da gibt es Jaguare, mein Freund, schwarze und gefleckte, und weil die schon 'ne Menge Goldsucher gekostet haben, sind es leidenschaftliche Menschenfresser geworden. Du darfst nur in einer großen Gruppe gehen, und du darfst nie den Anschluß verlieren, sonst greifen sie an. Sie greifen auch zwei Menschen an, manchmal sogar drei, und weißt du, wie das ist, wenn dich ein Jaguar anspringt?»

«Das ist, als ob jemand eine laufende Kettensäge auf dich wirft», antwortete der Ex-Major für mich. Und machte gleich weiter: Ich bräuchte Gummistiefel und müsse sie jede Nacht über einen Ast stülpen, sonst sei am nächsten Morgen eine Schlange drin. Der Wald sei voll mit Schlangen. Die großen fallen von den Bäumen und erwürgen dich, die kleinen beißen. «Schon mal was von der Bushmaster gehört, Gringo?» fragte der Ex-Major. «Sie hat vier Giftzähne und ist die einzige Schlange, die mehrmals zubeißt, und auch die einzige, die dich aufgerichtet verfolgt.»

Der Problemkatalog für die anstehende Reise wuchs mit jedem Getränk, um nicht zu sagen: Er schwoll an. Außer den Gefahren, die von der artenreichen Tierwelt drohten, gebe es noch gefährliche Flüsse, gefährliche Sümpfe, gefährliche Abgründe, über die ich rübermüsse, und gefährliche Menschen. Die Goldsucher selbst seien alle potentiell gefährlich, die Räuber, die den vom Camp zurückkehrenden Goldsuchern im Wald auflauerten, seien supergefährlich, und dann sei da noch ein Streckenabschnitt, in dem der Weg über die grüne Grenze nach Venezuela führe, einen Bogen mache und man erst nach etwa drei Tagesmärschen wieder brasilianisches Territorium erreiche. Drei, vier Tage seien die Goldsucher also illegal im Regenwald des Nachbarlands, und dafür habe die venezolanische Armee wenig Verständnis.

«Sie läßt Helikopter über dem Dschungel patrouillieren», sagte Rico.

«Die schießen auf dich, wenn sie dich sehen», sagte der Ex-Major.

«Er wird trotzdem gehen», sagte sein Leibwächter. «Und es wird ihm nichts passieren.»

Der Mann war Halbindianer, vielleicht lag es daran, daß er etwas in mir sah oder an mir oder um mich herum, was die anderen nicht mitbekamen. Braucht es Indianeraugen, um Schutzengel zu sehen? Oder konnte er die Nähe des Todes riechen, und jetzt roch er nichts? Ich habe später immer wieder mal darüber nachgedacht, warum ich diesen Trip überlebt habe. Glück war das nicht. So viel Glück ist Schicksal. Denn alles, wovor sie mich an diesem Tisch gewarnt haben, traf im Wald ein, sogar noch ein bißchen mehr. Inzwischen denke ich, mein Überleben am Oberlauf des Rio Negro beweist, daß der Tod vorbestimmt ist. Daß Ort und Zeit festgelegt sind. In und um São Gabriel machte ich mir darüber keine Gedanken. Es war kein Mut, auch keine Blödheit, es war einfach nur das Gefühl, für eine Weile unverwundbar zu sein. Auf eine unschuldige, naive Art hatte ich hier vor nichts Angst, und das wird's gewesen sein. Alle Jäger, ob Tier oder Mensch, brauchen die Angstreflexe der Opfer, damit die Jagd beginnen kann. Das hört sich ziemlich theoretisch an, aber meine erste Begegnung mit einem schwarzen Jaguar bestätigte diese Theorie hundertprozentig.

Es geschah ein paar Tage später, etwa dreißig Kilometer nördlich von São Gabriel. Wir waren noch nicht einmal im Wald und auf dem Weg, sondern direkt davor. Die andere Seite der Lichtung begrenzte die Straße nach Kolumbien, auf der wir mit dem Bus gekommen waren. Die Lichtung galt als Treffpunkt der Goldsucher. Hier formierten sie sich vor ihrem Aufbruch, hier warteten sie darauf, daß die Gruppe zu groß für den Jaguar wurde oder ein Fluß, der Hochwasser führte, wieder abschwoll. Es gab ein Hängemattenlager und ein Marketender-Zelt und vielleicht fünf Minuten entfernt eine Art Badeteich mit sauberem Wasser, in dem sie sich wuschen und schwammen. Um ihn zu erreichen, mußte man auf die Straße zurück und rund fünfzig Meter nach links gehen. «Aber wirf Steine rein, bevor du schwimmst», sagten die Goldsucher, «das vertreibt die Krokodile. Und wirf auch Steine rein, wenn du keine siehst. Krokodile sieht man im Wasser eigentlich nie.» Ich machte es auf meine Art. Ich warf Steine rein und ging nicht schwimmen. Ich setzte mich an den Teich, um ein bißchen mit mir allein zu sein und meinen Gedanken nachzuhängen.

Den Jaguar sah ich auf dem Rückweg zur Lichtung. Etwa zehn Meter vor mir kam er von links aus dem Wald und überquerte die Straße. Er blickte mich an, ich blickte ihn an, aber irgendwie erkannte ich in ihm nichts, was in den kommenden Sekunden zu einer rotierenden Kettensäge hätte werden können, sondern ich nahm ihn als einen großen Hund wahr, der wie eine Katze aussah. Ich weiß nicht, warum. Vielleicht lag es daran, daß ich auf einer Straße keine Raubtiere vermutete. Rechts und links war jede Menge Regenwald, aber die asphaltierte Straße vermittelte mir die Illusion von Zivilisation. Ich sah den schwarzen Jaguar, aber glaubte nicht, daß ich ihn sah, oder, besser, ich sah ihn wie im Kino oder wie in einem Traum. Er ging mich irgendwie nichts an. Und weil ich nicht erschrak, als die große Raubkatze meinen Weg kreuzte, weil mir kein Adrenalin aus den Poren kochte, kein Angstschweiß mich verriet, keine Fluchtreflexe seine Jagdinstinkte anschalteten, war auch ich für den Jaguar irgendwie nicht real. Er sah kurz und, wie ich meine, verwundert zu mir rüber, überquerte die Straße und verschwand im Wald.

Auf der Lichtung, wo ich von meinem Erlebnis berichtete, nahm man das weniger locker. Die Goldsucher, die Feuerwaffen hatten, schossen in die Luft und dann in den Wald, die anderen nahmen ihre Macheten, brüllten, pfiffen oder machten sonstwie Krach. Nach einer Weile beruhigten sie sich wieder, trotzdem verschwanden sie in den nächsten Stunden nicht mehr hinter den Bäumen, wenn sie mal mußten, sondern blieben für ihre Notdurft auf der Lichtung und nahe am Feuer.

So vertrieben wir uns die Zeit, und weil jeden Tag aus dem Bus, der von São Gabriel kam, weitere Goldsucher ausstiegen, war die Gruppe nach drei Tagen groß genug, um die Expedition zu starten, aber der Fluß, von dem sie so oft sprachen, führte noch immer Hochwasser, deshalb mußten wir noch mal drei Tage auf der Lichtung warten. Das hatte Vorteile für die Gruppenchemie, man konnte sich ein bißchen kennenlernen, bevor es ernst wurde.

Außer mir und dem Fotografen waren es acht Männer und zwei Frauen. Zwei der Männer arbeiteten als Träger für uns. Wir hatten sie bereits in São Gabriel engagiert, und das machte sie in diesem Umfeld ein wenig zu Underdogs. Goldsucher sind Anarchisten. Jeder, den ich fragte, warum er Goldsucher geworden ist, hatte sofort eine Antwort darauf. Und es war bei allen dieselbe: Ich will keinen Boß. Ich kann keinen Boß ertragen. Lieber laufe ich wie ein Tier durch den Wald, als einen Boß zu haben. Danach kamen auch noch andere Gründe, und die waren von Mann zu Mann durchaus verschieden. Aber das erste war immer und überall: «No boss!»

Bobo und Pedro hatten einen Boß. Bobo würde das Gepäck des Fotografen tragen, Pedro meins. Außerdem würde Pedro unser Führer sein für den Fall, daß wir die Gruppe verlieren. Er ist den Weg oft gegangen, als freier Goldsucher, so wie die anderen hier, aber inzwischen hatte er Familie in São Gabriel, inzwischen trug er Verantwortung, inzwischen kannte er Menschen, mit denen er lieber zusammen war als mit den Irren im Wald. Machte der kleine, schlanke, aber durchgängig muskulöse Mestize deshalb ständig ein so sorgenvolles Gesicht, oder machte er sich auch Sorgen um mich? Der Ex-Major hatte uns zusammengebracht, und sollte mir etwas zustoßen, gäbe es für Pedro nachher ein paar Probleme in der Stadt. Er beobachtete mich, er checkte meine Kondition und wieviel ich trinke und rauche, und je mehr er das checkte, desto sorgenvoller sah er drein.

Der Träger des Fotografen dagegen erwies sich als das genaue Gegenteil. Bobo war immer gut drauf. Bobo lachte, Bobo machte Witze, Bobo nahm, was er kriegen konnte, und beim Nehmen gab es keinerlei Schamgrenze. Bobo gehörte zu den Menschen, die um eine Zigarette bitten und zwei nehmen, plus eine, die sie sich hinters Ohr klemmen. Beim Rauchen, beim Essen, beim Geld, Bobo war die nimmermüde Nimm-Maschine am Oberlauf des Rio Negro. Zu stolz, um zu betteln, zu gutmütig, um zu rauben. Deshalb nahm er selbstverständlich. Er hatte es einfach drauf.

Und er war der einzige Schwarze in der Gruppe. Alle anderen waren halbe Indios, wie Pedro, oder weiße Brasilianer, und einen Kolumbianer gab es auch. Trotz des Rufes, den sein Volk weltweit genießt, schien er der harmloseste Mann hier zu sein. Auch der attraktivste, höflichste, intelligenteste. Mit seinem Gesicht wäre er in jedem anständigen Weltstadt-Café als Intellektueller durchgegangen. Was man von den anderen Männern der Gruppe nicht guten Gewissens sagen kann. Es ist sogar zweifelhaft, ob man sie überhaupt in die Cafés lassen würde, wenn sie nicht gerade als Exekutive der Schutzgeldmafia kämen.

Amazon zum Beispiel, der ruhigste hier. Ruhig im Sinne von wortkarg. Wenn ich ihm in die Augen sah, wußte ich, warum. Mit diesem Blick brauchte er weder viele noch große Worte, auch keine Drohgebärden und keine Pistole. Er war der härteste Mann, den ich bis dato kennengelernt hatte. Sein Körper war hart, sein Gesicht war hart, und wenn es stimmt, daß in den Augen die Seele liegt, dann blickte mich hier die Seele eines Killers an, was durchaus möglich ist, denn Goldsucher kommen aus den verschiedensten Berufen, es sind auch Ex-Bodyguards und Ex-Milizen darunter. Es wird allgemein viel umgebracht in dieser Gegend, aber er sah nicht nur wie ein Profi aus, bei ihm kam noch das Charisma des Spezialisten dazu. Auftragskiller, man nennt sie Pescados, weil sie sich in der Menge wie Fische bewegen, wie Haie attackieren und wie Schatten verschwinden. Ich will ihm da wirklich nichts unterstellen, es kann durchaus sein, daß der Mann im Regenwald so hart wurde oder in den Favelas von Rio, wo vielleicht seine Hütte mitsamt seiner Familie abgebrannt ist. Das ist alles möglich und alles ungewiß. Er erzählte ja nichts. «Call me Amazon», sagte er, als ich ihn nach seinem Namen fragte. Mehr war nicht aus ihm rauszukriegen. Und während nicht mehr aus ihm rauszukriegen war, sah er mir weiter in die Augen und bearbeitete einen Ast mit seiner Machete. «Warum machst du das?» fragte ich. Statt zu antworten, veränderte sich nur sein Blick. Vorher war es der Blick eines Mannes, der sein Gegenüber auschecken will. Jetzt hatte er gecheckt: Ich war nicht ernst zu nehmen. Und das war's. Ein anderer, der in der Nähe saß, antwortete für Amazon: «Er macht Feuerholz. Der Ast ist naß. Damit der Ast brennen kann, muß die Rinde ab.»

Der Mann, der statt Amazon geredet hatte, trug ein Fußballtrikot mit der Nummer 7. Und so nannten sie ihn auch. «Siete» war Profifußballer in São Paulo, bis eine Knieverletzung seine Karriere beendete. Und weil Siete, wofür hier jeder Verständnis aufbrachte, nichts gespart hatte, holte er sich seither das Gold aus dem Wald. Er ist den Weg zum Pico bereits dreimal gegangen, und er hat sich vorgenommen, es noch viermal zu tun. Da ist sie wieder, die Sieben, das war ihm wichtig. Siete war ein bißchen spirituell, und er war ein guter Erzähler, und wie alle guten Erzähler hörte er sich selbst am liebsten zu, das heißt, Siete war der Goldsucher auf dieser Lichtung, der am meisten redete, und weil er außerdem mit jedem jederzeit Freundschaft zu schließen bereit war, schien er mir das genaue Gegenteil von Amazon zu sein. Sollte ich deshalb im Wald seine Nähe suchen und Amazon meiden? «Ich weiß nicht», sagte Juan, der Fotograf. «Aber der Wald wird das klären. Erst im Wald findest du die Wahrheit über einen Mann heraus.»

Es kam nicht von ungefähr, daß wir uns solche Gedanken machten. Diese Männer mögen keine Bosse, keine Polizisten, keine Soldaten, keine Ehefrauen, keine Missionare und keine Journalisten. Weil alle Journalisten dasselbe schreiben: Goldsucher vergiften mit ihrem Quecksilber die Flüsse, und mit ihren Sitten verderben sie die Moral im Regenwald. Das Quecksilber ist wirklich Mist, aber den negativen Einfluß der Goldsucher auf die missionierten Indianer vom Stamme der Yanomami könne man ruhig mal ein bißchen differenzierter darstellen, hatte der Kokain-Pilot in São Gabriel zu dem Thema gesagt.

Der Sachverhalt: Nur zwei Tagesmärsche vom Camp der Goldsucher auf dem Pico da Neblina entfernt findet sich eine Missionsstation. Die Dschungel-Zweigstelle der Kirche von São Gabriel. Seit Jahrzehnten, wahrscheinlich aber seit Jahrhunderten suchen die Yanomami-Indianer hier für die Missionare das Gold des Regenwalds. Ein frommer Segen und ein Abendessen ist ihr Lohn. Dann aber fielen die Goldsucher in den Geschäftsbereich der katholischen Kirche ein. «Hört, rote Brüder», sagten sie, «der Weltmarktpreis für ein Gramm ist kein Halleluja, sondern zwanzig US-Dollar. Wie findet ihr das?»

Die Indianer fanden es prima. Wie immer in solchen Fällen sahen sich die Padres dazu gezwungen, a) Gott und b) die Polizei von São Gabriel um Hilfe zu bitten, was dazu führte, daß die Straße nach Kolumbien für Goldsucher für einige Wochen gesperrt wurde. Man holte einfach jeden, der Siebe und Quecksilber dabeihatte, aus den Bussen. Die Sperre wurde wiederaufgehoben, weil Goldsuchen in Brasilien als Menschenrecht gilt und selbst die Polizisten die Straßensperre nicht wirklich einsahen. Jedes Land hat seine heilige Kuh. Freie Fahrt für freie Bürger in Deutschland, freie Waffen für freie Männer in den USA, warum nicht freies Gold für freie Brasilianer? Das Goldsuchen gehört zur brasilianischen Identität. Damit hat hier alles angefangen. Aber wenn die Journalisten nicht aufhören, darüber negativ zu schreiben, werden die Goldsucher wohl immer größerem Druck ausgesetzt. Darum sind schon einige Journalisten von dem Weg zum Pico nicht zurückgekommen. «Die Goldsucher haben sie in den Fluß geworfen», hatte der Kokain-Pilot gesagt. Und ich sah hier auf der Lichtung bisher keinen Mann, den ich daran hätte hindern können, mich in den Fluß zu werfen. Selbst gegen den Jüngsten der Gruppe würde ich nicht die geringste Chance haben. Rambozona war erst siebzehn, aber er war ein Goldsucher. Und er war ein Krokodiljäger (zweites Standbein). Und er hatte verrückte Augen (Amphetamine).

Das war die Lage, aber ich war es gewohnt, Leute zu treffen, die keine Journalisten mögen, und sie waren mir sympathischer als Leute, die Journalisten lieben. Außerdem hatte ich zwei Wunderwaffen dabei, von denen schon eine gereicht hätte, um die Herzen der wilden Männer aufzuschließen. Wunderwaffe Nummer eins war die Polaroidkamera. Nicht nur, weil man das Bild sofort sehen kann, man kann es auch gleich verschenken. Ich machte immer zwei Fotos. «One for you, one for me» oder «una para ti, una para mi». Das hat sie alle glücklich gemacht. Meine Gitarre erwies sich als noch effektiver, die hat es bei den Latinos natürlich gebracht. Bei den Latinas auch.

Eine der beiden Frauen, die auf den Pico wollten, war häßlich, eine war schön. Die Häßliche war die Hure, die Schöne machte in Drogen. Beide bekamen auf dem Pico das Fünffache von dem, was sie in den Städten für ihre Ware verlangen. Die Dealerin, eine Mulattin aus Salvador da Bahia, hieß Elisabeth, und vielleicht sollte ich ihren Namen ändern, damit man nicht glaubt, ich hätte es erfunden. Sie war schön von Kopf bis Fuß, aber das Schönste an Elisabeth waren ihre Beine. Und Absicht oder nicht, sie ließ immer eins aus der Hängematte baumeln. Ein Bein, geschaffen dafür, in seidenem Abendkleid Marmortreppen hochzugehen. Statt dessen trug sie paramilitärische Klamotten und wollte in den Regenwald. Die Goldsucher hatten 'ne Menge Respekt vor ihr, und bei einigen sah es sogar so aus, als wäre es Angst. An dieser Frau klebte ein starkes, aber undurchsichtiges Charisma. Alle wollten ihr an die Wäsche, aber keiner traute sich. Dabei hatten, wie es aussah, zwei der Männer bei ihr durchaus eine Chance. Der eine war ich, der andere war der Kolumbianer. War das gut? Was bedeutete das im Wald für mich?

Am Morgen des siebten Tages brachen wir auf. Kurz vorher führte ich mit Siete noch ein ernstes Gespräch. Die Goldsucher hatten sich die Zeit des Wartens unter anderem damit vertrieben, mir genau die Schauergeschichten über den bevorstehenden Weg zu erzählen, mit denen mich schon Rico, der Kokain-Pilot, schocken wollte.

«Die Sache ist so, Siete, die Jaguare interessieren mich nicht, denn ich interessiere sie anscheinend auch nicht, wie du ja weißt. Ich habe auch keine Angst vor den Schlangen, Flüssen, Sümpfen und – was war da noch? – ja, den Hubschraubern der venezolanischen Armee und dem ganzen Scheiß. Wirklich, Siete, ich habe kein Problem damit. Mein einziges Problem ist: Ich habe Höhenangst. Ich mach mir in die Hose, wenn ich über irgendeinen Baumstamm balancieren muß, der über einen Abgrund führt.»

Siete sah mich einen Moment still an, dann begann er zu lachen. Ob ich zuerst die schlechte oder die gute Nachricht hören wolle. Es wären sogar zwei gute Nachrichten.

«Dann fang mit der schlechten an.»

«Okay, am ersten Tag, also heute, werden wir es mit vierundsechzig solcher Stellen zu tun haben.»

«Vierundsechzig?!»

Ja, sagte Siete, und das habe ihn, als er zum ersten Mal im Wald war, auch ziemlich überrascht. Beim zweiten Mal habe er sie dann gezählt. Vierundsechzig Stellen, an denen man über Baumstämme balancieren muß oder über Dinge, die noch fragiler als Baumstämme sind. Aber, und das war die gute Nachricht, so viele sind es nur am ersten Tag, nachher wird es weniger. Und die zweite gute Nachricht war, daß am ersten Tag parallel zum Weg ein Fluß verläuft und die Goldsucher ein Kanu hatten, auf dem drei von ihnen das gesamte Gepäck der Gruppe transportierten. Das machte die erste Etappe für alle, die nicht mit dem Kanu fuhren, zum Spaziergang, und ohne Gepäck würden sie auch besser balancieren können.

«Setz dich ins Kanu, und bleib am Leben», sagte Siete. «Dann werden wir uns heute abend im Wald wiedersehen.»

Das Kanu gehörte den Leuten, die das Marketender-Zelt auf der Lichtung betrieben. Es war Teil ihres Geschäfts, das Boot an Goldsucher zu vermieten. Andere Goldsucher, die in der umgekehrten Richtung unterwegs waren, würden es am Ende der ersten Tagesetappe übernehmen und zur Lichtung zurückbringen. Groß genug, um das gesamte Gepäck der Gruppe plus vier Menschen aufzunehmen, lag es tief im Wasser und war schwer voranzubringen. Mit mir im Kanu: der irre Rambozona und zwei Typen, die erst gestern auf die Lichtung gekommen waren. Ein Indianer und ein Halbchinese. Der Fluß, nicht breiter als zehn, zwölf Meter, ging, bereits fünf Minuten nachdem wir unsere Paddel in ihn getaucht hatten, in eine Kurve, und von der

Gruppe, dem Fotografen, dem Lager auf der Lichtung, der Straße, der Zivilisation und dem Rest der mir bekannten Welt war nichts mehr zu sehen. Ich hatte geglaubt, mich seit unserer Abreise aus Manaus langsam und vernünftig an den Wald akklimatisiert zu haben. Auf dem Flußdampfer, in Feuerkopfs Schnellboot, in der Bar von São Gabriel, im Bus auf der Straße nach Kolumbien – täglich hatte ich ihn näher rücken sehen, und auf der Lichtung hatte ich eine Woche direkt vor ihm gestanden, gesessen und geschlafen. Ich fühlte mich bereits mit ihm vertraut. Aber schon hinter der ersten Biegung war da dann doch mehr Wald als vermutet, zu beiden Seiten des Flusses und über ihm. Selbst vom Boot aus konnten wir den Himmel nicht mehr sehen. Der Kokain-Pilot hatte mich gewarnt, aber ich hatte es vergessen. «Es gibt keinen Himmel im Regenwald. Und du wirst ihn vermissen.» Hinter diesem undurchsichtigen Grün konnte sich alles verbergen, was der Wald an Feinden zu bieten hatte, oder auch nicht. Es war ungewiß.

Das andere Phänomen war die Dunkelheit. Auf der Lichtung hatte gerade ein heller, sonniger Tag begonnen, hier war es finster. Und in der Nacht würde es stockfinster sein, weil eine Welt ohne Himmel auch keinen Mond und keine Sterne hat. Heute, morgen, übermorgen, wochenlang. Wie reagiert die Seele auf den Entzug von Licht? Sie konzentriert sich auf die Ausnahmen. Hier ein Teppich von Sonnenflecken, da eine kleine Lichtinsel, dort ein Strahlengitter. Auf der Erde, auf den Blättern, auf dem Wasser. Und vor allem auf dem Wasser malte das Licht mit zauberhaften Farben. Aber auch mit gruseligen. Kommt drauf an, was in dem Wasser ist. Und was es da macht. Ob es wächst oder verwest, blüht oder verfault, vermoost oder verschlammt. Von zauberhaft bis gruselig, von wunderschön bis schaurig-schön reicht die Palette, wenn das Licht es bis in die unterste Etage des Regenwaldes schafft. Und was man hört, ist ähnlich extrem: Hier plätschert was, da gurgelt es, da entweicht zischend Dampf. Das ist kein Wald, dachte ich, das ist die Gebärmutter der Welt.

Obwohl vier Männer paddelten, kamen wir nur langsam voran. Auf einem Kanu im Regenwald braucht man nicht nur Paddel, sondern auch Macheten, damit es weitergeht. Weil sich alle paar Meter ein Baum zu tief über den Fluß legt oder gleich ganz rein. Weghauen, wegschieben, wegbiegen, weiterrudern, und nachdem wir das etwa zwei Stunden gemacht hatten, fing der Streß an.

Das Kanu sank.

Noch war es nicht untergegangen, aber es kam weiter Wasser herein, und wenn man bedenkt, daß hier gerade alle Nahrungsmittel der Gruppe und ihr gesamtes Werkzeug im Fluß zu verschwinden drohten, versteht man die Logik meiner Freunde: Das darf auf keinen Fall passieren, das einzige, was hier untergehen darf, bist du. Und schon war ich im Wasser. Es soll allerdings nicht unerwähnt bleiben, daß die Goldsucher ebenfalls aus dem Kanu sprangen. Sie hatten sich und mich als Ballast abgeworfen, das Boot kam wieder hoch, trotzdem entspannte sich die Situation nicht sofort. Vier Männer strampelten mit den Beinen im Fluß und hielten sich am Kanu fest, und drei von ihnen bekreuzigten sich dabei. Ich nicht. Ich hatte nichts gesehen. Ich hatte nur was gefühlt, war mit dem Fuß gegen irgendwas gestoßen, als ich ins Wasser fiel, mehr nicht, und es war auch gleich weg.

«Hinter dir!» schrie Rambozona. «Hinter dir!»

Als ich mich umdrehte, sah auch ich endlich das Krokodil. Es peitschte den Fluß mit seinem Schwanz, es flüchtete vor mir. Wieso das denn? Rambozona, der inzwischen wieder lachte, erklärte es mir:

«Krokodile sind es nicht gewohnt, daß ihr Essen auf sie springt. Hast du ein Glück!»

Glück? Das Krokodil ward nicht wieder gesehen, aber ich war noch immer bis zur Brust in einem Fluß, durch den in großen Schwärmen kleine Fische mit scharfen Zähnen ziehen. Piranha-Alarm im Gehirn und keine Zigaretten mehr. Alle naß geworden. Eine ganze Stange versaut. Nennt man das Glück?

Wir brachten das Boot ans Ufer und entluden so viel Gepäck, wie der Indianer tragen konnte; er war ein starker Indianer, und er hatte es nicht weit bis zu dem Weg, auf dem die Gruppe ging. Wir fuhren weiter, mit weniger Gepäck und nur noch drei Männern an Bord sank das Kanu nicht noch einmal. Allerdings war während des Entladens etwas geschehen. Rambozona hatte in einem der Bündel oder in einer der Kiepen ein paar Flaschen mit Selbstgebranntem gefunden. Grausames Zeugs, manche werden blind davon, außerdem gehörten die Flaschen Rambozona nicht. Das hatte ihn alles nicht interessiert. Und den Halbchinesen auch nicht. Nun stand Rambozona total besoffen hinten im Kanu und fuchtelte mit seiner Machete herum, fiel mehrmals ins Wasser, kletterte wieder rein und schlief endlich ein. Der Halbchinese saß vorne und schlief auch. Ich ruderte allein. Ich schlug allein die Äste weg, ich war allein. Ein interessanter Moment. Ich war kein Passagier mehr, ich begleitete niemanden mehr, ich wurde nicht mehr geführt. Was immer jetzt, gleich, danach oder demnächst auf diesem Fluß passierte, ich mußte mir selbst helfen und selbst entscheiden, wie es weiterging. Wenn sich der Fluß gabelte, wenn es plötzlich zwei Flüsse gab, und einmal auch drei, welchem Lauf sollte ich folgen? Ich folgte meinem Gefühl. Nach ein oder zwei Stunden, ich weiß es nicht mehr genau, wachten die beiden auf, und es stellte sich heraus, daß mein Gefühl richtig gerudert war. Dann begann es zu regnen.

Im Regenwald regnet es nicht ununterbrochen. Tagsüber immer mal wieder kurz und manche Tage auch gar nicht. Der große, gewalttätige Regen kommt erst mit der Dunkelheit und bleibt dann meist die ganze Nacht. Vielleicht verhält es sich auch so, daß es der Regen ist, der hier alles verdunkelt, und wenn dann später die Dunkelheit des Abends anbricht, merkt es keiner mehr. Der Himmel duschte den Regenwald. So konnten wir nicht weiterfahren. Heute würden wir die Gruppe nicht wiedersehen. Nachdem das Boot am Ufer festgemacht und abgedeckt war, schufen wir uns mit den Macheten ein bißchen Platz im Unterholz, spannten zwischen den Bäumen die Hängematten auf und etwas höher eine Plane, und so hatten wir ein Dach. Und ein Feuer. Es gab Reis mit schwarzen Bohnen und einen Rest Zuckerrohrschnaps. Ich weiß nicht, wie lange die beiden Goldsucher miteinander geplaudert haben. Ich hörte, eingerollt in meiner Hängematte, noch eine Weile ihre Stimmen, wie ein Embryo Stimmen wahrnehmen mag. Und schlief ein.

Rambozona weckte mich. «Onza!» flüsterte er, und Panik stand in seinem Gesicht. «Onza» heißt Jaguar. Daß ein Goldsucher und Krokodiljäger in Personalunion Todesangst hatte, machte auf der Stelle ein adrenalindurchflutetes Wesen aus mir. Und jetzt hörte auch ich ihn fauchen und knurren, seine Pranken schlugen durchs Gestrüpp.

«Pistole», flüsterte Rambozona. «Gib mir deine Pistole.»

«Ich habe keine Pistole», flüsterte ich zurück.

Rambozona reagierte darauf erst ungläubig, dann mit Entsetzen. Jeder im Regenwald, der das Geld dafür hat, besitzt eine Feuerwaffe. Weil ich vor ein paar Tagen auf den Fotografen statt auf den Marketender gehört hatte, besaß ich keine. Und jetzt? Rambozona und der Halbchinese schlugen wie bekloppt mit ihren Macheten in Richtung schwarzer Jaguar, mir gaben sie eine Bratpfanne und einen Topf, zum Krachmachen. Nur ein paar Blätter waren zwischen dem Tod und mir. Er umkreiste uns, er startete Attacken, aber er war unsicher, er zog die Sache nicht durch. Einmal oder zweimal glaubte ich in der Dunkelheit seine gelben Augen zu sehen.

Was ich dachte? Das Übliche. Ich bereute meine Sünden und schwor, falls die Sache gut ausging, von nun an alles richtig zu machen. Im Herzen des Amazonas und in finsterer Nacht betete ich wie ein Kind zu Gott, und ich weiß nicht, was letztlich den Ausschlag gab und uns rettete, das Gebet, die Macheten, der Krach oder die Morgendämmerung. Nach etwa drei Stunden Todesangst war der Spuk vorbei. Wir brachen hastig das Lager ab und ruderten, so schnell wir konnten. Einmal noch haben wir den Jaguar auf einem Baumstamm über unseren Köpfen gesehen, und als wir endlich wieder bei der Gruppe waren, gab es nicht nur Frühstück, sondern auch die Gewißheit, den ersten Tag und die erste Nacht im Regenwald überlebt zu haben, und das war ein sensationelles Gefühl.

Ich hätte am liebsten alle in der Gruppe umarmt, auch Amazon, den Härtesten der Harten. Es schien, daß er seine Meinung über mich ein wenig änderte, als ihm Rambozona erzählte, was geschehen war und wie ich mich gehalten hatte. Trotzdem gehörte Amazon nicht zu den Männern, die man umarmen sollte, nur weil man sie einen Tag nicht gesehen hat. Keiner von den Goldsuchern gehörte dazu, und nur die Frauen zu umarmen, fand ich ebenfalls nicht angemessen, also umarmte ich keinen. Mein Lachen umarmte sie, und sie lachten zurück. Neben der Polaroid und der Gitarre gab es jetzt noch einen Grund mehr, mich nicht in den Fluß zu werfen. Sie hatten es ja schon getan. Und zweimal macht man so was nicht.

Der zweite Tag auf diesem Weg brach an, und es ist klar, daß ich mir nach den Erfahrungen des ersten vornahm, nie mehr die Gruppe zu verlassen. Nie mehr. Lieber wollte ich über tausend Schluchten balancieren als noch einmal Kanu fahren. Bei der Gruppe zu bleiben stellte sich jedoch bald als nicht so einfach heraus. Obwohl sie jetzt ihr Gepäck trugen, so dreißig Kilo pro Mann, und ich für mein Gepäck Pedro hatte, also frei und unbelastet lief, hielt ich mit den Goldsuchern nur schwer Schritt. Manchmal war der Weg breit genug, daß zwei oder drei nebeneinandergehen konnten, meist aber nicht, der berühmte Gänsemarsch wurde unsere Standardformation. Siete führte ihn an. Er trug als einziger keine Gummistiefel. Er hatte es auf der Lichtung bereits angekündigt und wahr gemacht. Er lief in seinen Fußballschuhen durch den Wald. Die Stollen seien ideal für den Weg. Siete war vorne, das heißt, ein ehemaliger Stürmer der brasilianischen Profiliga bestimmte hier das Tempo, deshalb war ich immer der letzte. Und der vorletzte war immer Pedro oder Bobo, denn die hatten von allen am meisten zu schleppen, ihr Gepäck und unseres. Meines war für sie kein Problem, aber der Fotograf hatte ihnen seine Profi-Ausrüstung aufgeladen, und wir hatten auch mehr Bohnen, Reis und Trinkwasser mit als alle anderen.

Mein Rucksack war nur mit der Hängematte und ein paar Kleinigkeiten beladen, trotzdem mußte ich alles geben, um nicht zurückzufallen und plötzlich allein zu gehen. Zehn Meter Abstand, manchmal fünf, reichten, um vom Vordermann nichts mehr zu sehen, weil ihn der Wald verschluckt hatte, und vom Weg war dann oft genug leider auch nichts mehr zu erkennen. Zu dem, was die hier Weg nannten, sagt man bei uns nicht einmal Pfad. Es brauchte Waldläufer-Augen, um ihn nicht zu verlieren. Also kümmerte ich mich irgendwann nicht mehr um die hundertzwanzig Prozent Luftfeuchtigkeit, die meinen Kreislauf zu Boden drückte, oder um das Gestrüpp, das mir die Haut aufriß, oder um den Matsch, in dem die Gummistiefel versanken, oder um die Bäche, Tümpel und Sümpfe, die wir entweder von Stein zu Stein springend oder mit Balanceakten auf Baumstämmen überquerten. Bei den ersten machte ich noch großes Theater, breitete die Arme aus, als wollte ich fliegen, suchte den Schwerpunkt in der Mitte, praktizierte Atemübungen, aber selbst die Tücken eines unbalancierten Lebens kümmerten mich bald nicht mehr. Das einzige, worum ich mich hier noch kümmerte, war, den Arsch von Bobo oder Pedro zu sehen.

Die Pausen dagegen waren klasse. Wir rasteten an Quellen und sauberen Bächen, wo wir wie Kamele tranken, die Füße kühlten, Blasen versorgten, was aßen, rauchten und jetzt auch wieder ein Auge für die Schönheit des Regenwaldes hatten. Wilde Blumen, in allen Farben und allen Größen, Blütenkolonien, Schmetterlinge, Vögel, die so rot wie Lippenstift waren, Sonnenstrahlen als Zierleisten an den Bäumen, psychedelisches Moos. Hinzu kam, daß die totale Entspannung während der Pausen – ähnlich wie die totale Anspannung während des Gehens – keinen Platz für eine

Beschäftigung des Geistes mit Dingen ließ, die außerhalb des Augenblicks lagen. Hier und jetzt in der grünen Hölle. Hier und jetzt im grünen Paradies. Das war der Rhythmus, an den ich mich zu gewöhnen begann. Paradies kurz. Hölle lang. Erst am Abend würde das Paradies mit der Hölle gleichziehen können, aber so weit waren wir noch nicht. Hart war der Pfad, und lang war der Tag. Und je länger er wurde, desto mehr Tempo machten die Goldsucher, weil sie keinen Meter verschenken wollten, den sie vor Einbruch der Dunkelheit und des Regens noch zurücklegen konnten.

Als es zu dämmern begann, verlor ich die Gruppe. Ich hörte sie noch, aber das nutzte mir weniger, als man vermuten sollte. Ich konnte nicht einfach geradlinig ihren Stimmen hinterherlaufen, ich mußte dem Pfad folgen, sonst wäre ich in Dornen, Gestrüpp und anderen Fangstricken des Unterholzes hängengeblieben. Um nicht auch den Pfad noch zu verlieren, ging ich langsamer und langsamer und blieb bald stehen, weil ich ihn trotzdem verloren hatte. Inzwischen hörte ich die anderen nicht mehr. Pfad weg, Gruppe weg, ab sofort konnte jeder Schritt in die falsche Richtung eine bisher noch nicht erwähnte Gefahr heraufbeschwören: Verirren im Regenwald. Es gab keinen vernünftigen Grund dafür, warum ich jemals allein hier herausfinden sollte. Ich war kein Goldsucher, ich war kein Waldläufer, ich war kein Indianer, und Rambo war ich auch nicht. Alles hier erinnerte mich an seine Filme, die im Dschungel spielen, aber, ich sage es gern noch einmal, ich war nicht Rambo, für mich war Verirren im Regenwald der falsche Film. Um in meinen Film zurückzukommen, mußte ich zur akustischen Notbremse greifen. Die Goldsucher hatten es mir beigebracht. Man schreit «Huhu-huhu-hu!» mit der Oberstimme und so laut man kann. Es hört sich ein bißchen so an wie der Schrei eines in Bedrängnis geratenen Affen. Und kommt aus einiger Entfernung ein ähnlicher Schrei zurück, weiß man in etwa, wo die Gruppe ist – oder der Affe. Wird man erneut unsicher, was die richtige Richtung betrifft, schreit man wieder und wieder, aber man sollte das wirklich nur im Notfall machen, denn diese Schreie, egal ob von Kumpels oder Affen, hört auch der Jaguar. Und der Jaguar ist nicht blöd. Er hört, du bist allein.

Regenwald ist nicht gleich Regenwald. Er hat verschiedene Seinszustände. In diesem Abschnitt der Etappe schien er hauptsächlich aus jungen Bäumen mit dünnen Stämmen zu bestehen, so dünn wie Stangen. Man sah darin eigentlich immerzu etwas in Bewegung, erst recht bei Anbruch der Dunkelheit. Das konnte ein Tier, eine Pflanze oder ein Lichtphänomen sein. Für jeden, der nun Angst bekam, wurde der Stangenwald zum bösen Wald. Eine Orgie optischer Täuschungen bemächtigte sich meiner, flankiert von Gedanken wie diesen: Auf der Straße hat er mich nicht als Opfer identifizieren können, weil ich mich nicht wie ein Opfer verhielt, in der Nacht hat er sich nicht getraut, den letzten Sprung zu machen, weil wir zu dritt waren und zwei von uns Macheten hatten, jetzt bin ich allein, habe keine Machete und verhalte mich wie das Opfer schlechthin. Ich gehe schneller, ich haste, ich laufe, stolpere und laufe weiter durch den Stangenwald in Richtung des letzten «Huhu-huhu-hu!», das als Antwort gekommen war, und sah dabei immer wieder, mal rechts, mal links von mir, den Jaguar wie einen Schatten, der mich mühelos begleitete.

Pedro holte mich aus der Angst. Und brachte mich

gleich wieder rein. Er war plötzlich vor mir aufgetaucht. «Gringo», rief er, «vamos!» Als er näher bei mir war, sah ich: Der Halbindianer hatte dieselbe Scheißangst wie ich. Um ein Haar hätte ich ihn wieder verloren, so schnell lief er voraus. Das spricht für ihn als Waldläufer und gegen ihn als Führer, unterm Strich brachte er mich heil aus dem Stangenwald heraus und zurück zur Gruppe. Einmal Todesangst pro Tag – war es das, woran ich mich gewöhnen mußte? Und an den Frieden danach?

Sie hatten eine kleine Lichtung ausgesucht, einen Bach gab es auch. Ein paar der Männer pfählten die Stämme junger Bäume und rammten sie in der Mitte der Lichtung in einer Formation in die Erde, die es zuließ, daß man Hängematten aufspannen und Plastikplanen drüberlegen konnte. Andere waren mit den Vorbereitungen fürs Kochen beschäftigt, wieder andere wuschen sich und ihre Klamotten, Amazon kümmerte sich um das Feuer. Es war nur die Betriebsamkeit eines Camps im tiefen Wald, aber sie wirkte auf mich wie die Betriebsamkeit eines kleinen Dorfes, einer kleinen menschlichen Siedlung. Ist es nicht wunderbar, daß sich wilde Tiere vor dem Feuer fürchten? Und vor vielen Stimmen? Sie fürchten sich auch vor dem Lachen, vielleicht fürchten sie sich davor sogar am meisten, weil es nicht in ihre Welt paßt. Kein Tier lacht. Fröhliche Menschen wirken deshalb auf sie etwas fremdplanetarisch, dazu kommt, daß Raubkatzen überaus vorsichtig agieren, weil sie Jäger sind. Sie können sich keine Verletzungen leisten. Kein verwundeter Jäger fängt irgendwas. Der Schein des Feuers lag wie ein Schutzschild über unserem Lager, und wir hatten rundum einen Sicherheitsabstand von etwa zehn beleuchteten Metern bis zum Unterholz. Sollte dort tatsächlich ein Jaguar lauern, würde er schnell sehen, daß er wenig Chancen hat, einen Angriff gegen zwölf mit Macheten, Messern, Äxten und Gewehren bewaffnete Menschen unverwundet zu überstehen.

Die Zeit der Hängematten brach an. Wir saßen oder lagen in ihnen, aßen leckeren Reis mit Bohnen, tranken sauberes Wasser, rauchten das Gras der Dealerin und erzählten Geschichten. Ich spielte dazu ein bißchen Gitarre, aber wirklich nur ein bißchen, weil ich todmüde war und bald nichts besser fand, als in der Hängematte die Kehrseite des Adrenalins zu genießen. Es fühlte sich fast wie Opium an. Die Stimmen, der Regen, das Leben. Dieses Leben. Und ich begann, mich ganz leise danach zu sehnen, daß es ewig so bleibt. Ich begann, den Wald zu lieben.

Den Wald lieben heißt, ihn als Lehrer zu akzeptieren. Was er lehrt, ist einerseits Kämpfen und Überleben und andererseits hinzusehen, was er gibt. Ein Indianer braucht nichts außer dem Wald, um satt zu werden, eine Familie zu gründen, glücklich zu sein. Die Goldsucher sind sicher noch nicht soweit, und wenn man sie fragt, wollen sie es auch gar nicht soweit bringen, im Gegenteil, sie wollen Gold, trotzdem registrieren sie den Effekt. Je größer ihre Fähigkeiten werden, im Wald zu überleben, desto kleiner werden die Zwänge der Zivilisation. Kein Boß, keine Miete, keine Polizei, keine Geldsorgen, weil man sowieso keins braucht. Den Wald zu lieben bedeutet, die Freiheit zu lieben, die er schenkt, und ich denke, das war es, worum es mir in den nächsten Tagen und Nächten ging. Die Nächte blieben so paradiesisch wie diese, die Tage wurden weniger höllisch. Und ich verlor die Gruppe nicht mehr. Lag es daran, daß es sich besser durch etwas geht, das man mag, oder daran, daß meine Kondition zunahm, oder daran, daß der Weg leichter wurde? Es lag wie immer an allem auf einmal, und etwas Viertes kam hinzu: Ich war nicht länger nur in den Augenblicken der Gefahr, der Anstrengung und der Erschöpfung im Hier und Jetzt, es wurde normal. Ich ging von früh bis spät über Stock und Stein, Bach und Sumpf, Berg und Tal und verlor meine Vergangenheit. Woher ich kam, wer ich war, mein Job, mein Schreiben, meine guten wie meine schlechten Taten begannen im Wald ähnlich unwichtig zu werden wie die Vergangenheit von Amazon. Oder die von Elisabeth. Die übrigens inzwischen an der Seite des Kolumbianers ging und ihre Hängematte neben seine spannte, mir aber trotzdem bei jeder Gelegenheit schöne Augen machte. Ich hackte am Ende eines dieser Tage gerade Zwiebeln für Siete, der sich zum Chefkoch der Gruppe entwickelt hatte, als mir die Mulattin wieder einmal lächelnd einen verträumten Blick zuwarf. Siete hatte ihn auch gesehen und mein Problem sofort verstanden. «No problem», sagte er. «Wenn dir der Kolumbianer heute nacht die Kehle durchschneidet, dann schneiden wir morgen seine durch, amigo.»

Freunde, das nennt man doch wohl Freunde. Im Wald findest du die Wahrheit über einen Mann heraus. Und alles in allem sah die Wahrheit der Goldsucher bisher recht gut für mich aus. Pedro hatte mich allein aus dem Stangenwald geholt, obwohl er selbst vor Angst zitterte, und Siete würde, wie die meisten anderen Brasilianer der Gruppe, bei einem Konflikt zwischen den beiden Ausländern zum Exoten und nicht zu dem Goldsucher aus seinem Nachbarland halten, weil der Exot a) unterhaltsamer war und b) Schokolade hatte. Schokolade gilt in Goldsucherkreisen viel. Sie holt dich sofort aus der Erschöpfung heraus. Und du kannst sie gehend essen, Schokolade bringt dich voran, aber sie ist auch teuer. Die Goldsucher besaßen keine, nur der Fotograf und ich. Jeder von uns hatte zu Beginn des Weges neun Jumbotafeln Vollmilch-Nuß im Rucksack und eine Packung am Körper. Eine Woche später hatte ich die Hälfte meiner Schokolade aufgebraucht, weil ich freigebig bin. Immer wenn ich mir einen Riegel gönnte, gab ich jedem, der mich darum bat, auch ein Stück, in der Regel sogar zwei, denn bei nur einem Stück schämte ich mich. Der Fotograf dagegen gab den Goldsuchern von seiner Schokolade nie etwas ab. Er versteckte sich in den Büschen oder hinter einem Baum, wenn er sie aß. War das seine Wahrheit im Wald? «Diese Leute brauchen keine Schokolade», sagte er, als ich ihn darauf ansprach. «Die sind nicht wie wir. Die haben Mägen wie Pferde.»

Und wie Pferde hatte er sie beladen. Jeden Tag baten ihn Pedro und Bobo darum, den starken Indianer als dritten Träger zu engagieren, und jedesmal lehnte Juan das ab, ich weiß nicht, warum. Die beiden schleppten wirklich elend an unserer Last, und ein dritter Mann hätte nicht mehr gekostet als sie. Zehn Dollar pro Tag. Das war kein Geiz, das war Grausamkeit. Vor dem Wald schätzte ich Juan als einen netten brasilianischen Kollegen aus Rio, der gute Ortskenntnisse in Amazonien besaß, im Wald offenbarte sich der Fotograf als ein Mitglied der intellektuellen brasilianischen Mittelklasse, das seine Träger wie Sklaven behandelte und zu den Goldsuchern nie die Distanz aufgab, die in Brasilien zwischen den gesellschaftlichen Klassen üblich ist. Vor dem Wald mochte ich Juan, im Wald nicht mehr. Deshalb freute ich mich sehr, als Bobo die Schokolade am Abend des sechsten Tages im Gepäck fand, während der Fotograf etwas abseits vom Lager seine Notdurft verrichtete. Bobo verschlang zwei

Tafeln auf ex. Das führte dazu, daß wenig später und zurück am Feuer der Fotograf erleichtert wirkte, sein Träger dagegen nicht.

Am Vormittag des siebten Tages erreichten wir einen Fluß, der breiter war als alle, die wir bisher überquert hatten. Ein Seil war über ihn gespannt, und im Schilf lag ein kleines Floß, auf dem jeweils das Gepäck eines Mannes Platz hatte. Ein Goldsucher nach dem anderen sprang ins Wasser und hangelte sich mit der linken Hand an dem Seil entlang, während er mit der rechten das Floß hinter sich herzog. Ich hatte kein Gepäck, also wählte ich die sportliche Variante und kraulte durch den Fluß. So erreichte auch ich das andere Ufer, allerdings nicht an derselben Stelle wie die Goldsucher, sondern gut hundert Meter flußabwärts. Das war kein Problem, nur ein bißchen peinlich. Ich hatte mich vorher darüber lustig gemacht, daß ein paar von ihnen, wie so viele Brasilianer, nicht schwimmen können. Nachdem ich wieder bei der Gruppe war, empfing mich Siete mit einem breiten Lächeln. «Welcome in Venezuela!» sagte er.

Es mag unwahrscheinlich klingen, aber hätte ich diese Geschichte erfunden, würde nicht bereits hier, auf den ersten Metern im Nachbarland, ein Hubschrauber der venezolanischen Armee auftauchen. Das wäre mir ein zu plumper Effekt. Die Wahrheit hat es aber gerne plump. Zunächst erschrak ich, im Verlauf der nächsten Minuten verlor ich jedoch die Angst vor Hubschraubern im Wald komplett. Wir hörten sie, lange bevor wir für ihre Maschinengewehrschützen hätten sichtbar werden können, und wenn sie direkt über uns waren, saßen wir längst regungslos und nicht rauchend unter großen Bäumen oder im dichten

Gebüsch. Dann wurde der Klang der Rotoren wieder leiser und leiser. Und weiter ging's.

Viel problematischer fand ich die venezolanischen Patrouillen, die hier zu Fuß den Wald durchstreiften. Kleine Gruppen, und ausschließlich Mestizen. Rambozona hatte bereits einmal das Vergnügen mit ihnen. Erst haben die Dschungelsoldaten ihn und seine Kumpels verprügelt, danach mußten sie Bäume fällen, um einen Landeplatz für den Hubschrauber zu schaffen, und die nächsten zwei Monate verbrachte Rambozona in einem Militärgefängnis in Venezuela, statt auf dem Pico da Neblina Gold zu suchen. Auch wir begegneten an unserem ersten Tag in Venezuela so einer Mestizen-Patrouille, aber sie war entweder zu klein, um uns Ärger zu machen (fünf Soldaten gegen zehn Goldsucher), oder sie hatte aus was für Gründen auch immer gerade keine Lust auf Streß. Weil die Soldaten wesentlich besser bewaffnet waren als die Goldsucher, denke ich, daß die zweite Annahme stimmt. Sie zogen mit superfinsteren Gesichtern und hohem Tempo auf dem schmalen Pfad an uns vorbei, und weil wir ebenfalls Gas in die entgegengesetzte Richtung gaben, verlor sich auch dieses Problem recht schnell im Gebüsch.

Ansonsten sah Venezuela hier wie Brasilien aus, und als wir dank der Tempovorgabe des Fußballers bereits zwei Tage später wieder in Brasilien waren, sah auch dieser Regenwald nicht anders aus als der von Venezuela. Wir überschritten die grüne Grenze, als es dunkel wurde, und lagerten. Der Aufstieg zum Pico da Neblina lag nur noch einen Tagesmarsch entfernt. Das allein war ein Grund, um fröhlich zu sein, außerdem feierten unsere Seelen das Ende der Furcht vor der venezolanischen Armee, so wurde der Abend ausnehmend schön. Ich hatte an den vergangenen Abenden ein neues Lied geschrieben und sang es den Goldsuchern jetzt vor. Ein Lied über sie. Leider auf englisch, denn auf portugiesisch kriegte ich das nicht hin. Aber Elisabeth, die Englisch sprach, übersetzte es für die Männer nach jeder Strophe.

> Some pay you with money
> Some pay you with love
> Some pay you with dreams
> In the night
> We will always pay you
> With grams of gold
> We are golddiggers, sugar!
>
> Fuck the tiger
> Fuck the snake
> Fuck the heat
> And fuck the rain
> We walk through the forest
> We walk through the mud
> We are golddiggers, sugar!
>
> And when all the policemen
> And the whole bloody army
> Try to push us
> Out of here
> We will go
> But we come back
> We are golddiggers, sugar!

Man kann sich denken, wie das Lied bei den Goldsuchern ankam. Sie schenkten mir ihre Herzen. Und als ich später mit Elisabeth etwas abseits der Gruppe auf einem Baumstamm saß, sagte sie, daß auch ihr das Lied gut gefallen habe.

«Ich habe noch eins geschrieben», antwortete ich.
«Wieder über Goldsucher?» fragte sie.
«Nein, über dich.»
Sie lachte. «Dann sing es jetzt!»
Also noch ein Lied:

Wenn alle Bäume des Amazonas Schreibfedern wären,
und all seine Flüsse wären Tinte.
Und alle, aber wirklich alle Blätter des Regenwaldes
wären nur ein einziges großes Stück Papier –
es würde nicht ausreichen,
um deine Beine zu beschreiben.

Elisabeth sah mich einen Moment sprachlos an. Dann griff sie in den kleinen, grünen Rucksack, den sie immer bei sich trug, und holte eine Pistole heraus. «Mit diesem Lied hast du dir gerade einen Bodyguard verdient.» Außerdem schenkte die schöne Dealerin mir noch eine Handvoll Kokablätter dafür.

Die Arbeitsdroge der Indianer muß gekaut werden, und man sollte sie nicht schlucken, sondern ihren Saft so lange wie möglich im Mund behalten, dann wirkt sie am besten. Ich probierte es am nächsten Tag gleich mal aus. Das Ergebnis: Erstens: Ich hatte den ganzen Tag keinen Hunger. Zweitens: Ich machte den ganzen Tag alles richtig. Kein Schritt ging daneben. Nirgendwo. Ich stolperte kein einziges Mal. Drittens: Ich erfreute mich den ganzen Tag einer leichten, euphorischen Grundstimmung. Und viertens: Ich war schnell. Ich verließ meinen gewohnten Platz als letzter der Gruppe und überholte erst Pedro, Bobo und den Fotografen und dann alle. Bis auf einen. Siete schaffte ich nicht. Aber ich klebte an seinen Fersen und machte Druck. Und genoß trotzdem die Landschaft. Die Vegetation wechselte allmählich ihren Charakter, von tropisch zu subtropisch, denn es ging beständig bergauf. Im Grunde war es seit unserem Aufbruch in den Wald bergauf gegangen, aber sachte. Doch hier ging es richtig nach oben. Es war noch nicht der Pico da Neblina, sondern ein anderer, kleinerer Berg davor. Nachdem ich Siete bis zum Kamm des Berges vor mir hergetrieben hatte, setzte sich der Ex-Fußballer fix und fertig auf einen Baumstamm. «Hör zu, Gringo», sagte er, «dafür schenke ich dir ein Gramm. Sobald ich auf dem Pico Gold gefunden habe, kriegst du es, okay? Aber mach das nicht noch mal!»

Das Fieber kam gegen Mitternacht. Der Schüttelfrost, oder was immer das war, riß mich fast aus der Hängematte. Mein Körper kochte und fror zugleich. Und ich zitterte derart, daß ich fürchtete, es würde mir die Knochen brechen. Am Morgen brach das Fieber nicht ab, im Gegenteil. Die Goldsucher tippten auf Schwarzfieber. Oder Malaria, obwohl Malaria in dieser Region seltener sei. Hundertprozentig sicher dagegen konnten sie sagen, daß ich so den Aufstieg zum Pico niemals schaffen würde. Er beginne bereits zwei Stunden von hier, und er sei der schlimmste Teil unseres Weges, ach was, er sei das Schlimmste überhaupt. Steil, schlammig, schmal und überall Absturzgefahr. Eigentlich nur für Tiere, nicht für Menschen, nein, das könne ich vergessen.

Wie immer kam die schlechte Nachricht mit einer guten hintendran. Es regnete ungewöhnlich viel. Zuviel, um noch am selben Tag den Aufstieg zu wagen, weil der Regen den Pfad immer mehr verschlammte und praktisch unpassierbar machte. Deshalb blieben sie bei mir. Und ich hatte eine Chance, denn es regnete noch drei Tage zuviel. Am vierten wurde der Regen schwächer, aber das Fieber blieb. Die Gruppe wollte aufbrechen, und der Fotograf führte mit mir das entscheidende Gespräch.

«Ich weiß, Gringo, du willst es nicht hören. Aber für dich ist hier jetzt Schluß. Ich werde allein mit der Gruppe weitergehen. Und du mußt so schnell wie möglich in ein Krankenhaus. Sie bauen schon eine Trage für dich.»

Er hatte recht, und er hatte bereits alles arrangiert. Pedro und Bobo würden mich zurückbringen, mein Gepäck hatten sie auf das Notwendigste abgespeckt, die einzige ernstzunehmende Last für meine Träger war ich. Und die Dealerin? Hielt sie ihr Versprechen? War sie auf dem Rückweg mein Bodyguard? Natürlich nicht. Trotzdem denke ich bis heute gern daran, wie sie sich von mir verabschiedete.

«Hasta la vista, baby», sagte Elisabeth, bevor sie im Busch verschwand.

LSD
(Bielefeld und Amsterdam)

Ich rauchte einen Joint, und das war's. Für alle Ewigkeit. Ich konnte mich dem nicht entziehen. Mir wurde schlecht, aber ich hörte nicht auf damit. Es war ein Balanceproblem, ähnlich wie bei der Schiffskrankheit, und nach ein paar Tagen war es vorbei. Von nun an ging ich stoned durchs Leben, im Sinne von angestellt, von eingeschaltet. Ideen überfluteten mich. Der Nachteil: Ideen wollen verwirklicht werden. Das ist ihre Natur. Werden sie nicht umgesetzt, verwandeln sie sich in Träume.

Träume vom Glück sind besser als der Textilbetrieb, in dem ich landete, und ich hoffe, der Inhaber oder seine Erben nehmen das nicht persönlich. Ich fand die Firma zum Kotzen. Mein Vater hatte mir die Lehrstelle besorgt, durch die Empfehlung seines Schwagers. Das war die einzige Begründung für diese Berufswahl im Textil-Groß- und -Außenhandel. «Du wirst einmal den Seideneinkauf in China lenken», sagte mein Vater, aber seine Worte waren sinnlos. Es war das falsche Traummaterial. Ich ging durch endlose Lagerräume eines fünfstöckigen Gebäudes, und nichts, was da lagerte, interessierte mich. Weder die Stoffballen noch die Pullover. Die Personalpolitik war strikt faschistisch. Graue Kittel, weiße Kittel. Bleischwere Zeiger zwischen den Minuten.

Ich wurde zum Personalchef gerufen. Da saß ein Anzug,

kein Mensch. Er mochte mich nicht. Vielleicht mochte er grundsätzlich keine Untergebenen. Oder grundsätzlich niemanden auf dieser ganzen weiten Welt. Vielleicht war er so einer. Sein Problem war im übrigen nicht mein Desinteresse an Textilien.

«Ich sage es Ihnen jetzt zum letzten Mal, junger Mann. Schneiden Sie sich die Haare!»

Sie waren ihm zu lang. Er wollte die Ohren sehen. Seitenscheitel. Mittelscheitel war für ihn Blasphemie. Ich kannte das. Ich hörte nicht zu. Es interessierte mich nicht im geringsten, ob er mich rausschmiß oder nicht. Das war meine Stärke in dieser Situation. Meine Schwäche war, daß es mir mit meinem Leben genauso ging. Im allgemeinen wurde mir das als Arroganz ausgelegt. Es hatte aber nichts damit zu tun. Oder doch?

«Warum antworten Sie nicht? Ist Ihnen eigentlich klar, daß Sie nur noch wegen Ihres Vaters hier sind?»

«Ja.»

Mein Vater hatte dasselbe Problem mit meiner Frisur. Zu feminin, zu jesushaft, so sahen Zigeuner aus. Ich hätte einbrechen oder Pferde stehlen können. Das wäre nicht so schlimm gewesen. Was hatten mein Vater, der Personalchef und alle, wie sie da waren, gegen lange Haare? Warum haßte Hitler sie? Archaische Angst vor Läusen? Undeutsch? Ich glaube, es lag daran, daß Hitler Österreicher war. Wäre er ein Germane gewesen, hätte er gesagt: Unsere Jungs trugen immer lang. Dann hätten wir SS-Offiziere mit blonden Locken bis zum Arsch gehabt.

Zurück zu den Pullovern. Man nimmt den rechten Ärmel mit der rechten Hand, und mit der linken nimmt man das untere Ende der Textilie und faltet den Pullover zu einem Drittel. Ist mit der anderen Seite dasselbe geschehen, faltet man ihn noch einmal in der Mitte. Das falsche Material. Ich hätte von Baumwollfeldern in Alabama träumen können und von den Schaukelstühlen, in denen sie nach der Arbeit sitzen, um den Blues zu spielen. Alternativ hätte ich auch vom Endverbraucher träumen können, von den Frauen, die später mal in diesen Pullovern stecken würden, heute fiele mir vieles dazu ein, aber damals war ich sechzehn. Und so dumm wie Brot. Dumm ist, ich gebe es zu, das falsche Wort. Ahnungslos ist richtiger, doch es trifft auch nicht ganz. Ich wirkte wie ein brandneuer Roboter, dessen Kernfunktion noch nicht aktiviert worden war. Aktiviert von wem? Vom Zufall? Vom Schicksal? Vom Flügelschlag eines Engels? Ich wußte nichts, suchte nichts und wartete auf nichts, außer auf das Wunder, das den Uhrzeiger bewegt. Feierabend.

Ein Feierabend, mit dem ich nichts anfangen konnte, eine Freundin, die nur Petting wollte und Kleider von Pierre Cardin. Ich las zwar Sartre, Kafka und die Publikationen des Professors Alexander Mitscherlich, aber es half mir nichts, obwohl ich sie verstand. Verstehen und Erleben waren mitnichten gekoppelt, außerdem las ich sie, weil es alle taten, zwei Tage bevor die Panzer der Roten Armee in Prag einrollten. Na ja, es können auch zwei Wochen vorher gewesen sein, so genau weiß ich das nicht mehr. Woran ich mich dagegen sehr gut erinnern kann, sind die Tage nach dem Überfall auf die ČSSR. Ein Klassenausflug der Berufsschule Bielefeld. Im Sommer 68. Nach Amsterdam. Oder Adam, wie ich später sagte. Oder, noch später, Amsterdamned. Man beachte den Fluch.

Die Räder des Reisebusses rollten zum Erschrecken der Lehrer vor Fenstern aus, in denen Huren saßen. Dazwischen klemmte das Studenten-Hotel. Und weil die Pädagogen es nach dem gemeinschaftlichen Abendessen nicht übers Herz brachten, uns den Ausgang zu verbieten, nahmen die Dinge eben ihren Lauf. «Bitte immer rechts entlang an den Grachten», sagte das Schicksal, «und dann treiben lassen. Und zwischendurch ein bißchen ficken darfst du auch.»

Sex & Drugs. Zwischen der Halbchinesin in schwarzer Minimalgarderobe und dem ersten Joint meines Lebens lagen gut zwei Kilometer regennasses Kopfsteinpflaster. Stand das irgendwo geschrieben, mußte das so sein, folgte ich unsichtbaren Zeichen kreuz und quer durch das Zentrum von Amsterdam, um das Paradies zu betreten? Mit einem o am Ende in diesem Fall. Das «Paradiso», eine ehemalige Kirche, die von der Amsterdamer Kulturbehörde in ein Jugend- und Veranstaltungszentrum umfunktioniert worden war, veranstaltete an jenem Abend den ersten psychedelischen Massenevent des alten Kontinents. Ich wußte nichts von der Welle, die von Kalifornien über London nach Amsterdam geschwappt war, ich wußte nichts von der Bedeutung dieses Sommers, und ich wußte nichts von diesem Konzert. Aber irgendwer hatte einen Autopiloten in mir programmiert. Wer? Er? Ich glaube an Gott, also glaube ich auch an den Teufel. Einer von beiden ist es gewesen. Als ich vor der Kirche stand, wunderte ich mich, daß sie bunt bemalt war, und ich wunderte mich auch über die reinkarnierten Jesusse vor der Tür.

Drinnen eine Mischung aus Lazarett, Orgie und Eurhythmie, also Selbstfindung im Tanz, auch machtverliebte Luftgitarre und Luftficken. Alle machten Liebe, tanzend oder liegend. Es war heiß, schwül, süß, eine Duftmischung aus vielen Essenzen, und dort, wo früher der Altar gestanden hatte, masturbierten fünf Jungs in schwarzem Leder an ihren Mikrophonständern. Eigentlich war als Höhepunkt des Schulausflugs ein Besuch im Rembrandt-Museum geplant. Was daraus wurde, war ein legendäres Konzert von Steppenwolf. Das erste auf ihrer ersten Europatournee. Und zack, der erste Joint. Und zack, angestellt. Bewußtsein eingeschaltet. Zentralfunktion aktiviert. Ich war da. WIEDER DA. Ich ahnte, woher ich kam, ich ahnte, wohin ich ging. Es machte Sinn. Es machte Spaß. Es machte geil. Auch übel. Detaillierteres war zu diesem Zeitpunkt nicht zu erfahren. Es ging halt Joint für Joint.

Erster Joint: rauchen und kotzen.
Zweiter Joint: rauchen und kotzen.
Dritter Joint: rauchen und kotzen.
Vierter Joint: rauchen und kotzen.
Fünfter Joint: rauchen und kotzen.
Sechster Joint: rauchen und kotzen.
Siebter Joint: rauchen und nicht mehr kotzen.

Haschisch. Warum haben Naturdrogen so schöne Namen? Haschisch, Opium, Coca, Mescal. Man kann das auch anders fragen: Warum beginnt die Verführung bereits mit der Sprache, mit dem Klang? Mir war, als würde die Droge, meine Zunge benutzend, sich selbst den Namen geben. Haaaaaaaschiiiiiiiiiiiiisch. Das Geheimnis der Haschimiden, eines Volks im Vorderen Orient, dessen Krieger Cannabis zu sich nahmen, bevor sie kämpften, ritten und die Säbel in Blut tränkten. Born to be wild. Born for Sex & Drugs & Rock'n'Roll. Daß wir das Ganze «Love and Peace» genannt haben, war ein Mißverständnis.

Drei Tage später stand ich wieder vor dem Personalchef der Textilfirma. Es war (fast) wie immer. Er sagte: Haare ab!, und dann kam das (fast) zum Tragen, denn ich sagte o. k. Noch in der Mittagspause ging ich zum Friseur und ließ mir eine Glatze schneiden. Ein Wahnsinnsakt. Sie waren das einzige, wofür ich bisher gekämpft hatte, ein jahrelanger Krieg, zu Hause, im Betrieb. Für nichts anderes hatte ich mich geradegemacht, nur für die langen Haare wäre ich gestorben; außerdem gefielen sie den Frauen. Während der Figaro entzückt sein Schlachtfest zelebrierte, hielt ich die Augen geschlossen. Als ich sie öffnete, habe ich mich zu Tode erschrocken. Ich sah zum Erschießen aus, aber so schlimm kam es dann doch nicht. Ich wurde nur fristlos entlassen. Am selben Tag. Einige Abteilungsleiter fühlten sich durch mich an ihre Kriegsgefangenschaft erinnert, der Personalchef fühlte sich verarscht, und ich fühlte Freiheit in mir wallen, als ich zum letzten Mal meine Personalkarte in die Steckuhr schob und auf die Straße trat.

Vater-Sohn-Gespräch im Restaurant der Sparrenburg, mit Blick auf die Dächer der Leineweberstadt. Es verlief recht zivil. Er formulierte die Sorgen meiner Mutter, er formulierte seine Vorwürfe, aber unterm Strich zollte er mir Respekt. «Eine Glatze braucht Eier», sagte mein Vater. «Die Eier fallen nicht weit vom Stamm», sagte ich, und dann folgte ein Brainstorming bezüglich beruflicher Alternativen. Zwei Vorschläge blieben kleben: Wildhüter in Australien oder Sozialarbeiter in Bielefeld. Letzteres wurde favorisiert, denn dafür mußte ich auf eine Fachhochschule gehen. Aber aus Gründen, die mir heute nicht mehr erinnerlich sind, konnte ich das Studium erst in einem Jahr beginnen. Ich sah darin kein Problem. Er auch nicht. «Du hast ein Jahr frei. Das ist etwas sehr Wertvolles. Jeder Mann braucht sein freies Jahr. Du kannst tun und lassen, was du willst. Aber wenn es um ist, das mußt du mir versprechen, gehst du auf diese Schule, und das versprichst du mir jetzt in die Hand.»

Ich schlug ein. Es war ein guter Plan. Ich nahm in diesem Jahr dann etwa hundertmal LSD, und es ist klar, daß man aus so einem Jahr anders rauskommt, als man reingekommen ist. Rein kam ich stoned. Raus kam ich schizophren. Natürlich ist wahr, daß jedem Anfang ein Zauber innewohnt, aber es stimmt ebenso, daß man im Anfang bereits das Ende sehen kann. Wenn man genau hinschaut.

Der erste Trip schlug bei Karstadt zu. Ich hatte das auf eine Löschblattecke geträufelte LSD irgendwo in der Stadt genommen und mich treiben lassen, weil ich nicht wußte, was ich tat. Warum es mich zu Karstadt trieb, war und ist mir schleierhaft, denn ich mochte Kaufhäuser nicht. Wegen der schlechten Luft und weil man nie was findet und die Verkäufer immer beschäftigt tun, damit sie nicht angesprochen werden. Die Lysergsäure im LSD braucht etwa eine halbe Stunde, bevor sie ihre Wirkung entfaltet, ihr voran geht ein erstes Aufschäumen von Adrenalin. Bewegungszwang. In dieser Phase näherte ich mich der Rolltreppe, und als es zuschlug, stand ich gerade auf der ersten Stufe. Es gibt kein besseres Wort als zuschlagen. LSD wirkt wie ein Hammer. Kosmischer Hammer, denn er zerschlug mein Konzept von Zeit. Es gab sie nicht mehr. Dafür gab es Ewigkeit. Ihre kleinste meßbare Einheit dehnte sich aus und hörte nicht auf damit, sich auszudehnen. Zwanzig Sekunden brauchte die Rolltreppe bis zum ersten Stock des Kaufhauses, zwanzig Ewigkeiten ging es also nach oben. Nur nach oben. Und in dieser Zeit konnte ich beobachten, wie es auf der Rolltreppe daneben zwanzig Ewigkeiten nach unten ging.

Ich nahm deshalb nie wieder LSD bei Karstadt. Woanders schon. In der ersten Woche nahm ich neun Trips, in der Woche darauf schluckte ich nur noch einmal täglich die härteste aller bewußtseinserweiternden Drogen, später setzte ich auch mal einen Tag pro Woche aus, und noch später drehte sich dieses Verhältnis in sein Gegenteil, und es wurde einmal wöchentlich daraus. Alles in allem hundertmal, und fünfzigmal ging's nur bergauf. Wie auf der Rolltreppe damals bei Karstadt, aber jetzt war es ein Fahrstuhl im Kaufhaus des Bewußtseins. In jedem Stockwerk stieg ich aus. In jedem eine andere Version vom Paradies. Das Paradies für Philosophen. Das Paradies für Atomphysiker. Das Paradies für Tänzer. Die beiden letztgenannten Paradiese hatten mit Musik zu tun. Musik hatte einen Namen. Steppenwolf? Nee. Santana? Nee. Deep Purple? Nee, nee. Pink Floyd? Ja, Pink Floyd habe ich immer wieder auf LSD gehört, aber es war weniger ein musikalisches als ein religiöses Erlebnis, gregorianische Gesänge über Rock'n'Roll gelegt, mit einer Leadgitarre, die nicht spielte, sondern Bilder malte. Sie waren nahe dran, wie alle oben genannten und wie alle nicht genannten, die auch nahe dran waren, in einigen Fällen so nah, daß sie daran verbrannten, aber es gab nur einen mittendrin, nur einen, weil es wohl immer nur einen geben kann, vor dem sich alle verbeugen. Was geschah, als ich zum ersten Mal auf LSD Jimi Hendrix hörte? Folgendes: Der Stuhl, auf dem ich saß, das Bett, auf dem mein Freund lag, der Schrank, der Schreibtisch, das gesamte Mobiliar, die Bilder an den Wänden, die Wände selbst, sogar die Luft, das Licht und die Musik in diesem Raum lösten sich vor und in meinen Augen in ihre Grundbausteine auf. Ich sah etwa dreihundertfünfzig Trilliarden Atome in dieser zwanzig Quadratmeter großen Dachmansarde. Und jedes einzelne strahlte wie bekloppt. Das Paradies für Atomphysiker. Die Kombination von Hendrix und LSD hatte mir den wissenschaftlichen Beweis erbracht, daß ich grundbausteintechnisch unsterblich bin.

Das Paradies für Tänzer (LSD in der Diskothek), das Paradies für Pfadfinder (LSD am Lagerfeuer), das Paradies für Filmliebhaber (LSD auf der Bounty), so ging es Stockwerk für Stockwerk, Trip für Trip nach oben, und dann, ich weiß noch genau, wann, änderte der Fahrstuhl seine Richtung, und es ging nur noch nach unten, auch Stockwerk für Stockwerk, aber wenn jetzt die Fahrstuhltür aufging, stand die ausführliche Inspizierung einer höllischen Etage an. Wir nannten das Horrortrip.

Der erste verlief noch relativ normal. Ich ging durch die Straßen der Stadt und glaubte, daß jeder, der ein Motorrad fuhr, etwas gegen mich hatte, ein Glaube, der irgendwann zu Panik wurde. Mit gezügeltem Adrenalin haute ich ab, schnell wurde ungezügelt daraus, denn die Hells Angels folgten mir auf Schritt und Tritt. Warum? Weil ich Angst hatte. Das ist ein Gesetz. Angst zieht Höllenengel an. Schwamm drüber. Ich brauchte nur einmal zu schlafen, und der Spuk war vorbei. Erstaunlich, was die Nerven aushalten, wenn man sechzehn, fast siebzehn ist. Zudem veränderte sich der Horror, wurde subtiler, auch literarisch interessanter, Trip für Trip, Stockwerk für Stockwerk. Hölle für Fußgänger, Hölle für «Playboy»-Leser, Hölle für Straßenbahnfahrer.

Die Straßenbahn fuhr nicht ab. So etwas passiert. Sie stand vor dem Hauptbahnhof, fünf Minuten Warten ist da normal, wenn man Pech hat, werden zehn Minuten draus. Auf LSD, so lehrt die Karstadt-Erfahrung, bedeutet das sechshundert Ewigkeiten, und durch jede brüllt die Frage:

Warum fährt die Bahn nicht ab? Es gab andere Fahrgäste, das beruhigte ein bißchen, aber wenn ich ihnen in die Augen blickte, sah ich entweder dieselbe Frage oder gar nichts. Irgendwann wechselte das Ganze die Ebene und wurde, wie oben angekündigt, literarisch. Ich saß in der Straßenbahn, als sei es ein Roman von Sartre. Wer stirbt, geht zum Amt für Tote, und wenn die Formalitäten erledigt sind, geht er zur Hintertür wieder raus. Alles auf den Straßen, die er nun entlangläuft, sieht wie auf den Straßen der Lebenden aus. Auch die Bahn. De facto ist es aber das Totenreich. Die Angst, bereits gestorben zu sein, beinhaltet einen anderen Schrecken als die Angst vor dem Tod.

Und zwar folgenden: Die Tür der Straßenbahn ging noch einmal auf, und der Typ, der einstieg, sah exakt so aus wie ich. Mein Doppelgänger? Mein Zwillingsbruder? Mein zweites Ich? Mein böses Ich? Die unausweichliche Begegnung beim Jüngsten Gericht? Fährt deshalb die Bahn nicht ab, weil das Urteil noch nicht gefällt wurde? Zum Teufel, nach 'ner Mütze Schlaf war auch das Thema vom Tisch. Statt dessen kam der «Playboy» drauf. Schon mal einen «Playboy» auf LSD angesehen? Ich habe mich reingesehen. Inzwischen Profi im Umgang mit Phänomenen wie Zeit und Raum, brach ich zu einer Reise in die Vergangenheit auf und beamte mich in das Auge des Fotografen. Ich gab die Anweisungen, wie sich das Playmate des Monats zu bewegen hatte. Später wurden Befehle draus. An und für sich nennt man so etwas keinen Horrortrip. Das trotzdem Bedenkliche daran: Es war keine Halluzination. Es war wahr. Ich war da. Ich hatte mir durch Zeit und Raum das Spatzenhirn des Fotografen gegriffen, um das Spatzenhirn des Models zu manipulieren. Das nennt man Schwarze Magie, und die wird mit Wahnsinn bestraft.

Wahnsinn hatte ein Gesicht. Mein Spiegelbild. Ich schaute nicht mehr hin. Aber Wahnsinn hatte noch andere Gesichter. In dieser Phase meiner LSD-Karriere konnte ich in jedem den Wahnsinn sehen. Alter egal, Geschlecht egal, sozialer Status egal, in jedem lauerten Neurosen, Psychosen, schizophrene Bestien, eingekerkert, angekettet, mühsam gebändigt, aber ständig präsent. In den Augen, in den Bewegungen, in der Körperhaltung. Darum verbot ich mir LSD unter Menschen. Ich ging in den Wald. In der Nacht. Allein. Ich zündete mir eine Zigarette an. Das Streichholz wurde zum Zauberstab. Ich hatte nur eine Schachtel dabei, und nachdem alle Zauberstäbe entzündet und erloschen waren, sah ich den Rest der Nacht nach oben. Mondsüchtig. Lichtsüchtig. Und wenn ich meine Hände betrachtete, war mir, als seien sie ein bißchen durchsichtig. Es war wunderschön. Um den Mond hatten sich Ringe gelegt. Nie habe ich ein so vollkommenes Mandala gesehen.

Unter Schleppern
(Neu-Delhi)

Ich hatte große Probleme. Ich war zu schwach, um mein Gepäck zu tragen. Im Grunde konnte ich nicht mal gehen. Aber ich mußte gehen, ich mußte sogar schnell sein. Schneller als die Diarrhöe. Vielleicht war es auch eine Amöbenruhr, kombiniert mit ein bißchen Malaria. Wenn die Dinge so stehen, setzt man sich auf jede Toilette. Selbst auf die vom Indira-Gandhi-Flughafen, zwanzig Kilometer hinter Neu-Delhi.

Natürlich wollte der Toilettenmann Trinkgeld, nachdem ich mir die Hände gewaschen hatte. Wofür, war mir nicht ganz klar. Die Toilette hätte ohne ihn auch nicht anders ausgesehen. Ich fand einen Fünf-Rupien-Schein, gab ihn dem Mann und wusch mir die Hände noch mal. Gemeinhin sagt man ja, Geld stinkt nicht. Man sagt vieles, was nicht stimmt.

Ich schleppte mich in die Schalterhalle zurück. Um drei Uhr zwanzig in der Nacht sollte mein Flug nach Frankfurt starten. Das war die gute Nachricht. Die schlechte: Jetzt war es irgendwas um dreiundzwanzig Uhr. Also noch vier Stunden in Indien. So, wie ich das sah, war das eine lange Zeit.

Vier Stunden also noch, bevor es wieder etwas gab, was nicht nur nach Cola aussah, sondern auch so schmeckte. Vier Stunden noch, bevor das Wasser aus den Mineralwasserflaschen tatsächlich Mineralwasser war und nicht die Suppe, die aus allen Hähnen dieser Stadt in gebrauchte Wasserflaschen gezapft wird. Vier Stunden noch, bevor es wieder Salat gab, der nicht gleichzeitig mit dem Geschirr von gestern gewaschen worden ist.

Dreieinhalb Stunden vor Abflug kam Bernd endlich des Weges, auch er mit Diarrhöe, allerdings im Anfangsstadium, das heißt, er konnte noch Witze machen und Ausreiseformulare ausfüllen, und weil der Schalter unserer Fluglinie noch immer nicht geöffnet hatte, erzählte er mir zum Zeitvertreib eine Geschichte. Die Geschichte, wie er bei einer großen, namhaften Bank im Zentrum von Neu-Delhi versucht hatte, mit seiner Visakarte Bargeld zu bekommen. Wäre ich nicht so schwach gewesen, hätte ich den Mund aufgemacht, um ihm zu sagen, daß er sich das sparen kann. Ich weiß, wie so was abläuft: In jeder indischen Bank arbeiten dreimal so viele Angestellte wie nötig, aber keiner ist zuständig. Das ist das eine, was verwundert. Das andere ist die Art, wie sie deinen Reisepaß halten, bevor sie dir sagen, daß sie nicht zuständig sind. Falsch herum. Und das dritte ist die Auskunft, daß sie auf Kreditkarten grundsätzlich nur nachmittags Geld auszahlen, nachmittags die Bank aber geschlossen hat.

Wie im übrigen die Paßkontrolle, drei Stunden vor Abflug. Da saß zwar ein uniformierter Mensch, und er tat auch erst gar nicht so, als hätte er was zu tun, er wollte einfach nur die Hand mit dem Ausreisestempel nicht heben. «Come back», sagte er, «one hour.» Als wir fragten, warum, sagte er dasselbe noch mal.

Ist das nun böser Wille? Schwer zu sagen. Das Goethe-Institut in Neu-Delhi würde wahrscheinlich behaupten, es sei die dunkle Seite einer Philosophie, deren helle die

Gleichmut und das erhabene Schweben über den Nichtigkeiten des Alltags ist. Aber das Goethe-Institut hat es zu seinem Glück hauptsächlich mit den Denkern der Nation zu tun, wir aber mit dem Rest.

«Change money, mister? Very good price, mister. You want to see shop of my brother? You want to see shop of my cousin? You want to see shop of my brother's cousin? You want to make tour? Hashish? What hotel? What room? You like lady? You like carpet?» Diese Sprüche kommen von fünf Schleppern gleichzeitig, die Straßen rauf und runter.

Am ersten Tag machte ich den Fehler, mit ihnen zu reden. «No, thank you.» Das waren eindeutig zwei Wörter zuviel. Dann sagte ich nur noch «no», was auch nicht half, und als ich endlich raushatte, daß man in Delhi am besten mit einem leistungsstarken Walkman am Ohr durch den Staub, den Smog und die Hitze wandelt – etwa zu diesem Zeitpunkt setzte die Diarrhöe ein, und ich wandelte überhaupt nicht mehr.

Ich lag auf einer Wiese, um durch die Blätter eines Baumes in den Himmel zu sehen, wo Glücklichere als ich in den Flugzeugen saßen, und mußte mich als erstes eines Masseurs erwehren. Ich schaffte es nicht. Er massierte mich einfach. Gleichzeitig machte sich ein Schuhflicker an meinen «New Balance»-Joggingschuhen mit den Luftkissen zu schaffen und ruinierte sie. Dann kam der Ohrenputzer. Er trug einen Holzkasten bei sich, mit langen, dünnen Stäbchen darin, und die Stäbchen wollte er mir in die Ohren stecken, um Steine aus ihnen zu holen. Ich habe es einmal mit mir machen lassen. Vor zehn Jahren in Goa. Seitdem habe ich kein Zahlengedächtnis mehr. Telefonnummern, Geburtstage, Kontostände – der Ohrenputzer hat sie weggeputzt.

Ich brauchte übrigens zwei Stunden von dem Park bis in mein Hotel. Zu Fuß sind es nur zehn Minuten, doch ich nahm eine Motorrikscha, der sich ankündigenden Amöbenruhr zuliebe. Rikschafahrer in Neu-Delhi sind eine ganz besondere Sorte Mensch. Sie ähneln den Taxifahrern. Sie bringen dich am liebsten dahin, wo sie selbst hinwollen. In den Shop eines Cousins oder auf eine Umgehungsstraße. Der Cousin, zu dem ich gebracht wurde, kam aus Kaschmir und hatte ein Reisebüro. Ich nutzte die Chance. Ich ließ ihn mein Ticket umbuchen. Und eine Stunde vor dem Start bekam der Mensch an der Paßkontrolle endlich seine Hand mit dem Ausreisestempel hoch.

«Nach uns die Sintflut», sagte Bernd, als wir durch waren. Er ist eigentlich ein netter Kerl. Aber das hat er ehrlich gemeint.

Wenn Betten reden könnten
(Hotels)

Neulich im Hotel. Ein Ehepaar, das einchecken will. Und ein Rezeptionist.

Rezeptionist: «Where do you come from?»

Ehemann: «From Switzerland.»

Ehefrau: «Was hat er gesagt?»

Ehemann: «Er wollte wissen, woher wir kommen, und ich sagte ihm, wir kommen aus der Schweiz.»

Rezeptionist: «From where in Switzerland?»

Ehemann: «Basel.»

Ehefrau: «Was hat er gesagt?»

Ehemann (bereits leicht genervt): «Es ging um unsere Heimatstadt. Ich sagte, daß wir aus Basel seien.»

Rezeptionist: «Oh, Basel, da hatte ich mal den schlechtesten Sex meines Lebens.»

Ehefrau: «Was hat er gesagt?»

Ehemann: «Er sagte, daß er dich kennt.»

Neulich in einem anderen Hotel. Im Frühstückssaal. Der Gast gibt seine Bestellung beim Kellner auf.

«Ich hätte gern zwei Eier. Eins roh und eins steinhart. Dazu einen gänzlich verkohlten Toast und eine lauwarme Suppe, die nach Kaffee schmeckt.»

«Ich weiß nicht, ob sich das machen läßt», antwortet der Kellner.

«Wieso», sagt der Gast, «gestern ging's doch auch.»

Warum ich hier Hotelwitze erzähle? Weil man im Hotel nichts zu lachen hat. Und vielleicht sitzen einige meiner Leser gerade jetzt in einem Hotelzimmer und fragen sich so dies und das. Warum sie zum Beispiel fast immer einen Spiegel genau dort an die Wand hängen, wo der Schreibtisch steht. Wer will beim Schreiben sein eigenes Gesicht sehen? Wen inspiriert das? Ich habe einen ziemlich großen Freundeskreis und einen noch größeren Kreis von Bekannten und Kollegen, und keiner kann das verstehen. Wollen die Hoteliers so vielleicht an hauseigenem Briefpapier sparen? Oder lieben sie es, ihre Zimmermädchen von allen Seiten zu betrachten, wenn sie diese auf dem Schreibtisch nehmen? Das Blöde an den Spiegeln: man kann sie nicht einfach abhängen, weil sie fest eingedübelt sind. Das geht nur mit den Bildern. Auch ein trauriges Thema. Hoteliers haben eine große Schwäche für Kupferstichkopien und Stilleben aus den Ein-Euro-Shops ex-jugoslawischer Emigranten. Früher habe ich sie irgendwo am Boden des Zimmers gestapelt, mit dem Motiv zur Wand, inzwischen stelle ich sie vor der Tür im Flur ab. So, wie man es mit schmutzigem Geschirr macht.

Man könnte nun behaupten, das sei ein typisches Billighotel-Problem. Ich würde sagen, man kann viel behaupten, was nicht stimmt. Weil auch die Wahl von teuren Hotels nicht immer sauberes Feng-Shui garantiert. Da schlägt einem der Hang zu Prunk und Protz gar nicht so selten wie eine Faust ins Gesicht. Oder in den Bauch. Harmonie wird mit dem Solarplexus wahrgenommen, auch Sonnengeflecht genannt, und dieses Geflecht ängstigt sich, wenn das Bett von wuchtigem Barock umringt wird und die Fenstervorhänge wie Teppiche fallen, und noch mehr ängstigt es sich, wenn hinter den Fenstervorhängen keine Fenster sind, was allerdings nur in Hotelzimmern der Dritten Welt und einiger Schwellenländer vorkommt. «Fake-windows» sind eine indische Spezialität. Sie vermitteln das Gefühl, daß du in einem Grab mit Roomservice eingecheckt hast.

Ich wende mich nun der hellen Seite des Reisens zu. Was macht ein gutes Hotelzimmer aus? Dafür gibt es eine einfache Formel: Je größer, desto besser, je heller, desto schöner, je älter, desto atmosphärischer. Ein blinder Spiegel im Badezimmer des Hotels Rivieria (Havanna) erzählte mir Geschichten von Frank Sinatra, der sich vor vierzig oder fünfzig Jahren vor ihm rasiert hat, ein großer, alter Deckenventilator in Downtown Granada wußte von den Leiden eines erfolglosen (also schwer verletzten) Toreros zu berichten, und dann gibt's da natürlich noch das große Thema: Wenn Betten reden könnten. Die Betten im Grand Hotel Londres (Istanbul) zum Beispiel würden sofort über die heimlichen Stunden des letzten osmanischen Sultans Abdülhamid II. mit seiner europäischen Konkubine sprechen wollen. So alt sind diese Betten nicht, höre ich die Zweifler sagen. Möglich. Sogar wahrscheinlich. Aber es scheint, daß sie die Geschichten ihrer Vorgänger-Möbel wie ein Erbe übernehmen, warum sonst sollte mir ein Bett im 1870 eröffneten Londres so etwas Komisches erzählen? Der Sultan brauchte eine Geliebte, obwohl er in seinem Harem schon rund neunhundert Frauen hatte. Damit wir uns nicht mißverstehen: Es gibt durchaus einen Unterschied zwischen Betten, die Geschichten erzählen, und Betten, die einfach nur nach Sperma stinken, wie die im Hotel Nana (Bangkok). Erst verschlug es mir den Atem, dann wollte ich die Schuhe nicht mehr ausziehen, weil der Bodenbelag ganz ähnlich roch. Glücklicherweise bekommt man in Thailand in jeder Apotheke rezeptfrei Valium. Danach bin ich drei Tage nicht mehr aufgewacht. Wenn ich doch mal aufwachte, wollte ich nicht aufstehen, und wenn ich doch mal aufstand, wollte ich mich wieder hinlegen. Das hat viel Spaß gemacht. Schlaf, Reisender, schlaf, dann bist du so wehrlos wie ein Schaf und so glücklich wie ein Buddha, denn auch das fiel mir auf in diesen drei Tagen: Ich schlief nicht nur gern, ich lag auch gern auf diesem durchgelegenen Bett, in diesem abgefuckten Zimmer. Ich mochte sogar die Kakerlaken, obschon meine Zuneigung zu ihnen eher theoretisch war, denn sie lebten im Bad, und das hatte ich seit langem nicht mehr gesehen. Der Weg ins Bad erschien mir wie der Weg zu einem Viertel am anderen Ende der Stadt. Und wurde auch so geplant.

Valium ist für schlechte Hotelzimmer deshalb ideal. Der Wirkstoff heißt Diazepam. Er gehört zu der Familie der Tranquilizer und zu den meistverschriebenen Psychopharmaka, weltweit. Auf der Liste der beliebtesten Beruhigungsmittel steht er auf Platz eins. Wirkung: Bedrohliches verwandelt sich in Nebensächliches, Furcht zerrinnt, psychische Tiefen gibt es nicht mehr. Fehlte dem Valium nicht die Magie des Opiums, wäre es die Königin der Drogen. So reicht es nur zur Königin der Krankenschwestern oder, wie in meinem Fall, zur Königin des Roomservice. Wer nichts braucht, wird immer gut bedient.

Mit dem genau entgegengesetzten Problem konfrontierte mich das beste Zimmer in einem zum Hotel umfunktionierten ehemaligen Maharadscha-Palast (Jaipur). Es hat ein Schweinegeld gekostet, aber das war mir so was von egal, denn in der Mitte des Zimmers schwammen auf einem Zierteich Lotusblüten, das Bett war ein Reich von seidenen Schleiern, die Bilder, die Möbel, die Marmorvariationen im Bad, alles atmete die Größe und den Geschmack der alten Moguln. Dazu gehörte eine etwa hundert Quadratmeter große Terrasse und der Himmel über der Wüste von Rajasthan. Und da wollte ich, man wird es verstehen, auf gar keinen Fall zu früh einschlafen. Weil mir jede verschlafene Stunde hier wie rausgeworfenes Geld erschien. Das macht zu gute Hotelzimmer natürlich auch ein bißchen kontraproduktiv. Aber sei's drum. Greifen wir in die Reiseapotheke. Das Mittel heißt «Sangenor» und wird weltweit rezeptfrei in Trinkampullen angeboten. Wirkstoffe: Mono-L-Arginin-L-Aspartat, Hydroxybenzoesäuremethylester und Saccharosum. Anwendungsgebiete: 1. nach Marathons, 2. nach der Geburt, 3. nach Operationen. Nur drei von diesen Ampullen in einer Cola mit Rum genossen, und man bleibt wach bis zum Auschecken.

Fabelhaftes Auto
(Berlin)

Ich war über der Deadline, trotzdem saß ich vor dem Computer und tat nichts. Von daher störte das Klingeln nicht. Ein Unbekannter stand vor der Tür. Klein, dick, rundes Gesicht. «Guten Tag!» sagte er. «Guten Tag!» antwortete ich. Warum ich ihn reinließ? Ich weiß es nicht. Es war ein Gefühl. Ich bat ihn, neben meinem Schreibtisch Platz zu nehmen, was er tat, und bot ihm ein Bier an, was er ablehnte. Ob ich schon mal davon gehört hätte, daß Gott gelegentlich vom Himmel runterkomme und uns drei Wünsche erfülle, fragte er. Das sei oft passiert und somit Fakt, diskussionswürdig bleibe lediglich, ob es wirklich immer Gott gewesen sei. Der Teufel könne dasselbe.

«Ja, davon habe ich gehört», antwortete ich. «Aber mir ist bisher so etwas noch nie geschehen. Nicht einmal Ähnliches.»

«Irgendwann ist immer das erste Mal», sagte der Besucher.

Ich glaubte ihm nicht, natürlich nicht, aber ich lebe vom Geschichtenerzählen, und hier bahnte sich eine an.

«Also?» fragte er.

«Was also?»

«Die werten Wünsche.»

«Sie wollen also wirklich behaupten, daß Sie ...»

«Nicht Sie. Sag du zu mir.»

«Das schlägst du vor, weil du der Ältere bist?»
«Ja.»

Ich war wirklich über der Deadline. Möglicherweise auch jenseits meines Nervenkostüms. Ich hatte dringend zu tun. Ich hätte mir ohne weiteres wünschen können, auf der Stelle mit der Arbeit fertig zu sein. Aber ich tat es nicht. In solchen Situationen, egal ob man an sie glaubt oder sie nur als Spiel begreift, wünscht man sich Dinge, die sich Kinder wünschen. Ich bin ein Schreibtischkind. Neben meinem Computer steht seit langer Zeit ein kleiner silberner Sportwagen, gekauft in einem Modellauto-Geschäft in Wien. Er ist wunderschön. Man kann die Türen und den Kofferraum öffnen, man kann auf dem Beifahrersitz Vitamintabletten, Traubenzucker und Feuerzeuge plazieren, und als ich nun meinem merkwürdigen, aber amüsanten Besucher in die Augen sah, die lachten und funkelten und neugierig blickten, wünschte ich mir im Spaß – und ein bißchen im Ernst –, klein genug zu sein, um in das Modell zu passen. Das verlangte eine Verkleinerung im Maßstab 1:35, und es geschah sogleich.

Ich war einigermaßen von den Socken. Erstens, weil hier ein Wunder geschah, und zweitens, weil die Folgen dieses Wunders atemberaubend waren. Mein Schreibtischstuhl ist mehr ein Schreibtischsessel, und nun war seine Rückenlehne aus schwarzem Leder plötzlich so hoch wie eine zweistöckige Hauswand, der Schreibtisch war ebenfalls im Maßstab 1:35 gewachsen, und mein Besucher auch. Er sah jetzt tatsächlich allmächtig aus.

«O.k., du hast noch zwei Wünsche frei», dröhnte er. «Im Grunde nur noch einen, denn den letzten solltest du dir dafür reservieren, wieder in die gewohnte Dimension zu wechseln, oder nicht?»

Ich kletterte die Armlehne des Stuhls hoch, um auf den Schreibtisch zu kommen, ging an der Tastatur und der Marlboro vorbei und war bei dem Wagen. Ein wirklich wunderschönes Exemplar. Ich umrundete ihn, streichelte ihn hier und da, öffnete schließlich die Tür und setzte mich rein. Klar, daß nun der Spaß erst mal zu Ende war. Also Wunsch Nummer zwei.

«Mach, daß die Karre fährt.»

«Du meinst, wie das Original? Das wären acht Zylinder und sechshundert PS.»

«Und vergiß die Stereoanlage bitte nicht.»

«Dein Wunsch beinhaltet selbstverständlich alles, was serienmäßig ist. Der Schlüssel steckt.»

Es wurde augenblicklich bequemer. Die Sitze waren nun aus echtem Leder, und ich warf den Motor an. Der Sound überwältigte mich, aber fahren konnte ich noch immer nicht, weil ein kühn geschwungenes Kabel mir den Weg versperrte und hinter dem Wagen mein Globus stand. Der Schreibtisch war einfach zu vollgemüllt. Ich wollte keinen Wunsch daraus machen, sicher nicht, ich diskutierte nur mit ihm:

«Hör mal, mich mitsamt dem Auto vom Schreibtisch auf den Teppichboden zu bringen, nein, besser noch, auf die Straße, braucht eigentlich kein Wunder», sagte ich.

«Nein, das geht auch so.»

«Und zählt bei dir ein Wunsch, der keine Wunder verlangt?»

Er lachte, und wenig später stand ich mit dem Auto auf der Straße. «Gute Fahrt!» sagte er, als er mich abgesetzt hatte. «Und vergiß nicht: Der nächste Wunsch ist der letzte.»

«Nee, geht klar. Aber wäre es möglich, mich und den Wagen zusammen groß zu wünschen?»

«Nein.»

«Warum nicht?»

«Das wäre spirituell unkorrekt.»

Na, dann nicht. Unsere Straße liegt ein bißchen versteckt, es muß deshalb niemanden wundern, daß sie zu diesem Zeitpunkt unbefahren und friedlich war. Ich konnte in Ruhe die Lage sondieren. Mein Besucher hatte mich direkt neben dem Bürgersteig abgesetzt, der höher als das Auto war, und auch mein Blick auf die Straße hatte sich verändert: Sie war jetzt dreihundertfünfzig Meter breit und fünfunddreißigmal länger als normal. Ich hatte also zwei schnurgerade Kilometer bis zum Landwehrkanal. Ein Wort noch zum Motor. PS heißt Pferdestärke. In einem Wagen, der fünfunddreißigmal kleiner ist als das Original, sind auch die Pferde kleiner; weil aber das Geschoß auch fünfunddreißigmal leichter ist, bleibt hier alles beim alten.

Ich stellte das Radio an und gab Gas. «St. Anger», das Album von Metallica, gab den Auftakt für meine Spazierfahrt durch eine andere Welt, in der sich nichts verändert hatte, außer ich selbst. Und die Karre. Prima Planet. Ich hätte in Sekunden die Distanz zum Kanal überwinden können, aber ich ließ mir ein bißchen Zeit. Ich war allein und hatte es endgültig akzeptiert, so klein wie eine Zinnfigur zu sein. Damit akzeptierte ich auch alles andere, und das war viel: Es gibt einen Gott, und es gibt einen Teufel, und wenn es die beiden gibt, dann gibt es auch Engel und Dämonen. Alle Märchen sind wahr. Was soll ich sagen? Die Tatsache, daß es möglich ist, mich auf Däumchenformat schrumpfen zu lassen, faszinierte mich fast noch mehr als das Format selbst. Das änderte sich schlagartig, als eine Papiertüte auf mich zugeflogen kam. Glücklicherweise waren keine Brötchen mehr drin, und glücklicherweise beschleunigte der Wagen mit seinen sechshundert PS in einer Art, die auch Gewehrkugeln eigen ist. Ich schoß unter der Tüte hindurch und bemerkte bei dieser Gelegenheit die Klasse des Fahrwerks. Es schluckte die Kieselsteine wie Zuckerwatte weg. Am Kanal bog ich nach links ab.

Dort begann der Straßenstrich. Drei Huren, jede so groß wie die Siegessäule, aber vollbusiger. Die Körbchen ihrer BHs hatten mein Garagenformat. Langsam rollte ich ihren Stiefeln entgegen. Turmhohe Stiefel an endlosen Beinen, aber je näher ich kam, desto weniger erotisierten sie mich. Sie schienen mir eher bedrohlich. Ihre Pfennigabsätze waren so hoch wie Straßenlaternen und so spitz wie Speere. Die Mädchen sahen mich.

«Ey, was is'n das?» sagte die mit den schwarzen Stiefeln.

«Ein Bonsai-Freier», sagte die mit den weißen Stiefeln.

«Glaub ich nicht», sagte die mit den roten Stiefeln.

Sie wurden sich einig: Irgendwo mußte sich ein Spaßvogel mit Fernbedienung verstecken, und weil Huren dem Leben oft paranoid gegenüberstehen, vermuteten sie sogleich eine Kamera im Wagen. Sie versuchten, mich zu fangen, aber mit diesen Absätzen hatten sie keine Chance. Ohne sie hätten sie auch keine Chance gehabt. Ich schnurrte an ihnen vorbei und erreichte die große Straße. Sechsspurig. Vierzig Meter breit normal, anderthalb Kilometer breit für mich. Ich wollte auf die andere Seite, weil ich keine Lust hatte, mich in einen Verkehr einzuordnen, in dem jeder Pkw so groß wie eine Boeing 747 war und jeder Lkw so groß wie der Hauptbahnhof. Riesige Maschinen lauerten mit brüllenden Motoren vor der roten Ampel. Ich hatte Grün, aber keine Ahnung, wie lange noch, und zum ersten Mal fuhr ich den Wagen aus. Das hatte nichts mehr mit Drehzahlen und Gängehochschalten zu tun, eher mit Triebwerken, die Stufen abwerfen, und als ich glaubte, das Maximum erreicht zu haben, beschleunigte er noch mal so stark. Unendlicher Schub. Ich jagte über die Straße des 17. Juni, als gäbe es kein Morgen, doch sechshundert PS haben auch sechshundert Zügel. Knapp vor dem Bürgersteig auf der anderen Seite kam ich zum Stehen und rollte dann parallel zu ihm bis zu der Stelle, wo er für Fahrrad- und Rollstuhlfahrer auf Straßenniveau abgeflacht worden war. Aufatmen, entspannen.

Im Park wurde der Weg endgültig zum Ziel, denn auch er war asphaltiert und für mich wie eine Autobahn durchs Paradies. Alles war gigantisch schön. Mammutbäume wuchsen in den Himmel, in Wiesen, so weitläufig wie Savannen, stand mannshohes Gras. Blumen blühten in Palmenhöhe, Sonnenblumen, Pusteblumen, Tulpenfelder, Rosenbüsche, alles fünfunddreißigmal so groß und fünfunddreißigmal so schön und fünfunddreißigmal süßer duftend. Ich ließ die Fenster heruntergleiten und berauschte mich an der Luft.

Winzig zu sein hat entscheidende Vorteile, dachte ich und fühlte plötzlich ein leises Beben. Ein Jogger überholte mich, mit Nikes, größer als mein Wagen. Andere mögliche Gefahren: Fahrräder, Skateboards, Hunde und Monsterbienen, und als ich letztere auf mich zusurren sah, ließ ich die Fenster wieder nach oben gleiten. Cool. Dieser Wagen, egal wie klein er war, hatte keine natürlichen Feinde. Es stimmt zwar, daß jeder Dackel wie ein Dinosaurier aussah, aber jedem Dackel, wie auch jedem Pitbull, hing schnell die Zunge raus, wenn er es mit mir aufnehmen wollte. Ich war schneller als jedes Säugetier auf diesem Planeten und auch schneller als die Vögel, deren Drachenflügel Schatten auf mich warfen. Ich beglückwünschte mich zu meinen Wünschen. Die Dimension zu wechseln bringt mehr als ein Vermögen. Sobald ich wieder groß wäre, würde ich Stoff für Jahre haben, dachte ich und winkte frohgemut den Grizzly-Eichhörnchen zu.

Super Gegend, super Auto, was noch fehlte, lag am Wegesrand. Zuerst erschrak ich, weil sie so echt aussah und in etwa meine Größe hatte, doch der Schrecken verwandelte sich in Euphorie, als ich den Wagen neben ihr ausrollen ließ. Wer immer sie verloren hatte, verstand etwas von Puppen. Eine Superpuppe mit Echthaar. Blond wie die Sonne, gebaut wie Aphrodite, ein Traumgesicht. Warum war es mir so vertraut? Traumfrau im weißen Sommerkleid. Tot? Nein, schlafend. Verzaubert. Wie Dornröschen aus dem Märchenreich. Der Prinz in mir wurde wach. Ich stieg aus und kniete mich neben sie. Ich vergaß, wie gefährlich das war. Ich vergaß, daß ohne den Wagen jeder Rabe, sogar jeder Spatz eine tödliche Gefahr für mich war, und die Tigerkatzen, die mit leisen Tatzen durchs Unterholz schlichen, vergaß ich auch, ich vergaß die Kinder, die zuerst mit mir spielen und mich dann einsperren, vielleicht sogar, wer weiß, foltern würden, ich vergaß jede Gefahr, auch die größte. Ich vergaß MICH. Ich ließ meine Hand über ihren Körper gleiten und küßte ihre Lippen, und als ich spürte, wie kalt und trocken sie waren, wünschte ich mir, daß Blut in ihnen pulsiert, damit sie warm und feucht würden, ein Wunder, das sofort geschah, und damit war der letzte Wunsch vertan. Ich realisierte nicht gleich den Ernst der Lage, erst als sie meinen Kuß erwiderte, wurde mir schlagartig klar, was ich getan hatte. Die Konsequenz: für immer winzig. Aber nicht für immer Sprit. Wo tankt man ein Spielzeugauto auf? Und womit bezahlt man? Mit fünfunddreißigmal so kleinen Euros? Und wie sollte es weitergehen? Was würden wir essen, wo würden wir schlafen, zu welchem Zahnarzt gehen? Ich ließ meinen Kopf neben den ihren sinken, und als ich vor Sorge aufstöhnte, fühlte ich plötzlich ihre Hände in meinem Haar und hörte ihre Stimme. Eine wunderbar vertraute Stimme. «Wach auf, Liebster», sagte sie.

Langsam, wie auf einer Wolke, kam ich zurück und öffnete die Augen. Ich sah in ein etwas bekümmertes Gesicht. Das sich entspannte, als ich zu lächeln begann. Wir lagen im Gras unter einem knallblauen Sommerhimmel, der Wagen parkte im Schatten eines nahen Baums, und was mich am meisten entzückte: Nicht nur ihr Strohhut und ihre Sonnenbrille, sondern auch die Blumen, die auf dieser Wiese wuchsen, waren wieder deutlich kleiner als ich.

«Hast du schlecht geträumt?» fragte sie.

«Nein», antwortete ich.

Hart. Härter. Hunter
(Rocky Mountains)

Kann ein Mensch, der Selbstmord begangen hat, Vorbild für mich sein? Falls Hunter sich die Kugel gab, weil er unheilbar krank gewesen ist, wäre das keine Frage. Aber wenn er es einfach nicht mehr geschafft hat, glücklich zu werden oder zumindest die Balance von Glück und Leid zu halten, wenn seine Art zu leben nicht die Weisheit erlangt hat, die das Alter akzeptiert, wenn seine Seele zu schwach war, den schwächer werdenden Körper zu tragen, und sein Geist zu sehr von Drogen durchsiebt, um noch etwas Vernünftiges zu schreiben, wenn er gegen Windmühlen kämpfte, wenn er den Verlust der Potenz mit dem Verlust der Männlichkeit gleichsetzte, wenn er keine Nacht mehr nüchtern einschlief, wenn er den Mann verachtete, den er im Spiegel sah, wenn also einer der größten Schreiber des vergangenen Jahrhunderts und einer der wildesten Journalisten aller Zeiten sich das Gehirn wegschoß, weil er als Verlierer zu enden drohte, lautet die Antwort auf meine Frage eindeutig: nein. Hunter S. Thompson kann kein Vorbild für mich sein.

Es gibt noch eine andere Theorie. Er war ein Waffennarr, er war ein Spieler, er war ein Trinker, er war es gewohnt, mit Johnnie Walker über Grenzen zu gehen. Und er war schwer Kick-süchtig. Er brauchte täglich einen. Einem Adrenalin-Junkie wie ihm wäre es durchaus zuzutrauen, daß er jede

Nacht auf seiner Terrasse Russisches Roulette gespielt hat. Dann wäre es kein Selbstmord gewesen, sondern ein Unfall. Und ich würde hier eine andere Frage sehen: Wäre der Unterschied zwischen lebensmüde und lebensverachtend wirklich so groß, um jetzt das «Nein» zu Hunters Vorbildfunktion zu revidieren?

Mir persönlich würde folgende Version am besten gefallen: Hunter war unheilbar krank und hat jede Nacht dem Russischen Roulette die Chance gegeben, das Leid abzukürzen. Nur eine Kugel im Trommelrevolver ist eine Chance von fünf zu eins. Das kann ich akzeptieren, das sehe ich ein. So viel Desperado muß sein, um vor der Diktatur des Schicksals nicht völlig das Gesicht zu verlieren.

Bei anderen Selbstmördern wie Tucholsky oder Hemingway bin ich nicht so streng, weil bei denen nur das Werk Vorbildcharakter für mich hat, nicht der Lebensstil. Der ist zu weit weg. Das ist eine andere Generation. Hunter ist nicht nur ein Zeitgenosse, er ist auch meiner Szene zugehörig, geboren aus demselben psychedelischen Schoß. Bei ihm war es nur ein paar Jahre früher, und er war auch ein paar Jahre älter als ich, als er an LSD geriet. Und er war, im Gegensatz zu mir, bereits Journalist. So kam es zu «Angst und Schrecken in Las Vegas». Das Buch funktionierte wie ein Schlüssel in meinem Gehirn. Ich konnte regelrecht hören, wie er einrastete, sich drehte und die Tür aufsperrte. Dahinter lag die wunderschöne Welt des «literarischen Journalismus». Überdies tat sich hier die Möglichkeit auf, ehrlich zu sein: Arschlöcher werden Arschlöcher genannt, auch wenn man sich selbst meint. Das wertvollste Geschenk aber, das Hunter S. Thompson dem Journalismus machte, war das ICH.

Er hat es nicht wirklich erfunden. Truman Capote und

Norman Mailer haben das vor ihm getan, aber eher mit der feinen Klinge des Kolumnisten. Hunters ICH dagegen war ein gewalttätiges und von alttestamentarischer Kraft. «Du sollst mich nicht belügen, du sollst mich nicht verarschen, du sollst mir keinen Scheiß erzählen, Sackgesicht.» Das ist nicht wörtlich von ihm, aber Haltung und Tonfall stimmen. So ging er seine Interviewpartner an, und irgendwie zieht sich eine Blutspur durch all seine Reportagen, immer riecht es nach Ärger und Krawall. Das kann nerven, aber in «Angst und Schrecken in Las Vegas» ist jede Zeile genial. Einfach und direkt, wie ein Schuß, und die Wörter, die er benutzt, haben das Aroma der Straße. Manche Kritiker nennen diesen Stil «Jargon», doch das ist Standesdünkel von Akademikern und interessiert auch kein Schwein, denn man frißt dieses Buch von der ersten bis zur letzten Zeile in sich hinein. Andere halten den Ich-Reporter für selbstverliebt und eitel. Auch das ist natürlich Blödsinn hoch drei. Die Eitelkeit ist keine Kleinigkeit. Sie ist eine Todsünde, und für Nihilisten ist sie eine tödliche Schwäche, weil sie manipulierbar macht. Eine Charakterschwäche, tief in der Persönlichkeit eingegraben. Das kriegt man, wenn überhaupt, nur durch harte Arbeit auf der Couch des Psychiaters oder durch harte Erfahrungen in den Griff, aber ganz sicher nicht dadurch, daß man das Dreibuchstabenwort ICH wegläßt. Das funktioniert so nicht. Das Wort ICH hat mit eitel und uneitel nichts zu tun. Es gibt gänzlich uneitle Ich-Schreiber, und es gibt Texte, bei denen der Autor nicht ein einziges Mal ich sagt, und trotzdem tropft die Eitelkeit aus den Zeilen wie ranziges Fett.

Hunter ist wichtig für mich. Er zeigte mir, wie es ging, und es ging schnell. Ich erledigte zwar auch hin und wieder unter dem Einfluß einer Droge meine Arbeit, aber nie unter dem Einfluß aller Drogen auf einmal. Während seiner Reportage über einen Anti-Drogen-Kongreß der Bundesstaatsanwälte und Polizeichefs in Las Vegas nahm Hunter LSD, Koks, Haschisch, Whiskey, Speed sowie die legalen Uppers and Downers der Pharmaindustrie. Diese Konsequenz, diese absolute Recherche, diese Tiefenausleuchtung des Themas brachten etwas in den Journalismus, das vorher nur in den Krankenberichten von Nervenheilanstalten zu lesen gewesen war. Hunter sah die Staatsanwälte sowie die Vertreter der Exekutive als blutrünstige Krokodile die Hoteltreppe herunterkommen; nicht als Vergleich, nicht als poetisches Bild, nicht als Vision, nein, das war eine handfeste Halluzination. Er sah Krokodile in Staatsanwalt-Freizeitklamotten durchs Foyer kriechen, sah sie Cocktails schlabbernd an der Bar.

Das schrieb er eins zu eins auf. Zunächst als Folge für das Magazin «Rolling Stone», dann kam «Angst und Schrecken» als Buch heraus, und Hunter S. Thompson brachte es damit auf einen Schlag zur Journalismuslegende, zum Bestsellerautor und zum Helden der «Sex & Drugs & Rock'n'Roll»-Generation. Dreißig Jahre später hielt er das Leben nicht mehr aus, und damit bin ich wieder bei meinen Gedanken zu seiner Vorbildfunktion. Wenn der Guru im Nichts endet, warum sollte man ihm dann folgen?

Als mich die Nachricht von seinem Tod erreichte, fiel ich nur deshalb nicht aus allen Wolken, weil ich aus denen bereits viele Jahre zuvor gefallen war. 1986, oben in den Rocky Mountains. Ich wartete mit Mira in der «Woody Creek Tavern» auf ihn. Mira war gut drauf, ich nicht. Ich war nervös. Wird mir eine gute Frage einfallen? Werde ich einen zusammenhängenden Satz formulieren können?

Kriege ich überhaupt ein Wort heraus, oder falle ich gleich auf die Knie? «Hunter gibt euch zwanzig Minuten», hatte seine Agentin gesagt. Das war verflucht wenig Zeit, um locker zu werden, und trotzdem eine Sensation. Er gab eigentlich keine Interviews. Er schoß auf Journalisten. Und Fans schlug er die Fresse blau. Das heißt, ich riskierte erst eine Kugel und dann Schläge. Und Mira war eine Frau, mit der man überall reinkam, aber nicht überall wieder raus. Also, Hunter kommt, sieht sie, und die zwanzig Minuten waren kein Thema mehr. Nachdem ich ihm mit der Körpersprache eines Stück Holzes ein paar Fragen zur Mission des New Journalism gestellt hatte, brach er das Gespräch ab und lud uns für den Abend in sein Haus ein. Ich war ziemlich von den Socken, Mira nicht. Sie hatte es sofort gemerkt und auch sofort beschlossen, das Spiel mitzumachen. Sie war halt eine gute Frau.

Zu diesem Zeitpunkt wußten wir noch nicht, daß Mira Hunters Freundin ähnelte. Sie hatte auch einen ähnlichen Namen: Maria. Und Hunter wußte zu diesem Zeitpunkt noch nicht, ob es bereits die Ex-Maria war, denn er kam nicht mehr an sie heran. Sie wohnte bei ihren Eltern in Arizona, und ihr Vater ließ sie nicht mehr aus dem Haus, nachdem er in einer von Hunters Kolumnen gelesen hatte, wie seine Tochter von dem Autor in ein schmieriges Studio geschleppt worden war, um ihr dort ein schmieriges Tattoo auf den Po stechen zu lassen. Ich habe diese Kolumne nie gelesen, aber ich kann mir vorstellen, mit welcher Detailverliebtheit sie geschrieben wurde. Marias Vater schwor also, nach Colorado zu fahren und den Perversen abzuknallen, das war der Stand der Dinge, als wir in Hunters Jeep saßen. Hunter hatte Maria seit sechs Wochen nicht gesehen, und Mira sah wie Maria aus.

Es schneite, und wir fuhren auf einer Nebenstraße weiter die Rockies rauf. Weil es bereits zu dunkeln begann, fragte Hunter, ob wir nicht über Nacht bei ihm bleiben wollten. Er würde uns zwar auch gerne in ein paar Stunden wieder durch den Schnee den Berg hinunterfahren und dann die zwanzig Kilometer bis zu unserem Hotel nach Aspen, aber bis morgen bei ihm zu bleiben sei doch viel praktischer, zumal er ein Gästezimmer habe. Während sich die Scheinwerfer durch eine beständig einsamer werdende Wald- und Gebirgslandschaft fraßen, konnte ich mein Glück nicht fassen, obschon – ich war's eigentlich gewohnt. Mit Mira lief es immer wie geschmiert, außerdem saß ich bei ihr fest im Sattel. Wir waren fast zwei Monate in den Staaten unterwegs gewesen, bevor wir Hunter trafen, und es war so etwas wie eine Verlobungsreise. Last but not least war sie Anfang Zwanzig, ich Mitte Dreißig und Hunter fünfzig. Einen Altersunterschied von vierzehn Jahren steckte Mira nicht nur weg, das gefiel ihr, aber ein dreißig Jahre älterer Mann ging bei ihr nicht. Ich bin in dieser Konstellation die goldene Mitte, dachte ich damals. Heute denke ich hin und wieder anders darüber, denn heute bin ich in dem Alter, in dem Hunter war, als wir ihn trafen. Heute verstehe ich seine Zuversicht.

Sein Haus stand völlig frei in Gottes Gebirge. Drum herum ausschließlich Wald, schroffe Felsen, Gipfel und die Sterne. Wir kamen rein und fühlten uns wohl. Es empfing uns ein Fünfzigquadratmeterraum, voll mit Papierdrachen, Zimmerpalmen, vergilbten Landkarten, milchigen Globen, Pfauenfedern, Steinen, Büchern, Magazinen, Whiskeyflaschen, Aschenbechern und den Überresten toter Tiere, ich sah einen Hirschkopf, einen Büffelschädel, sieben ausgestopfte Schlangen, zwei ausgestopfte Eulen und das Gebiß eines großen Hais. Es gab einen Kamin in diesem Raum. Das Zimmer daneben wirkte nicht ganz so exotisch, aber auch nicht normal. Es vermittelte den Eindruck, daß hier irgend jemand einmal pro Woche einen Container mit Altpapier entlud. Also Hunters Arbeitszimmer. Eigentlich war es die Küche, und das offizielle Arbeitszimmer war im Keller, aber dort hatte zwei Jahre zuvor das Chaos aus zerknüllten Manuskripten, Notizbüchern, ungeöffneten Briefen, nicht gelesenen Verträgen und Männermagazinen dermaßen überhandgenommen, daß Hunter den Raum abschloß und mit seiner Schreibmaschine nach oben zog. Und im ganzen Haus waren Waffen. Alle nur erdenklichen Arten von Waffen: Steinschleudern, Messer, Schwerter, Speere und Bögen sowie Trommelrevolver, automatische Pistolen und ganze Sträuße von Gewehren. An lebenden Tieren gab es eine durchgeknallte, total paranoide Katze, der Hunter mal LSD ins Futter gemischt hatte und die davon nie wieder runtergekommen ist, und ein halbes Dutzend sehr großer Vögel in einem Käfig auf der Terrasse. Diese Vögel hatten für jede Gemütsäußerung einen hohen, schrillen Ton parat, der Gläser zerspringen lassen konnte. Aber sie schrien ja nicht immer. Es gab Ruhepausen.

Hunter war prima drauf an diesem Abend. Er legte Wohlfühlmusik auf, Dylan, Cash, die Stones und solche Sachen, und er teilte am Kaminfeuer sein Bier, seinen Whiskey und sein Marihuana mit uns. Er ließ mich auch einmal von der Terrasse in die Nacht und die Berge schießen. Für mich war es das erste Mal. Ich empfand die kleine Explosion, den Rückschlag der Waffe und das, was die Kugel machte, als brutale Gewalt. Schießen gefiel mir nicht, aber ansonsten gefiel mir alles, und natürlich blieben wir diese Nacht und dann den nächsten Tag und die nächste Nacht und noch ein paar Tage und Nächte mehr in Hunters Haus, obwohl bereits am zweiten Abend die Atmosphäre umschlug, weil Hunter zu arbeiten und zu brüllen begann. «Was ist mit dem verfickten Feuer?» schrie er und warf das Kamingitter an die Wand. Dann nahm er die Plastikflasche mit dem Petroleum, spritzte gut einen halben Liter in die Flammen, griff sich noch mal das Kamingitter, um es an seinen alten Platz zurückzuschmeißen, schrie auf, weil er sich an dem glühendheißen Metall die Hände verbrannt hatte, und rannte hinaus. Als nächstes kam ein Beil geflogen.

Das Problem war ein CIA-Agent namens Hoppe. Einer von Hunters treuesten Lesern. Er hatte angerufen und Terror gemacht. Es ging um George Bush senior, der damals Vizepräsident war. Hunter hatte ihn in seiner letzten Kolumne mit einem Mistkäfer verglichen, der Tag und Nacht nichts anderes im Sinn hat, als sich öffentlich in Scheiße zu suhlen. Der Vergleich war gemein und bodenständig genug, um von jedem verstanden zu werden. Aber Hunter hatte noch etwas hinzugefügt: Mistkäfer seien zum Tottreten da, und damit hatte er den Bogen überspannt. Hoppe sagte: «Hunter, das kannst du nicht machen. Du kannst nicht schreiben, daß Bush zu Tode getreten gehört. Das kann dich zehn Jahre kosten. Warum schreibst du nicht, er soll geteert und gefedert werden? Das wäre okay.» Hunter kapierte das nicht. «Ich würde lieber zu Tode getreten als geteert und gefedert werden», antwortete er. «Wo ist da der Unterschied?» Hoppe sagte, er wisse es auch nicht, aber so sei es nun einmal. «Also hör auf, den Leuten zu erzählen, daß sie den Vizepräsidenten der Vereinigten Staaten zu Tode trampeln sollen, okay?»

Nun sah Hunter für seine nächste Kolumne schwarz, in der er wieder auf Bush losgehen wollte. «Tottreten» hatte ihm die CIA verboten, «teeren und federn» war ihm zu schwach. Er suchte nach einem neuen Bild und fand es nicht, die Deadline rückte näher, alle naselang klingelte das Telefon, und der Redakteur des «San Francisco Examiner» war dran. Hunter warf jetzt nicht nur mit der Axt, sondern auch mit Aschenbechern, Gläsern, Stühlen, Brieföffnern und Kaffeemaschinen um sich. Das Feuer wurde wieder mit Petroleum begossen, der Whiskey floß, Jimi Hendrix kam auf den Plattenteller, gleichzeitig lief der Fernseher, nur zwei Meter von seinem Schreibtisch entfernt. Und plötzlich war Bush im Bild und verhöhnte wieder einmal grinsend alles, was gut, schön und wahr auf dieser Erde ist. «Amerika hat die Kraft, der ganzen Welt Frieden zu bringen», sagte der Ex-CIA-Boß, und genau das war der Moment, in dem Hunter zum letzten Mal in dieser Nacht zu brüllen anfing, in der Art eines Urschreis, und den schrieb er auf. Nichts mehr von tottreten, nichts mehr von teeren und federn. Hunter schrieb, daß Bush von einem Elch gefickt gehöre. Und das war's. Wieder einmal hatte er es geschafft und eine Deadline niedergemacht, und die ersten Strahlen der Morgensonne glitzerten auf dem Schnee wie kosmisches Kokain.

Apropos. Er kokste so viel, wie er trank, während er arbeitete, aber auf Marihuana verzichtete er dabei ganz. Ich schrieb nur auf Marihuana. Es gab noch einen Unterschied. Ich war viel schneller als er. Einen ganzen Abend und eine ganze Nacht für eine geniale, aber auch recht kurze Kolumne, das erschien mir einfach zu lang. «Angst und Schrecken in Las Vegas», sein großes Buch, hatte er in zwei Wochen runtergekloppt, aber das war fünfzehn Jahre her. Das hatte er jetzt nicht mehr drauf. Ich sah es, ich fühlte es, Hunter hatte seinen Zenit überschritten, kreativ ging's bergab mit ihm. Ein Denkmal begann für mich vom Sockel zu rutschen, und ich nahm mir vor, es nicht wie er zu machen. Außerdem rief ich meinen Chefredakteur in Hamburg an. Er konnte es nicht fassen. Er hatte bereits bei unserem letzten Telefonat nicht fassen können, daß wir ein Interview von Hunter kriegen, und jetzt waren wir seit Tagen in seinem Haus, und der Chefredakteur flippte aus: «Ich glaub zwar, daß du es nicht schaffst, aber wenn du ihn jetzt noch dazu kriegst, für ‹Tempo› eine monatliche Kolumne über den US-Wahlkampf zu schreiben, bekommst du von mir alles, was du willst. ALLES!»

Als ich Hunter fragte, ob er es tun wolle, willigte er sofort ein. Allerdings unter der Bedingung, daß Mira für diese Kolumne seine zuständige Redakteurin sei. Mira war keine Redakteurin. Sie war Volontärin. Aber das war Hunter, mir und meinem Chefredakteur egal. Der Deal wurde gemacht, und wir hauten ab, was Hunter untröstlich zurückließ. Wäre es nach ihm gegangen, hätten wir noch den ganzen Monat, ja ein halbes Jahr bleiben können, aber ich wollte raus aus seinem Haus, und Mira wollte es auch. Unsere Gründe waren verschieden. Mir ging auf die Nerven, daß er permanent meine Freundin anbaggerte, sie fürchtete sich vor den fliegenden Äxten und Kamingittern. Zum Abschied organisierte Hunter uns noch den BMW eines Freundes, mit dem wir umsonst nach New York fahren konnten, eine Tankfüllung spendierte er auch.

Wieder zurück in Hamburg, geschah folgendes: Hunters erste Kolumne für «Tempo» kam und kam und kam nicht. Telefonat um Telefonat wurde nach Colorado geführt. Hunter sagte, er habe eine Schreibblockade und brauche dringend seine Redakteurin vor Ort. Wir sollten Mira zu ihm schicken, dann würde er auch die Kolumne schicken. Ich sagte zu Mira «nein», und Mira sagte zu ihm: «Er hat nein gesagt», und Hunter akzeptierte das. Die Kolumne kam auch ohne sie. Einen Monat später dasselbe Spiel. Schreibhemmungen, er brauche Mira in seinem Haus – er kriegt sie nicht und liefert trotzdem. Beim dritten Mal machte Hunter Ernst und schrieb nicht. Also setzte sich Mira in den Flieger. Sie hob am Vormittag in Hamburg ab, tief in der Nacht klingelte mein Telefon. Mira aus den Rokky Mountains. Ihre Stimme klang ängstlich, nein, panisch. Sie sagte, es gehe ihr schlecht und ich müsse ihr helfen. Überall in Hunters Haus würden riesige Spinnen krabbeln. Und ich wußte, wie sehr sie sich vor Spinnen fürchtete.

«Wo ist Hunter?» fragte ich.

«Der liegt in seinem Bett und stöhnt.»

Jetzt hörte ich ihn auch. Er stöhnte ziemlich laut. Ich holte dann Stück für Stück aus Mira heraus, was geschehen war. Hunter hatte sie an dem kleinen Flughafen von Aspen im Jeep erwartet. Mit Haschisch, Koks und einem Glas Champagner. Aber er hatte ihr nicht gesagt, daß er in den Champagner LSD geträufelt hatte, und so nahmen die Spinnen ihren Lauf. Arme Mira, mutterseelenallein hoch oben in den Rockies, mit einem Verrückten im Haus, das sie nicht verlassen konnte, ohne sich in den Bergen zu verirren oder vom Grizzly gefressen zu werden. «Hör zu», sagte ich, «wir machen jetzt folgendes: Wir atmen gemeinsam ganz tief ein und ganz langsam aus.» Dann praktizierten wir etwa zwei Stunden Atemübungen zusammen, und Mira kam zunehmend besser drauf, dafür ging es Hunter schlechter. «This goddam, bloody motherfucker!» schrie er aus dem Hintergrund, und Mira sagte, er meine mich damit.

Nachdem sie wieder wohlbehalten nach Hamburg zurückgekehrt war, lieferte Hunter zwar alle weiteren Kolumnen pünktlich und ohne Auflagen, trotzdem wollte sie nichts mehr von ihm wissen. Und nichts mehr von ihm lesen. So weit ging ich nicht. Für mich konnte Hunter einfach nur kein Vorbild mehr sein.

Ich hatte gewonnen.

Der Slibowitz-Contest
(Belgrad)

Mir gefällt Belgrad sehr gut. Ich weiß nur nicht, warum. Die Heimat aller Putzfrauen und Hausmeister ist weder schön noch gesund (freie Serben, freie Auspuffe), und besonders freundlich schauen die Serben auch nicht drein. Im ersten Moment. Im zweiten wird es besser, dann kommt meist der Slibowitz nach oben. Sie haben ihn immer unten versteckt. Unterm Tisch oder in der untersten Schublade. Sobald sich also ein Serbe bückt, reagiert die Umwelt hochbeglückt. Aber das beantwortet meine Frage nicht wirklich. Denn ich mag Schnaps nicht sonderlich. Auch nicht zum Frühstück, egal, wie gesund das ist. Ich putze mir lieber die Zähne. Darum habe ich noch welche. Außerdem greife ich traditionell eher zu Haschisch, wenn mir nach Drogen ist. Und das Thema ist hier besonders schlimm. Haschisch gilt als Droge des Erzfeindes, als Gift der Türken, als Alptraum des Orients. Über Jahrhunderte haben sich die serbischen Alkoholiker den Heeren der Kiffer entgegengeworfen, im Amselfeld zum Beispiel, womit ich aber schon wieder bei einem Thema bin, das man in Belgrad nicht offen diskutieren sollte. Was würden wir Deutschen denn sagen, höre ich sie fragen, wenn Bayern plötzlich nicht mehr zu uns gehörte? Na ja, ich als Norddeutscher könnte damit wahrscheinlich leben. Trotzdem: kein Wort in Belgrad über den Kosovo.

Möglich dagegen sind inzwischen Gespräche über die EU. Man macht sich keine Freunde damit, aber man überlebt es. Und noch ein Tip: Die lustigste Anreise bietet der Zug. Und zwar von Wien aus. Warum? Damit ich endlich am Anfang der Geschichte bin.

Ich hatte in Österreich zu tun, und als das erledigt war, kaufte ich die Fahrkarte nach Belgrad. Der Preis ist sensationell. Vierundsechzig Euro für satte zwölf Stunden Fahrt mit der serbischen Eisenbahn. Bis Budapest ging es relativ flott, und das ist auch gut so, denn auf dieser Teilstrecke nimmt man die «No Smoking»-Schilder noch ernst. Ab Budapest lockerte sich der Nichtraucherschutz ein wenig, und ab der serbischen Grenze kümmerte sich kein Schwein mehr darum. Die Schaffner rauchten, die Ober im Speisewagen rauchten, die Zöllner rauchten. Die schlechte Nachricht: Gleich nach der Grenze gab es einen Stromausfall, und wir blieben anderthalb Stunden stehen. Weil ohne Strom auch kein Kaffee gekocht werden konnte, griff nun jung und alt zu den Kaltgetränken. Noch hatte der Chef des Speisewagens nicht seine unterste Schublade geöffnet, noch tranken wir nur Bier. Trotzdem kamen wir in Stimmung, ich und die Serben hier. Ich war der einzige Tourist weit und breit. Alle Amerikaner und Japaner hatte es in Budapest aus dem Zug gerissen, als wäre es der «last exit» vor dem Ende der Welt. Ich will mal im Bild bleiben: Am Ende der Welt scheint Deutsch die zweite Amtssprache zu sein. Ein Serbe aus Hannover (Autohaus), eine Serbin aus St. Gallen (Graphikdesign), drei Serben vom Hamburger Kiez (im weitesten Sinne Gastronomie) sowie je eine serbische Schönheit aus Wien und Berlin (auch Gastronomie) warteten mit mir und den Herren vom Zoll auf die Rückkehr der Elektrizität. Oder, alternativ, darauf, daß der Speisewagen-Chef endlich Erbarmen zeigte und nach unten griff. Nachdem er es getan hatte und der Slibowitz auf der Theke stand, schien es allen egal zu sein, ob die Reise jemals weitergehen würde. Was mich dabei ein bißchen nervös machte, waren a) die Zöllner, die im Zug blieben, und b) daß nun alle ständig auf Toilette mußten. Denn dort hatte ich ein Stück Haschisch deponiert, weil ich es beim Grenzübertritt ungern in meiner Tasche wissen wollte. Es lag, dem flüchtigen Blick entzogen, zwischen Zugwand und Toilettenschüssel und wurde jetzt hoffentlich nicht vollgepißt. Wenig später war mir auch das egal. Der Schnaps hatte alle Probleme weggewischt. Die Einsamkeit des Reisenden war ebenfalls kein Thema mehr. Mit feuchten Augen, in denen das Herz übergelaufen war, lagen wir uns in den Armen. Und jeder wollte gute Ratschläge geben. Ich riet ihnen, beim Song Contest den besten zu wählen und nicht nur eine befreundete Nation, und sie beschworen mich, am Bahnhof von Belgrad auf keinen Fall ein «wildes», sondern ein reguläres Taxi zum Hotel zu nehmen, denn die wilden sind Beschiß. Woran man den Unterschied zwischen einem wilden und einem seriösen Taxi erkennt, wußten sie aber leider nicht. Beide Daseinsformen der privaten Personenbeförderung haben Taxischilder auf dem Dach und sehen auch ansonsten gleich aus. Meine neuen Freunde überlegten. Schließlich fanden sie doch noch ein Merkmal, durch das sich die Gauner unter den Chauffeuren ausmachen lassen: Alle Taxis, die direkt am Bahnhof stehen und auf die Reisenden warten, sind böse, und alle Taxis, die man von der Straße heranwinken muß, sind gut. Aber ohnehin sei es am allerbesten, zu Fuß zu gehen.

Das war vor drei Tagen. Inzwischen bin ich in meinem Hotel angekommen. Es heißt «Prag» und hat drei Sterne, und die Doppelzimmer kosten siebzig Euro pro Nacht. Auch wer allein anreist, sollte unbedingt ein Doppel nehmen, denn aus Gründen, über die ich hier nicht spekulieren will, sind nur die Betten in den Einzelzimmern knüppelhart. Und dann gibt es im «Prag» noch ein für mich nicht erklärbares Phänomen: In der Hotelbar darf man nicht an der Theke stehen. Man muß an den Tischen sitzen. Auf Nachfrage wird das deutsche Wort «Vorschrift» genannt. Was mir nicht wirklich weiterhilft. Wer hat das vorgeschrieben? Und warum? Weil einer, der im Stehen trinkt, schneller weglaufen kann, ohne zu bezahlen? Es gibt dort zwei Kellnerinnen. Eine mit schwarzen und eine mit blonden Locken. Sie benehmen sich wie guter Bulle, böser Bulle. Die Blonde läßt mir alles durchgehen, aber die Schwarze muß ich erst in Grund und Boden tippen. Das hohe Trinkgeld und mein artiges Betragen verschaffen mir schließlich Sonderrechte in der Bar vom «Prag»: Ich darf im Stehen trinken. Aber nur ich.

Am Abend fährt mich die Serbin aus St. Gallen, die ich im Zug kennengelernt habe, zum Bluesclub «Fox». In einem Fiat, der eigentlich für den real existierenden Straßenverkehr konstruiert worden ist und nicht für Spielereien in Extremsituationen. Serben sind emotionale Menschen. Und reden sehr, sehr viel, eigentlich ununterbrochen. Dabei wechselt Maya die Fahrbahnen in etwa so oft und unverhofft wie die Themen. Politik, Musik, Liebe, Alter und: Schnaps. Sie hat dreißig Liter Selbstgebrannten im Kofferraum. Nicht für den heutigen Abend, sondern für den morgigen, nach dem Eurovision Song Contest. In irgendwelchen Katakomben wollen sie entweder den

Sieg des serbischen Liedes feiern oder das Gegenteil beweinen. So oder so. Auf alle Fälle braucht es dafür dreißig Liter Slibowitz. Einmal verpaßt Maya eine Ausfahrt von der Stadtautobahn und fährt daraufhin ein gutes Stück im Rückwärtsgang, übrigens ohne Licht, obwohl es bereits stockfinster ist.

Mir gefällt Belgrad sehr, aber ich weiß noch immer nicht, warum. Am Zauber der historischen Bausubstanz kann es nicht liegen. Mit dem haben die Truppen Österreich-Ungarns im Ersten Weltkrieg Schluß gemacht. Was sie übersahen, wurde im Zweiten Weltkrieg von den Deutschen in Schutt und Asche gebombt, und was danach immer noch stand, geriet 1999 bei den Luftangriffen der Nato in Brand. Kriegsruinen gehören zum Bild der Stadt, Plattenbau erschreckt die Seele des sensiblen Touristen, und die modernen Einkaufsstraßen im Zentrum der Stadt sehen leider auch nicht anders aus als die Boulevards der Marken woanders auf der Welt; das Merkwürdige ist nur, daß ich woanders auf solchen Straßen nicht flanieren mag, hier dagegen schon. Ich kann gar nicht genug davon bekommen, rumzugehen oder rumzustehen, um die geheimnisvolle Attraktion, was sag ich, die Faszination Belgrads zu ergründen. Was ist hier los? Was macht mich hier so glücklich?

Das Mienenspiel der Serben sicherlich nicht. Meine Freundin, selbst Serbin, aber durch fünfzehn Jahre Berlin an unsere Überschätzung des Lächelns gewöhnt, beruhigt mich. Die Panzerknacker-Gesichter und der provozierende Blick seien kein Zeichen von Unfreundlichkeit, sondern von Unsicherheit. Und wenn Serben unsicher sind, wollen sie seriös wirken. Lächeln gilt als unseriös in Belgrad, das ist ein interessanter Aspekt; doch sobald du ihnen signalisierst, daß du genauso unseriös bist wie sie, lächeln sie plötzlich zurück. Aber wie. Dann öffnet sich die serbische Seele in, ich möchte fast sagen: halsbrecherischer Weise. Sie haben so viel Liebe in sich, daß ich nicht mehr weiß, was stimmt. Wo sind die Monster, die Kriegsverbrecher, die Albanen-Schlächter, Bluträcher, Faschisten und Nationalisten? Haben wir uns alle geirrt? Sie sind gar nicht grausam, sondern tun nur so? Weil sie unsicher sind? Und warum unsicher? Warum so schüchtern? Sie haben doch allen Grund, selbstbewußt zu sein. Sie sind ein großes Volk. Nicht ganz so groß wie ihre slawischen Brüder und Schwestern aus Dalmatien und Montenegro, die die Größten in Europa sind, aber immerhin so groß, daß ein Mensch von ein Meter fünfundachtzig – wie ich – zu den meisten Männern aufschauen muß. Und auch zu vielen Frauen. Die Serben sind groß und stark, die Serbinnen sind groß und schön, aber so was von schön, daß man schon scharf sagen muß. Ich schreibe jetzt keinen Stuß. Ich bin hier kompetent. Weil viel rumgekommen. Ich habe zwei Jahre in Havanna gelebt und drei Jahre in Marrakesch, ich kenne Rio, den Vorderen und Mittleren Orient, Indien, Hinterindien, und Rußland ist mir auch nicht fremd. Im Prinzip habe ich alle Frauen der Welt gesehen, und bevor ich nach Belgrad kam, glaubte ich, die Kubanerinnen seien die drittschönsten Frauen, die Brasilianerinnen die zweitschönsten und die Israelinnen der absolute Wahnsinn dieser Welt. Schöner als die Mädchen von Tel Aviv geht es nicht. In Belgrad wird mir klar, daß das alles Blödsinn ist. Hier sind die Champs. Groß, schön, zeigefreudig. Das kommt dazu. Serbinnen bevorzugen traditionell das rattenscharfe Dekolleté. Man weiß gar nicht, wohin man sehen soll, so voll sind die Straßen der Stadt mit Frauen, die wie Mannequins, Go-go-Tänzerinnen oder Pornostars aussehen, aber wahrscheinlich sind es Mathematikstudentinnen oder Schach-Genies. Mir gefällt Belgrad sehr gut, und ich weiß jetzt langsam auch, warum: tiefe Ausschnitte und hoher IQ auf Belgrads Vergnügungsmeile Strahinjica Bana, im Volksmund auch Silicon Valley genannt, weil sich auf ihr am Abend alle Mädchen, die heiraten wollen, mit allen Männern, die Autos haben, treffen. Aufgebockt und hochgetunt, Haare und Röcke flattern im Wind, der aus Nordosten kommt, und wenn ich genug davon habe, gehe ich zu den Kollegen vom serbischen Schriftstellerverband.

Sie haben ein großes, altes Haus mit einem großen, grünen Garten im Zentrum der Stadt. Das Tolle an serbischen Schriftstellern ist, daß sie wie serbische Schriftsteller aussehen. Alle haben lange Bärte, und der mit dem längsten Bart, sagt man, sei auch der Beste von ihnen, denn er müsse nicht nur für seine Veröffentlichungen nichts zahlen, was in Serbien einiges heiße, nein, er sei auch ein Freund des größten lebenden deutschen Schriftstellers Peter Kant. Ob ich den Namen kenne, fragt mich Meister Langbart. Nein, sage ich, ich kenne nur einen Immanuel gleichen Namens, einen Kant, Peter leider nicht. Die anderen Dichter freuen sich jetzt, denn sie haben mit Meister Langbart gewettet, ob ich seinen Freund kenne oder nicht, und sie haben gewonnen. Deshalb kommt Slibowitz auf den Tisch, Schnaps für alle. Der Geist der Pflaume klärt das Mißverständnis auf. Es war ein Übersetzungsfehler. Er meinte Peter Handke. Natürlich kenne ich Peter Handke. Nächstes Schnäpschen für alle.

Serben trinken nicht viel, sagen die Serben. Die Russen trinken mehr. Und anders als in Rußland werden in Serbien Betrunkene, die sich nicht benehmen können, gesellschaftlich isoliert. In Belgrad trinkt man nicht, um besoffen zu werden, sondern aus Altruismus. Ein Dienst an der Geselligkeit. Frühestens zum Frühstück, spätestens am Spätnachmittag. «Five o'clock Slibowitz», mit etwas Käse und Salzgebäck, und mangelt es an den Snacks, wischt der Slibowitz auch diesen Mangel weg.

Das dritte Schnäpschen tranken wir auf das serbische Lied, das sich allerdings beim Song Contest nicht als siegreich erwiesen hatte. Nicht mal fast. Es landete auf dem sechsten Platz, und für die Rauschebärte war das keine Überraschung. Niemand mag Serben, warum sollten die europäischen Fernsehzuschauer es tun.

Beim Schnäpschen Nummer vier erzählten sie mir den passenden Witz dazu: Ein Serbe geht in den Waffenladen. «Haben Sie ein Maschinengewehr?» fragt er.

Antwort: «Nein.»

«Haben Sie Granaten?»

Antwort: «Nein.»

«Haben Sie ein Messer?»

Antwort: «Nein.»

Der Kunde fühlt sich langsam schlecht bedient. «Haben Sie vielleicht etwas gegen Serben?» will er jetzt wissen.

Antwort: «Ja – Maschinengewehre, Granaten, Messer.»

Daß die serbischen Schriftsteller nicht verbittert, sondern nur gesellig waren, bewies der Umstand, daß sie nun auch auf den fünften Platz beim Song Contest anstoßen wollten und auf den vierten, doch bevor sie beim ersten (Rußland) angelangt waren, verließ ich sie.

Glaube ich.

Der Jesus vom Sexshop
(Hamburg)

Das erste, was positiv auffällt, wenn man im Sexshop arbeitet, ist eine gewisse Befreiung in Sachen Moral und Scham. Es geht relativ schnell, daß man die Dinge so nimmt, wie sie sind, und nicht, wie sie sein sollten. Nachdem der zweite Kunde eine Muschi aus Silikon gekauft hatte, fand ich das normal. Sexueller Appetit ist ein körperliches Bedürfnis wie Hunger oder Durst, und da gibt es halt verschiedene Geschmäcker. Als Verkäufer hat man es diesbezüglich natürlich leichter als der Kunde. Man ist nicht im Sexshop, um sich halbperverse bis perverse Wünsche zu erfüllen, sondern weil man pleite ist. Oder ein Schriftsteller mit romantischen Vorstellungen. Nachtwächter, Hotelportier, Sexshop-Verkäufer, das sind die drei klassischen Mutterschiffe großer Romane. Oder großer Drehbücher. So oder ähnlich haben es Tarantino, Bukowski und Henry Miller gemacht. Ich weiß inzwischen, warum. Man hat doch, sofern der Laden so klein wie dieser ist, einige Zeit für sich. Es sind nicht immer Kunden da, und wenn dann welche da sind, verhalten sie sich ausgesprochen höflich und zurückhaltend. Weil sie vollauf mit sich selbst beschäftigt sind. Nicht nur mit ihrer Erregung (oder Neugier), auch mit ihren Selbstzweifeln. Was denkt der Verkäufer über mich, wenn ich hier gleich mit einer künstlichen Muschi zum Tresen komme? Der Kunde outet sich in jedem Fall. Darum verhält er sich so unsichtbar, wie es nur geht. Ich hätte auf dem Verkaufstresen Geld drukken können, und sie hätten es nicht gesehen.

«Bingo, hier kann man in Ruhe Bücher schreiben», sagte ich. «Aber erst mal tütest du die Magazine ein», antwortete Tom. Er bildete mich aus. Ein Sexshop, der seine Magazine nicht eintütet, ist wie eine Bäckerei, in der man unbegrenzt und kostenlos Kuchen probieren kann. Das rechnet sich nicht. Zum Eintüten braucht man viel Tesafilm und eine ruhige Hand, mehr nicht. Und es ist eine angenehme Arbeit. Nicht so stupide, wie Broschüren der städtischen Elektrizitätswerke oder Telefonbücher einzutüten. Extrem gut gebaute Frauen in vorbildlicher Haltung, darüber zieht sich das Tesa wie von selbst. Frauen in allen Größen und Farben, leider dann aber auch in allen Altersgruppen. Womit ich ABSOLUT nichts gegen Sechzigjährige sagen will. Aber schon gegen Sechzigjährige auf den Covern von Pornomagazinen. Das hat mit meiner Vorstellung von der Würde des Alters zu tun. «Ja, das akzeptiere ich», sagte Tom. «Aber wenn du die Alten nicht genauso akkurat eintütest wie die Jungen, kriegst du Streß, Alter, denn genau daran erkennt der Chef, ob er einen motivierten Mitarbeiter hat oder wieder nur einen, der ihn verarschen will.»

Plötzlich war der Shop voll. Richtig voll. Auf einen Schlag waren drei Männer und zwei Frauen gekommen. Tom wurde nervös. Er will keine Frauen im Laden. Weil sich die Männer dann nichts trauen und schnell wieder gehen. «Aber dafür kaufen dann doch die Frauen», sagte ich. Er machte kein zustimmendes Gesicht. Zunächst behielt er recht. Die Männer verschwanden ziemlich schnell. Die Frauen nicht. Sie standen am Dildo-Tisch. Sie sahen aus wie jedermanns Nachbarin. Eine hatte sich gerade zwei

Dildos aus dem Regal genommen. Einen silbernen aus Metall und einen aus Plastik. «Ich hätte mal eine Frage», sagte sie. «Was ist eigentlich der Unterschied zwischen diesen beiden?» Tom antwortete mit ernstem Gesicht: «Die aus Metall sind kälter als die aus Plastik, gnä' Frau.»

Hinter dem Verkaufstresen stehen ein relativ bequemer Stuhl, mehrere tausend Porno-DVDs und ein Fernseher für Tom. Der Sexshop ist sein Zweitjob. Hauptberuflich ist er Filmvorführer. Das hat seinen Reiz, wenn er über die unterschiedliche Qualität der Porno-DVDs spricht. Es gibt gute Labels, schlechte Labels und Schrott. Der Schrott liegt in den Wühltischen zum Preis für vier bis zehn Euro pro DVD. Das sind Zweitverwertungen. Aus alten Filmen herausgeschnittene Szenen, neu zusammengesetzt. Rahmenhandlungen sind bei diesen Remixen nicht mehr drin. Nur noch Schwerpunktthemen. Ein hochwertiges Label bietet dagegen Kostümvielfalt und ganze Geschichten. Die Pornoversion vom «Gladiator» zum Beispiel führt uns backstage in den Circus maximus. Der Regisseur weist mit Stolz darauf hin, daß er für den Dreh sogar einen Löwen und einen Jaguar beschafft hat. Wo weist er darauf hin? Auch das gibt es nur bei den guten Labels und ab dreißig Euro aufwärts: die Making-ofs, die Interviews mit den Darstellern, die nicht gezeigten oder verpatzten Szenen. Als sich der Löwe plötzlich von seinem Platz erhob und kurz mal brüllte. Obwohl er angekettet war, flüchtete das Filmteam. Und die Hauptdarstellerin, die erzählt, wie sehr sie sich dabei erschrocken hat, wischt sich während des Interviews noch mal schnell etwas Sperma von der Schulter. So was erheitert den Cineasten, und so was empfiehlt er gerne, es sei denn, der Kunde hat Spezialanliegen. Dafür gibt's die Spezial-Ecken. Wie im Supermarkt, wo Käse und

Wurst eigene Regale haben, gibt's im Sexshop Abteilungen, Anal und Große Titten, Schwul, SM oder FKK. Jeder Kunde hat seine Ecke, auch der Apotheker, der jeden Dienstag kommt. Tom hat einen Deal mit ihm: Der Apotheker darf sich die DVDs kostenlos mit nach Hause nehmen, sie auf CD brennen und wiederbringen, um die nächsten abzuholen. «Dafür bringt er mir Viagra, Alter. Das verkaufe ich hier unterm Ladentisch.» Der Apotheker kam derweil mit den Filmen seiner Wahl aus der Ecke zurück. Weil Tom seinen Job, mich einzuarbeiten, ernst nahm, zeigte er mir, wie es ging. Auf den leeren Hüllen, die der Kunde anschleppt, steht eine Nummer, auf den DVDs hinter mir waren auch Nummern. Von 1 bis 4600. «Schau zwischen 2000 und 2300», sagte Tom, «dann hast du seine Ecke.» Die Ecke des Apothekers war das reine Sperma. Freifliegend, auf jedes denkbare Körperteil, bevorzugt aber auf Gesichter. Komisch, dachte ich. Er schien aber anders darüber zu denken, denn er erwiderte mein Lächeln nicht. Er sah stur an mir vorbei und verschwand.

Der nächste Kunde war ein harter Fall. Er sprach Deutsch mit osteuropäischem Akzent. Und hatte sich für eine Vagina entschieden. Na ja, was heißt Vagina, es war fast ein ganzer Unterleib. Der Karton war sehr groß. Der Preis stand ebenfalls groß drauf. Hundertfünfundfünfzig Euro. Der Kunde wollte den Karton öffnen. Das Material prüfen. «Nein», sagte Tom, «das geht leider nicht. Wir sind ein Fachgeschäft. Uns gibt es seit zwanzig Jahren. Wir haben das nicht nötig. Kein Aufmachen und keine Reklamation. Aber Sie können gerne eine Quittung haben.» Ich verstand seine Logik nicht ganz, aber Tom arbeitete mich ein und hatte deshalb recht. Der Kunde aus Osteuropa sah das anders. «Hundertfünfundfünfzig Euro ist viel Geld», sagte er. «Ja, aber Sie haben sich auch für das Beste entschieden. Diese Firma verarbeitet nur erstklassiges Silikon. Das fühlt sich erschreckend echt an. Sie können sich gerne davon überzeugen, indem Sie hier Ihren Finger reintun. Aber Auspacken ist nicht.» Der Hersteller hatte tatsächlich in der Verpackung ein kleines Loch für Kunden wie diesen gelassen. Der Osteuropäer mußte lachen. Dann steckte er den Finger rein. «O. k.», sagte er. Und begann zu handeln. «Nee», sagte Tom, «das tut mir wirklich leid, aber wir handeln nicht.» Der Kunde gab sich alle Mühe, aber Tom erwies sich als ein Mann, bei dem jegliche Mühe vergebens sein kann. «Auch wenn Sie zwei Muschis auf einmal kaufen, kann ich keinen anderen Preis machen. Ich sag es gerne noch einmal. Das hier ist ein Fachgeschäft und kein Basar.» Am Ende ging der Mann mit seiner riesigen Vagina für keinen Cent weniger als die hundertfünfundfünfzig Euro raus, aber Tom hatte ihm kostenlos zwei Tuben Gleitcreme gegeben, damit er nicht sein Gesicht verlor. Es klappte, der Kunde aus Osteuropa verließ das Geschäft lachend.

Die Verpackung hatte er dagelassen. Tom wies mich an, sie zu den anderen leeren Schachteln in den Keller zu bringen. Dafür mußte ich durch eine Tür, die als solche nicht zu erkennen ist, sondern aussieht wie ein Regal mit Comics und Magazinen. Es gibt auch keine Klinke. Man muß an einer bestimmten Stelle zwischen die Pornos greifen. Dann ertastet man einen hölzernen Riegel, der nach rechts umgelegt wird. Das ist nicht so leicht, und ich hatte es bereits einige Male üben müssen, aber ich schaffte es wieder nicht sofort. Mit der Hand zwischen zwei Sexcomics fummelte ich erfolglos an dem Riegel herum und betete zu Gott, daß das hier keiner mitkriegte, denn es sah für Uneingeweihte einfach zu dämlich aus. Mein Gebet schien unerhört geblieben zu sein, und falls es doch gehört worden ist, wurde ihm nicht entsprochen, denn der nächste Kunde kam in diesem Augenblick. Er beachtete mich jedoch gar nicht. Er war in Eile und absolut zielorientiert. Ein ziemlich junger Raver, vom Tanzen verschwitzt. Er sagte, er sei verantwortlich für die Deko einer Goa-Party. Er bräuchte mal schnell einen grünen, fluoreszierenden Dildo. Ob es so was bei uns gebe. «Ja», sagte Tom, «so was gibt es. Wir sind ein Fachgeschäft.»

Der Raver suchte einen ziemlich großen Dildo aus, aber das war eine Bewertung aus einer Welt, der ich langsam nicht mehr angehörte. In der Welt des kleinen Sexshops entsprach dieser Dildo gutem Mittelmaß. Der Raver hielt ihn zu den Neonröhren hoch, die kalt von der Decke strahlten, um das fluoreszierende Material zu prüfen. Der Dildo wurde zum Zauberstab, der Kauf war fast getätigt. Aber eine Frage hatte der Kunde noch: «Gibt es auch welche, die man umschnallen kann?» Und dahin war die «Goa-Party-Deko-Ausrede». Die Ausreden sind ohnehin ein eigenes Kapitel. «Habt ihr auch Strumpfbänder?» fragten zwei Mädchen beim Reinkommen. Und raus gingen sie mit einer ganzen Kollektion abwaschbarer Reizwäsche. Okay, das war keine Ausrede, das war Understatement.

Gruppen dagegen brauchen keine Entschuldigung für den Sexshop-Besuch. Sie kommen grundsätzlich ohne Kaufabsichten, sie kommen wegen der Gaudi. Tom stoppte die fünf Engländer, noch bevor sie alle im Laden waren. «Sorry», sagte er, «mehr als drei dürfen hier nicht rein.» Die Engländer wollten es nicht glauben, aber Tom erwies sich als überzeugungsstark. Das sei Usus in kleinen Sexshops wie diesem. Nur drei auf einmal. Die anderen beiden könnten ja so lange vor der Tür warten. Natürlich ließen sie sich nicht darauf ein und zogen zusammen wieder ab. «Es geht nicht nur darum, daß sie nichts kaufen», erklärte mir Tom. «Die echten Kunden kaufen dann auch nichts. Die werden durch die Gruppen in ihrer Trance gestört.»

Ein gutes Beispiel dafür stellte sich ziemlich bald ein. Der junge Mann war sehr klein und versteckte sein Kartoffelgesicht unter der Kapuze seines Parkas. Er schämte sich ganz ungemein für das von ihm gewählte Produkt. Tom half sofort. «Gib dem Herrn mal eine Tüte», sagte er zu mir. Die Tüte entspannte den Kunden, die Anrede auch. «Ja, der Herr» und «Klar, der Herr» und «Wenn der Herr jetzt noch zahlen würden» bauten den kleinen, häßlichen Kunden sichtlich auf. Er nahm nicht die Kapuze ab, aber er hielt den Kopf jetzt so, daß man geradeaus in seine Augen blicken konnte. Ich sah Dankbarkeit.

Ist Tom ein heiliger Mann? Ein Sexshop-Jesus? So weit will ich nicht gehen. Er hat ein Herz für Verlierer. Das macht ihn zu einem guten Verkäufer in einem schlechten Geschäft. Schlecht im Sinne von *bad vibrations*. Langsam schlichen sie sich in mein Herz. Das kalte Deckenlicht wurde kälter, die Pornoregale einsamer, die Armee der Nackten und Verstrapsten auf den DVDs, Magazinen und Verpackungen sah für mich irgendwann wie eine Tapete in der Hölle aus. Kann es sein, daß die Strafe für Pornographie der Zwang zur Ekstase ist?

Glücklicherweise hatten wir dann wieder einmal Muße, dem Geschehen im Fernseher zu folgen, der für die Verkäufer hinter dem Tresen steht. Arte. Themennacht. Indien. Ein Liebesfilm aus Bollywood. Ich kann gar nicht sagen, wie gut das tat. Die ganze Welt um mich herum war Sex in allen Erscheinungsformen, und in indischen Liebesfilmen wird nicht einmal geküßt.

Ana Marrakchi, mon ami
(Marrakesch)

Ich könnte mich selbst dafür ohrfeigen oder mich ins Bein beißen oder täglich dreimal laut Sch..., Sch..., Sch... schreien, daß ich das Haus damals nicht gekauft habe. Okay, ich hab's versucht, dreimal, und dreimal hat Mustafa nein gesagt. Er werde es nie verkaufen, weil es das Stammhaus der Familie sei, er sei darin geboren, seine acht Geschwister seien darin geboren, sein Urgroßvater habe es gebaut, er verkaufe niemals. Ich Idiot habe ihm geglaubt.

Es war ein großes Haus, mit vier Orangenbäumen im Innenhof, um nicht Innengarten zu sagen, Springbrunnen, Rosen, Kacheln, neun Zimmern, und eines davon war ein Hundertzwanzig-Quadratmeter-Salon mit sechs Meter hohen Wänden und sechs Fenstern, drei zur Gasse, drei zum Patio, komplett gefliest. Entweder lagen Sonnenstrahlen auf den Kacheln oder das Licht der Gaslaternen, mit denen die Gassen beleuchtet werden, wenn es Abend wird, und das Ganze hätte ich damals für siebzigtausend Mark haben können. Damals, das war vor zehn Jahren. Heute verlangen sie das Siebenfache für so ein Haus, weil sie ja auch das Siebenfache für eine Rasur verlangen und das Siebentausendfache für einen Stuhl oder eine Lampe. «Antik, Antik!» (Marrakesch hat ein neues Zauberwort), der Tourismus boomt nicht mehr, er explodiert. In der Masse UND in der Qualität. Die internationale High-Society, was sage ich: die Stars, die Götter haben die Medina, die Altstadt, entdeckt, eine der größten Medinas überhaupt; wer sie zum ersten Mal betritt, glaubt, er betritt einen Traum, ein Märchen, eine Wunderwelt, das real existierende Tausendundeine Nacht, und ruck, zuck wird der Wunsch wach, da einzuziehen, da zu Hause zu sein, und weil es weder der internationalen High-Society noch den Hollywood-Größen an Mitteln mangelt, haben sie das auch gemacht. Madonna hat ein Haus in Marrakesch, Alain Delon hat ein Haus in Marrakesch, Isabelle Adjani oder auch Mick Jagger, das sind wenige Namen von fünfhundert, die den Immobilienmarkt in Marrakesch kaputtmachen, kaputt für Leute wie mich, es sei denn, ich strenge mich noch ein bißchen mehr an.

Es gibt zwei Gründe für diese Entwicklung. Die eine hat mit idealen Produktionsbedingungen für historische Filme zu tun, die andere mit einer Charakterschwäche der Marokkaner, und beides begann etwa Mitte der Neunziger. Damit mich niemand mißversteht: Ich bin felsenfest der Ansicht, daß Licht und Schatten überall auf der Welt ausgewogen sind, es gibt kein Volk, das schlechter oder besser als das andere ist, alle spielen mit den gleichen Karten, sie mischen sie nur anders. Die Marokkaner sind große Musiker, große Tänzer, große Geschichtenerzähler und unheimlich gut beim Handeln. Das ist ihr Kapital. Ihre Schwäche ist eine gewisse Dreistigkeit, sie würden es Konsequenz nennen. Tatsache ist, daß man nicht einen Meter durch die Medina von Marrakesch gehen konnte, ohne daß die Schlepper, Händler und Bettler wie Fliegen an einem klebten; abwimmeln ließen sie sich nicht, man wurde sie nicht los, es sei denn, man kannte den Zaubersatz, das

Losungswort: «Ana Marrakchi, mon ami», ich wohne in Marrakesch, mein Freund, das hat's dann gebracht. Aber wer konnte das schon von sich sagen vor fünfzehn Jahren? Ich und noch zwei Dutzend andere aus dem westlichen Ausland, laß es drei Dutzend gewesen sein oder auch vier, mehr waren es nicht, «Ana Marrakchi, mon ami», war ziemlich exklusiv seinerzeit, die Mehrzahl der Touristen kannten das Losungswort nicht und verließen von Schleppern, Neppern und Basarflegeln entnervt die Stadt, um vielleicht nie wiederzukommen.

Der Tourismus ging massiv zurück, und der Tourismus war das einzige, was Marrakesch hatte. Die Orangen wurden woanders gepflückt, die Bodenschätze woanders gehoben, das Haschisch war woanders – ohne Touristen verarmte die Stadt, und als das Tourismusministerium erkannt hatte, woran der Rückgang der Besucherzahlen lag, hat es durchgegriffen, marokkanisch durchgegriffen, also eher hart. Eine Reihe neuer Gesetze wurde erlassen. Es war verboten, ohne staatlich autorisierten Ausweis Touristen durch die Medina zu führen. Das beinhaltete das Verbot, Touristen diesen Dienst anzubieten, und das beinhaltete das Verbot, Touristen anzusprechen. Eine Armee zivil gekleideter Polizisten bezog in den Gassen Stellung, um die Einhaltung der neuen Gesetze zu überwachen. Wer sie zum ersten Mal brach, bekam vierundzwanzig Stunden Gefängnis und zweitausend Dirham Geldstrafe. Beim zweiten Mal lagen dann schon zwei Monate Knast und zwanzigtausend Dirham an. Das sind zweitausend Euro. Also das Jahresgehalt eines Handwerkers, eines Kellners, eines Taxifahrers. Dafür, daß man einen Touristen belästigte.

Heute faßt dich niemand mehr an und hält dich fest und folgt dir auf Schritt und Tritt und redet ununterbrochen auf dich ein, heute geht es sich durch die Medina von Marrakesch wie durch die Altstadt von Heidelberg. Leider aber auch fast zum selben Preis. Ich sage «fast», weil Heidelberg billiger ist. «Antik, Antik!» Sie erinnern sich? Ich ging zu Kalid, einem der größten Antiquitätenhändler am Markt, er selbst war nicht da, aber der Verkäufer war smart. Ich fragte ihn so dies und das. Was kostet diese Lampe? Zwanzigtausend Euro. Und diese Vase? Fünfzehntausend Euro. Und dann fragte ich nach seinem teuersten Stück. Was hier kostet mehr als alles andere? Er zeigte mir eine große, alte Tür, vier Meter hoch und drei Meter breit. Die koste genau eine Million Euro, aber sie würden die Tür an niemanden verkaufen, der sie aus Marokko herausbringen wolle. Sie müsse in Marokko bleiben, denn sie habe ursprünglich dem Gründer und Erbauer von Fez gehört.

Omar war mit mir in diesem Geschäft, und ihm zuliebe bewahrte ich Haltung, aber sobald wir wieder auf der Gasse waren, brach es aus mir heraus, das Lachen, die Empörung, der fast schon kollegiale Neid. Was für eine Geschichte?! Die Stadt Fez ist die älteste der alten Königsstädte, und ihr Begründer ist ein heiliger Mann. Ich kenne die Werkstätten vor den Toren von Marrakesch, wo sie Türen wie diese mit Speiseöl, Säuren und gezielten Hammerschlägen auf antik veredeln, und für dieses zugegebenermaßen große Stück Holz will Kalid eine Million? Euro?! Und die Tür darf trotzdem Marokko nicht verlassen? Und wer zahlt die fünf Millionen, damit er sie doch über die Grenzen mitnehmen kann? Antwort: Hollywood. Brad Pitt & Co zahlen diese Preise. Auch das begann vor etwa fünfzehn Jahren.

Ouarzazate, das Tor zur Sahara, ist nur hundert Kilometer von Marrakesch entfernt. Seit Jahrzehnten waren hier ab und an große Filme gedreht worden, «Lawrence von

Arabien» zum Beispiel, aber das war europäisches Kino. Hollywood entdeckte die marokkanische Wüste erst Mitte der neunziger Jahre. Ideale Location, billige Statisten, stabile politische Lage. «Der englische Patient», «Gladiator», «Troja», «Alexander», alles Filme, die in der Umgebung von Ouarzazate entstanden, und nach den Dreharbeiten hat man sich halt noch Marrakesch angeschaut. So kam die Crème der internationalen Stars in die Stadt, ihre Produzenten, Kameraleute, Beleuchter, Visagisten, der ganze Berufsstand der Traumverkäufer, und alle sagten dasselbe: «Hey, das ist hier geiler als im Film» und «Hey, das hätte Spielberg auch nicht besser hingekriegt», diesen Irrgarten an Gäßchen, Treppen, Torbögen, diese verzauberten Ekken, seit Hunderten von Jahren im Dornröschenschlaf, wie diese Mauer, auf die man blickt, wenn man von der Rue Zitoune in die Rue El Guondasi einbiegt. Rosen wachsen aus den Mauerritzen, irgendwie haben sie das fertiggebracht, und Schwalben nisten in dem Torbogen, der von der Mauer eingerahmt wird, und das satte Grün der Palme klebt geradezu auf Gottes unendlicher Leinwand, und am Horizont sind die Gipfel des Hohen Atlas zu sehen, schneebedeckt.

In der Rue El Guondasi wohnt seit zwei Jahren Michael Souvignier mit seiner Familie. Sie kennen den Namen nicht? Dann sind Sie kein Star. Die kennen ihn. Seine Film- und Produktionsfirma «Zeitsprung» gehört zu den erfolgreichsten in Deutschland. Er hat «Das Wunder von Lengede» gemacht, er hat Til Schweiger nach Hollywood gebracht, er hat Uma Thurman zu Gast, wenn sie in Marrakesch ist, also oft, nur als ich kam, war sie nicht da. Seine Tochter Gala – Umas Patentochter – empfängt mich. Die Eltern sind auf dem Dach.

Was für Häuser in anderen Gegenden der Pool ist oder

das zum Grundstück gehörende Stückchen Strand, das ist für die Häuser von Marrakesch das Dach. Tagsüber fürs Sonnenbad, nachts als Sprungbrett zu den Sternen. «Himmel über der Wüste», der Film wurde auch in Marokko gedreht. Und er hat recht: Die Gestirne leuchten hier intensiver als bei uns, schärfer, akzentuierter, ich bin daran schon fast einmal durchgedreht, weil ich eine Zeitlang Nacht für Nacht versucht habe, die Distanzen zwischen den Sternen nicht nur intellektuell (irgendwelche Zahlen), sondern emotional zu begreifen. So was habe ich in Deutschland nie gemacht. Außerdem ist es jetzt zu früh dazu. Ein sonniger Nachmittag im Winter (fünfundzwanzig Grad), da nutzt man das Dach, um den Trommeln zuzuhören, die vom Djemaa el Fna herüberwehen (Djemaa el Fna? Ich komme noch drauf), und sich in Lobpreisungen des Anblicks zu ergehen, ein Meer von Dächern, Terrassen, Minaretten und Palastmauern, auf denen unsere Störche nisten, und es ist auch zu verstehen, daß die Marokkaner das genau umgekehrt sehen: Das sind UNSERE Störche, sagen sie, nur im Sommer, wenn es zu heiß in Marrakesch wird, ziehen sie zu euch. Unsere Störche, eure Störche, ich schweife ab, glaube ich, und das haben Michael Souvignier und seine Familie nicht verdient. Eine wunderbare Familie, zwei Kinder, ein Hund und Hinrich, der Freund.

Hinrich überwacht seit einigen Monaten den Umbau des Hauses und hat in dieser Zeit nebenbei zwei Romane geschrieben. Das Phänomen kenne ich. In Marrakesch schreibt es sich praktisch von selbst, weil es sich auch von selbst malt. Und von selbst träumt. Die Phantasie erwacht in dieser Stadt mit einer Macht, die mir manchmal nicht geheuer ist. Engel und Dämonen scheinen hier zu wohnen, massenhaft. Man kauft sie mit der Immobilie, und selten weiß man vorher, ob man die dunklen oder die hellen Geister kriegt, es gibt ausgemachte Unglückshäuser in der Stadt, in denen nichts gelingt und Ehen kaputtgehen, und wenn ich es recht bedenke, dann war das Haus von Mustafa eines von den bösen, und ich sollte mich freuen, daß er es mir damals nicht verkauft hat, sondern dem deutschen Botschafter. Klar, daß die Familie Souvignier und Hinrich das anders sehen. Denn Hinrich hat nicht nur zwei Romane geschrieben, er ist inzwischen auch ins hiesige Immobiliengeschäft eingestiegen. «Red dich nicht raus», sagt er, «du hättest vor zehn Jahren kaufen MÜSSEN, und das einzige, was du tun kannst, um diesen Fehler zu korrigieren, ist, JETZT zu kaufen, denn sonst wirst du dich in zehn Jahren wieder schwarz ärgern. Der Boom ist nicht zu bremsen. ALLE wollen Riads. Und so viele gibt es nicht mehr.»

Wie recht er hat. Insgesamt gibt es gut siebenhundertfünfzig Riads in der Medina. Zwei Drittel davon sind bereits in ausländischer Hand. Eine Stadt verkauft ihr Herz. Warum? Blöde Frage. Geld! Irre viel Geld. Zweihunderttausend Euro kostet hier ein Haus. Das sind zwei Millionen Dirham. Damit finanzieren die ehemaligen marokkanischen Besitzer Eigentumswohnungen in der Neustadt, ein hübsches Auto und das Studium der Kinder. Sie sind mit einem Schlag in die gehobene Mittelklasse aufgestiegen, sie haben an Aladins Wunderlampe gerieben. Daß sie dabei auch etwas verlieren, kriegen sie erst später mit. Denn was ist ein Riad?

Ein Riad ist die mit den Mitteln der Architektur erzählte Geschichte vom richtigen Leben. Die Außenmauern sind eineinhalb Meter dick, also schützend, und unscheinbar, also neidabweisend, genauso wie die Tür. Man weiß nie, ob sich eine Hütte oder ein Palast dahinter verbirgt. Wenn es Fenster zur Gasse gibt, dann nur kleine, wie Schlitze, alle richtigen Fenster öffnen sich zu der Oase, die im Grunde jeder der Innenhöfe ist. Ich habe es mal Wohnzimmer ohne Dach genannt.

Egal, wie man es sich da sonst noch einrichtet («Antik, Antik!»), drei Elemente müssen sein: Erde, Wasser, Feuer, das heißt Bäume, Brunnen, Kerzen, und in diesem ewigen Geplätscher, Gezwitscher und Geflackere wohnt die gesamte Familie, von den Großeltern bis zu den Enkeln, ihr Leben lang. Das hat schon was, an einem Brunnen aufzuwachsen, an dem man auch sterben wird. Und nie allein zu sein, im Sinne von einsam, im Sinne von Verelendung. Es gibt viel Armut und Arbeitslosigkeit in Marokko, aber wenig Elend. Die Großfamilie fängt traditionell ihre Problemfälle auf. Das ist es, was sie mit ihren Riads verlieren, aber es braucht seine Zeit, bis diese Erkenntnis reift. Flotter geht es mit der Erkenntnis, daß sie ein Geschäft nicht nur verpassen, sondern vergeben: Von den fünfhundert Riads, die in ausländischer Hand sind, werden dreihundertfünfzig als Medina-Hotel genutzt. Eine merkwürdige Entwicklung. Touristen verdienen an Touristen, das kann ein Marokkaner nicht gut finden. Wenn er ehrlich ist.

Thema Gefahr: Ica Souvignier muß lachen, wenn sie darüber spricht. «Als ich in Deutschland erzählt habe, daß wir uns ein Haus in Marokko kaufen wollen, haben alle gesagt: IHR SEID VERRÜCKT! Die haben wirklich geglaubt, in Marokko wird man null Komma nix abgemurkst. Das Gegenteil ist der Fall.» Ich bestätige das. Hier wird man nicht umgebracht, hier werden einem Kinder angehängt, aber das ist kein Thema auf diesem Dach. Auf diesem Dach geht es darum, in welche Richtung das Daybed auf der Terrasse ausgerichtet werden soll, das Familienbett mit den Polstern und Kissen, auf denen man zusammen kuscheln kann, wenn einem danach ist, vom Mond geküßt zu werden. Aber Vorsicht! Es gibt Traditionen. Früher gehörten die Dächer von Marrakesch ausschließlich den Frauen; nur sie durften auf das Dach, als Ausgleich dafür, daß in den Cafés nur Männer saßen. Inzwischen gestalten sie das moderater, und das haben wir geschafft, wir Ausländer. Trotzdem sollte man darauf achten, die Dachaktivitäten nicht zu Ibiza-ähnlich zu gestalten, wie mein Freund Tom, der mal auf dem Dach meines Hauses Yoga machte. Nackt. Die Frauen des Nachbarhauses waren nicht nur gläubige Musliminnen, sie waren auch wenig rumgekommen, sie wußten nichts von Yoga und Atemtechniken, für sie waren die Bewegungsabläufe der «Sieben Tibeter» Pornographie, und zwar IN ZEITLUPE. Anschließend flogen Steine. Ein Hagel von Steinen. Der Hausherr hatte sich betrunken und wollte Tabula rasa machen. Ein gutes Beispiel übrigens dafür, wie unterschiedlich Moralbegriffe sind. Aus seiner Sicht war der nackte Tom reif für die Hölle, aber aus unserer Sicht war der Mann auch nicht koscher, denn er betrieb Vielweiberei, Polygamie ist in Marokko legal, alle vier Frauen auf seinem Dach gehörten ihm. Vier Frauen, acht Hände, plus seine zehn, und alle warfen Steine. Wir mußten Omar rüberschicken, um die Wogen zu glätten. Omar, ich erwähne ihn bereits zum zweiten Mal. Jeder Ausländer braucht einen besten Freund in Marrakesch, einen, der Wogen glättet, Handwerker besorgt und gute Laune macht. Meiner ist Omar.

Omar hat mir damals mein erstes Haus klargemacht. Es war klein und stand direkt neben einer Moschee. Siebenmal pro Tag rief der Muezzin zum Gebet. Das erste

Mal um fünf Uhr früh. Das ging o. k. Erstens gewöhnte ich mich daran und wachte nicht mehr auf, zweitens fand ich interessant, was die Marokkaner sagten (der Gedanke, den du hast, wenn der Muezzin beginnt, wird wahr), und drittens mag ich grundsätzlich ihren Gesang. In Marrakesch kommt er nicht, wie in Istanbul, vom Band. Er ist live, und weil es in Marrakesch eine Menge Moscheen gibt und jeder Sänger der beste sein will, tobt siebenmal pro Tag ein heiliger Sängerwettstreit in dieser Stadt. Das ist nicht schlecht. Zum Problem wurde aber dann, daß der Muezzin aus meiner Nachbarschaft krank wurde und sein Sohn den Job übernahm. Und der war unmusikalisch. So unmusikalisch, daß ich mir überlegte, wie es wäre, wenn ich rüberginge und ihn umniete. Also besorgte Omar mir mein zweites Haus, das von Mustafa. Keine Moschee nebenan und riesengroß. Ich wohnte dort mit meiner marokkanischen Freundin, mit der Freundin meiner Freundin, mit der Köchin und mit deren Assistentin. Unterm Strich waren das auch vier Frauen. Ich denke an die Zeit wie an ein verlorenes Paradies.

Weil Mustafa zwar fast jeden Tag kam, um die Frauen zu begaffen, aber mir trotzdem das Haus nicht verkaufen wollte, und aus noch einer Reihe von Gründen mehr, verließ ich 1995 Marokko und kam erst 2002 zurück, und Omar, als wäre nichts geschehen, saß wie immer am Djemaa el Fna, ach ja, der Djemaa el Fna: der Platz, der wie die Nabe eines Rades in der Mitte der Medina liegt und von der Unesco den Titel «Weltkulturerbe» erhielt. Die ganze Stadt dreht sich um ihn, vornehmlich in den frühen Abendstunden von sechs bis zehn.

Früher wurden auf ihm Todesurteile vollstreckt, daher der Name, Djemaa el Fna, Platz der Gehenkten. Aber das war ziemlich früher, in den letzten Jahrhunderten gehörte der Djemaa el Fna ausschließlich den armen Kreativen, also den Gauklern, Artisten, Schlangenbeschwörern, Zähneziehern, Märchenerzählern et cetera, und so ist es auch heute und wird es auch bleiben, denn die letzte Attacke der Moderne wurde souverän abgewehrt. Irgendwelche Politiker, ich nenne jetzt extra keine Namen, waren der Meinung, daß das Personal unserer orientalischen Träume vom Platz gehört, und wollten statt dessen dort so spannende Sachen wie CD- und DVD-Verkaufsstände etablieren. Daraus wurde nichts, denn die Unesco hatte was dagegen. Der Djemaa el Fna blieb weiter der größte authentische Volksrummelplatz der Welt, auch die Trommler machen weiter, jeden Abend von sechs bis zehn, so laut, daß man sie in der ganzen Medina hört, und so schnell, daß man davon wacher wird als von Kaffee, und erregter. Am besten ist natürlich beides, und das am besten auf der Terrasse des «Café Glacier», womit ich wieder bei Omar bin, denn er sitzt dort eigentlich jeden Tag, auch an dem meiner Rückkehr, und zack besorgte er mir das dritte Haus, wieder zur Miete, und wieder will der Besitzer nicht verkaufen. Ich habe wirklich Pech.

Mein jetziger Nachbar ist Richard Branson, der Boß von Virgin. Als ich neulich aus dem Haus trat, kam er mit einer Karawane von britischen Popstars die Gasse entlang, so die Liga Annie Lennox, nicht die Liga Elton John, aber immerhin.

Warum wollen alle ein Haus in Marrakesch? Warum mieten sie sich nicht, wenn ihnen danach ist, im teuersten Hotel Afrikas, dem «Mamounia», ein? Weil man im «Mamounia» keine Wände einreißen kann, ohne erheblichen Ärger zu riskieren. Das Umbauen bringt den Spaß.

Die hohe Schule des Tourismus: Man geht nicht mehr durch orientalische Kunsthandwerker-Gassen, um orientalischen Kunsthandwerkern beim Arbeiten zuzusehen, nein, man arbeitet mit ihnen; die Baumaterialien werden per Eselkarren herbeigeschafft, und alles für 'n Appel und 'n Ei, denn die Preise für Sand und Zement und ebenso die Löhne sind, aus was für Gründen auch immer, nicht mitexplodiert. Ein einfacher Arbeiter kostet acht Euro und sein Meister zehn Euro. Pro Tag. So baut es sich unverzagt.

Worum es den meisten geht, ist die Kombination von Tausendundeiner Nacht mit der (relativen) Ewigkeit mitteleuropäischer Wertarbeit. Das klappt meistens im ersten Anlauf nicht. Es ist schön, wenn man ein Thema hat, über das man immer reden kann. Unter den ausländischen Hausbesitzern in Marrakesch funktioniert das Thema «marokkanische Handwerker» ganz wunderbar. Jeder hat da ohne Ende Geschichten parat. Daß man ihnen nicht, wie in Deutschland, Bier geben muß, damit die Arbeit fröhlich vonstatten geht, sondern Haschisch, und daß man ihnen nicht den Rücken zuwenden darf, es sei denn, es ist einem alles egal. Trotzdem, es macht unheimlichen Spaß, das Bauen, Einrichten, Dekorieren, das ist ganzheitliche Kreativität, das ist Aktivurlaub, das ist optimale Kommunikation mit Land UND Leuten, und – es ist ein Geschäft. Wer heute kauft und in zehn Jahren verkauft, hat seine Rente im Griff. Und/oder mit dem Gewinn sämtliche Reisen nach Marokko finanziert. Inschallah!

Ewiges Mißverständnis «Inschallah». Wir glauben, es sei Fatalismus, aber es hat wenig damit zu tun. Fast nichts. Gläubige Muslime sagen nach einer Absichtserklärung nur dann «Inschallah» (So Gott will), wenn sie sicher sind, daß sie das Vorhaben einhalten können und einhalten werden, denn sie wollen Allah nicht zu Wundern nötigen. Das «So Gott will» bezieht sich lediglich auf die Dinge, die niemand voraussehen kann, Schicksal, Feuersbrünste und dergleichen. Also Inschallah werde ich in zehn Jahren reich sein, wenn ich jetzt kaufe, blöderweise aber setzt das bereits heute Reichtum voraus. Das Haus, in dem ich derzeit wohne, hätte damals dreißigtausend Euro gekostet, heute kostet es hundertfünfzigtausend, wenn ich es billig kriegen würde, wahrscheinlich jedoch mehr. Und ich fürchte, das habe ich nicht.

Was ich dagegen nicht fürchte in Marokko, ist der Fundamentalismus.

Die Marokkaner haben nämlich a) mit Mohammed VI. einen wirklich guten neuen König, der mit moralischer Integrität UND Intelligenz das Land regiert, und b) sind sie Pragmatiker und keine Idealisten. Beispiel? Aber gern. Die Geschichte spielt in dem Haus, das ich von Mustafa gemietet hatte. Eines Tages klopfte es an meiner Tür, und ein junger Mann sagte mir, der Sharif wolle mich unbedingt sprechen. Der Sharif ist die religiöse Autorität des Stadtviertels, der vor der Polizei und den Gerichten Streitfälle zwischen den Nachbarn schlichtet.

Omar ging mit mir. «Steck einen Zweihundert-Dirham-Schein in deinen Paß», sagte er. Im Büro des Sharifs angekommen, trafen wir auf einen alten, weiß gekleideten Mann mit langem Bart (auch weiß), der fürchterlich zu schimpfen begann. Was ich eigentlich glaube, wer ich sei. Dies sei ein sehr gutes Viertel, hier könne man nicht einfach mit vier Frauen unehelich zusammenleben und jede Nacht 'ne Party schmeißen. Die laute Musik, der Alkohol und all das. Und: «Paß!!» Ich gab ihm meinen Paß mit dem Zweihundert-Dirham-Schein. Er nahm das Geld raus und schimpfte weiter. In demselben Tonfall, in derselben Lautstärke, mit demselben Einsatz von Mimik und Getue, nur der Text war anders: Was das eigentlich die Nachbarn angehe?! Was die eigentlich glauben würden, wer sie seien? «In Marokko ist das Haus heilig», schrie der Sharif, «da kann jeder machen, was er will!»

Setzt euch nicht auf Kamele!
(Sahara)

Am besten reist man von Marrakesch an. Es geht auch von Agadir und Casablanca, aber die alte Königsstadt der Almohaden ist als Ausgangspunkt für eine Reise in die Wüste ideal. Weil sie so schön ist und weil man sich in den vitalen Gassen und den stillen Innenhöfen der Medina-Hotels wunderbar akklimatisieren kann. An die trockene Hitze. Und an die Marokkaner. Und das wäre auch schon mein erster wirklich wichtiger Tip: Glaubt ihnen nicht. Marokkaner haben jede Menge berauschende Eigenschaften (Witz, Charme, Musikalität), aber wahrheitsliebend sind sie nicht. Das ist nicht schlimm, wenn man damit umzugehen weiß. Wenn man freche Lügner als geborene Geschichtenerzähler genießt, macht der Kontakt mit Marokkanern sofort und nur noch Spaß. Also hört nicht auf sie. Hört auf mich. Ich habe sieben Jahre in Marrakesch gelebt, und die Strecke in die Wüste bin ich Minimum zwanzigmal gefahren. Vielleicht irre ich mich, es könnte öfter gewesen sein, aber ich mag nicht zählen, und so wichtig ist es auch nicht. Wichtig ist: Hört auf mich. Und nicht, wenn es zum Beispiel um die Route geht, auf Mohammed, Habib, Mustafa, Abdul oder wie immer euer Fahrer heißen mag.

Ich sage: am ersten Tag von Marrakesch über den Hohen Atlas und durch das Tal des Draa nach Zagora. Am zweiten Tag das Tal des Draa wieder ein Stück zurück bis Tansikht, und am Abend erreichen wir noch vor Sonnenuntergang Merzouga, wo das Meer der «Grandes Dunes» beginnt. Und dann rein. Aber nein, wird Mohammed, Habib, Mustafa oder Abdul sagen, Zagora und das Tal des Draa brauchen wir nicht. Laßt uns lieber hinter den Bergen gleich auf Merzouga zuhalten. So sparen wir einen Tag. Hört nicht auf sie. Hört auf mich. Und warum überhaupt einen Fahrer? Warum nicht einen Wagen mieten und selber fahren? Die Straßen sind gut, der Verkehr zivil, hinter Marrakesch dünnt er ohnehin zusehends aus. Sprecht ihr Französisch? Dann werdet ihr alle modernen Marokkaner unterwegs verstehen. Sprecht ihr Arabisch? Dann versteht ihr auch alle Alten. Und wenn ihr sogar die Sprache der Berber sprecht, könnt ihr euch wirklich mit allen unterhalten, die ihr am Wegesrand und in den Oasen trefft. Aber wenn nicht, erweist sich ein Fahrer, der diese Sprachen beherrscht und außerdem beim Anblick der Serpentinen des Tizi-n-Test-Passes nicht die Nerven verliert, als sehr nützlich.

Unserer heißt Mohammed. Weil er eine Verlobte in Düsseldorf hat, spricht er sogar Deutsch. Und kennt ein bißchen meine Mentalität. Kanadierinnen wie Jane und Zada fährt er dagegen zum ersten Mal, und sie sind auch zum ersten Mal in Marokko, das heißt, die Sehnsucht nach dem Kamel beherrscht die Gespräche in dem Minibus, sobald wir die Stadttore von Marrakesch hinter uns gelassen haben. Warum eigentlich? Warum ist dieses Tier die Summe all dessen, was man vom Orient will? Weil es dreißig Liter in der Minute trinkt? Weil es so anmutig ist? Weil man mehrere davon zu einer Karawane formieren kann? Als wir die Nordhänge des Hohen Atlas erreichen, haben wir noch keins gesehen.

Es braucht knapp eine Stunde bis zu den Bergen und drei, bis man rüber ist, aber man kriegt im Hohen Atlas die Zeit nicht mehr mit, weil hier alles links und rechts von der Straße «very, very, very beautiful» ist. Zadas Art, mit der Sprache umzugehen, gefällt mir. Das erste «very» betont sie normal, das zweite zieht sie ein wenig in die Länge, das dritte in die Tiefe. Man kann's auch so sagen: Das erste «very» kommt aus dem Kehlkopf, das zweite aus dem Herzen, das dritte aus dem Bauch. Zada meint die Täler, Schluchten und bewaldeten Berghänge, die Felder, Bäche und Wasserfälle, die Farbe Lila in einem Meer von Blüten, die Berber-Dörfer, die sich an Felsen schmiegen, die Berber-Burgen, die Pässe bewachen, und so langsam nähern wir uns den Serpentinen. Waren bisher das Kamel und die wilde Schönheit des Hohen Atlas Thema, dominiert am Tizi-n-Test-Paß das Interesse an Fahrzeugtechnik unser Gespräch. Ob die Bremsen in Ordnung seien, die Reifen nicht abgefahren und ob er wisse, was er tue, wird Mohammed nun gefragt, denn wir können die Straße von hier etwa siebenmal über uns sehen, wie sie sich in engen Schleifen und mit absurden Steigungen ohne Leitplanken auf 2260 Meter windet.

Die Berge trennen Welten. Sobald wir den Paß überquert haben und die Südhänge des Atlas hinuntergerollt sind, empfangen uns andere Farben, andere Gerüche, anderes Licht. Aber Kamele sehen wir noch immer nicht. Kurz bevor die schmale Straße nach Zagora von der breiten nach Ouarzazate abzweigt, versucht es Mohammed deshalb noch einmal: «Helge, ich verstehe dich nicht», sagt er so laut, daß es jeder im Wagen mitkriegt. «Warum willst du unbedingt diesen Umweg machen? Wenn wir geradeaus weiterfahren, sind wir heute abend am Ziel.»

«Der Weg ist das Ziel, Mohammed.»

«Aber das gilt auch für den direkten Weg nach Merzouga.»

«Nein, für den gilt es nicht.»

Nur zwanzig Prozent der Sahara sehen so aus, wie wir es aus dem Kino kennen. Also Sand. Und Dünen. Und Oasen. Achtzig Prozent dagegen sind Stein, Geröll und Kieswüste. Eine äußerst öde Landschaft, in der hier und da etwas Stacheliges wächst und Schlangen leben. Auch Skorpione, Warane und mit Waranen verschwisterte Echsen. Bis zum Horizont keine Abwechslung, unter einem flirrenden Hitzekegel werden wir bei hoher Geschwindigkeit und beengten Verhältnissen viele Stunden nichts anderes sehen. Mohammed gefällt das, weil die Straße breit und schnurgerade ist, auf ihr muß er wenig schalten und bremsen. Das ist gut für sein Auto und gut für seine Nerven. Außerdem sind an der direkten Straße nach Merzouga die großen Restaurants, Teestuben und Hotels, die Provisionen an die Fahrer zahlen, wenn sie ihnen Gäste bringen. Das gehört zu seiner Rechnung, ist der übliche Nebenverdienst, auf den er verzichten muß, wenn er durch das Tal des Draa fährt, wie ich es will. «Und warum willst du das unbedingt?» fragt Zada, die auf Mohammeds Linie umgeschwenkt ist, denn er hat ihr und Jane soeben direkten Kontakt mit Kamelen versprochen, noch bevor die Sonne untergeht. Und was sage ich?

«Hört nicht auf ihn. Hört auf mich.»

Der Draa ist ein Fluß, mit dem ich mich wesensverwandt fühle. Vielleicht sogar seelenverwandt. Denn er macht seine Sache wirklich schön, aber er kommt selten an. Im ewigen Eis der hohen Berge entsprungen, versucht er seit ziemlich langer Zeit, den Atlantischen Ozean zu erreichen, doch man hat ihn da selten gesehen. Nach Zagora wird er von der Sahara verschluckt. Ansonsten ist er der wohl malerischste Fluß der Welt, an dem sich die Oasen reihen wie Perlen an einer Schnur. Dattelpalmen-Oasen, schattige Brunnen, wilde Rosen, paradiesische Agrarkultur sowie viele, viele Kurven, und in jeder wird die Gegenwart mehr gelöscht. Wir fahren vier Stunden durchs Alte Testament.

Zada meldet sich von hinten, sie ist very, very, very sorry, daß sie vorhin so gemeckert hat. «This track is absolutely incredible, Helge, thank you very, very, very much.» So will ich sie hören. So will ich sie alle hören. Nur so. Es gibt keine bessere Autoroute durch die marokkanische Wüste als durch das Tal des Draa. Autos haben übrigens gegenüber Kamelen mannigfache Vorteile, deshalb sieht man hier auch nur wenige, und am Ende des Tages, in Zagora, werden wir ebenfalls keine sehen, dafür werden wir fündig in Sachen Hotel mit gutsortierter Pool-Bar. Das Fabelhafte an marokkanischen Hotelangestellten ist, daß man sie alles fragen kann. Ich frage den Barmann, ob ich bei ihm auch was Illegales bestellen kann, und er sagt: ja. Whiskey, Kif und hohe Palmen. Unter einem funkelnden Sternenhimmel mit fast vollem Mond. Morgen, wenn er voll ist, werden wir in den «Grandes Dunes» von Merzouga weilen. Inschallah.

Zweiter Tag. Bis zu siebenhundert Meter hoch wellen sich die Dünen der Erg-Chebbi-Wüste im Grenzgebiet von Marokko und Algerien, ein Meer aus Sand. Auch Glutofen der Hölle genannt. Wir werden seiner wie geplant kurz vor

Sonnenuntergang ansichtig. Alles rechts von der Straße ist flaches Wüstenland, auch links von der Straße ist es an die hundert Meter flach, aber dann kommt der Strand von diesem Meer aus Sand. Gleich davor stehen die Hotels, immerhin zweistöckig, trotzdem werden sie von den Dünen um einiges überragt. Das letzte Licht legt ein sattes Gelb darauf und wenig später ein tiefes Orange, und wenn wir uns nicht beeilen, wird zu früh ein Blutorange daraus, und das Licht geht aus, noch bevor wir in die Sandsee stechen. Dafür bieten Hotels an diesem Strand statt Booten Wüstenschiffe an.

Und da sind sie endlich, die Objekte der Begierde, die Höcker der Sehnsucht: die Kamele. Eine kleine Karawane von fünf Tieren erwartet uns kniend, Mohammed hat sie gebucht. Freunde des späten Nachmittags, jetzt wird die Lage ernst, denn es sind nur noch zwanzig Meter bis zu ihnen. Und ich sage euch, steigt nicht drauf. Ich habe es meinen Reisegefährten schon während der gesamten Reise gesagt, immer wenn die Rede auf Kamele kam, und immer habe ich gesagt, «ihr könnt machen, was ihr wollt, aber ich steige nicht drauf». Und soeben höre ich Jane, nein: Zada unseren Freund und Fahrer fragen: «Mohammed, was würdest du denn tun? Reiten oder zu Fuß gehen?»

Ich kenne Mohammed seit rund sieben Jahren. Wir haben viele Touren zusammen gemacht, wir haben viel Tee miteinander getrunken, wir sind keine Freunde, aber wir pflegen ein freundschaftliches Verhältnis. Und warum verarscht er uns dann? Und noch blöder: Warum glaube ich ihm? Weil er es so schön sagt, so melodisch, fast singend: «Ich würde das Kamel reiten und die Dünen genießen», antwortet Mohammed, und er lügt. Niemals würde er draufsteigen. Ich weiß es von seinen Freunden und seinen

Brüdern. Und von allen anderen. Kein Marokkaner, der nicht direkt oder indirekt an Kamelen verdient, reitet sie. Nicht mal die Beduinen. Weil es Lasttiere sind. Es gibt Fotos. Es gibt Kino. Und es gibt die Realität.

Die sah so aus: Die Sanddünen hoch war kein Thema. Ich rutschte im Sattel zurück und fühlte mich wohl. Die Sanddünen runter dagegen war fatal. Jedesmal glaubte ich, die Sache in den Griff zu kriegen – man hat Armmuskeln, man kann sich festhalten. Und jedesmal knallte ich wieder gegen den Sattelknauf, als wollte ich mit meinem Becken einen Nagel einschlagen. Wir nahmen nur die kleinen Dünen, vielleicht so sieben Meter hoch, aber bei einem Schlag Minimum pro Meter runter macht das immer noch ganz schön viel Rabatz für die Wirbelsäule im Lendenbereich. Und hier folgt Düne auf Düne. Und es waren noch zweieinhalb Stunden bis zur nächsten Oase. Warum ich nicht vom Kamel abstieg und zu Fuß weiterging? Verdammt gute Frage. Die Antwort: Erstens, weil ich wirklich vor jedem Abstieg glaubte, diesmal kriege ich das hin. Und zweitens, weil hinter mir zwei schöne junge Kanadierinnen ritten. Und so taten, als sei das alles kein Ding. Erst später, viel später, erfuhr ich, daß es ihnen ziemlich ähnlich ging wie mir. Zada sprach von einem «maximum of discomfort» (Neu-Englisch für Folter), und Jane sagte: «Don't ride them. Eat them.»

Daß sie mit dem Schrecken davonkamen, während ich mir einen Bandscheibenvorfall einhandelte, mag damit zu tun haben, daß sie jünger sind als ich, außerdem habe nur ich es auf Indianerart probiert. So ein Kamel läuft immer komisch, auch zwischen den Dünen, und das letzte, was einem dazu einfällt, ist, daß Kamelreiten von irgendeinem orthopädischen Nutzen sein könnte. Wie Schwimmen,

Laufen oder Tanzen. Die Bewegungen, die dieses Tier an jeden weitergibt, der auf ihm sitzt, haben mit den Bedürfnissen und Möglichkeiten der menschlichen Wirbelsäule nichts zu tun. Trotzdem versuchte ich, das Problem wie Winnetou zu meistern, und das war wohl mein größter Fehler auf dieser Tour. Man wird nicht eins mit einem Kamel. Man darf es nicht werden. Sich seinem schaukelnden Rhythmus anzupassen heißt, Schritt für Schritt die eigene Wirbelsäule zu verformen.

Zurück zu Haus, brauchte es drei Monate, um diese Verformung wieder rückgängig zu machen, am Tropf, am Stock, in Solebädern, kurz: Ich habe genügend Autorität, um in dieser Sache ein für allemal die Menschheit zu warnen: Reitet sie nicht. Geht daneben. Wie es die Beduinen machen. Auch Habib, unser Führer. Seitdem ich ihn kenne, ist er nie geritten, warum auch, die Kamele gehen hier kein Stück schneller als ein Mensch. Also weshalb sollte er sich auf ihnen quälen oder gar verletzen, statt zu Fuß und entspannt das luxuriöse Erlebnis zu genießen, das diese Art Landschaft dem Karawanen-Wanderer kurz vor Sonnenuntergang zu bieten hat? Sobald man hinter den ersten Dünen ist, wird man von der Wüste Erg Chebbi verschluckt. Nur noch Formen und Farben, kein Leben mehr. Sanddünen, Sandtäler, Sandpässe, Sandbuchten, alles in allem ein Sandplanet. Auf dem jetzt im Minutentakt die Farben wechseln. Die Wüste wird rot, die Schatten werden länger, die Nacht übernimmt, die Milchstraße fährt ein, und wenn dann noch der Vollmond drüberzieht, wird alles zu einem Sandplaneten in Silberlicht. Und ihr vergeßt, woher ihr kommt, und wohin ihr wollt, vergeßt ihr auch, denn das ist die Qualität der Wüste, darum gingen Jesus und Moses und Mohammed und wie sie alle heißen, immer wieder gerne in sie hinein. Vergeßt die Vergangenheit, und vergeßt die Zukunft, vergeßt eure Handys, Termine und E-Mail-Adressen, vergeßt eure Kämpfe und eure Pläne, sogar eure Freunde, eure Frauen, eure Kinder werdet ihr vergessen, und all das ist groß, erhaben und gut für eure Seele. Aber eines dürft ihr nie vergessen: Setzt euch nicht auf die Scheißkamele!

Auszug aus der Medina
(Marrakesch)

Ich hatte mal ein Haus in Marrakesch. Vor einer Woche habe ich es verlassen. Aber ich wohnte sieben Jahre in ihm, und das muß reichen, um eine orientalische Immobilie zu einem Teil meiner Seele zu machen. Das ist billiger, als sie als Teil meiner Festkosten zu akzeptieren. Einerseits. Andererseits habe ich in dem Haus viel und erfolgreich geschrieben. Im Innenhof des Riads. An dem großen Tisch. Immer nur einen Satz, dann ging ich eine Runde um die beiden Bäume und den Brunnen des Patios und formulierte dabei den nächsten Satz. Die Bäume waren eine Spezialzüchtung. Sie trugen Zitronen und Orangen gleichzeitig. Der Duft ihrer Blüten lag wie Parfum in der Luft, ihre tausend und ein paar mehr tiefgrünen Blätter hielten die Hitze des Sommers in Schach, und was an Sonnenstrahlen durchkam, hat aus dem schwarzweißgekachelten Boden ein Mosaik aus goldenen Tropfen gemacht. Dazu plätscherte der Brunnen und zwitscherten die Vögel und erklang der Gesang des Muezzins, fünfmal am Tag. Am Abend haben wir die Kerzen angezündet, Omar und ich, vierzig Kerzen im Schnitt. Nach drei Stunden waren sie heruntergebrannt, die nächsten vierzig wurden entflammt, drei mal vierzig Kerzen pro Nacht waren in diesem Haus normal.

Ich hatte mal einen Traum in Marrakesch. Ich träumte

davon, in diesem Haus zu bleiben, bis ans Ende meiner Tage. Vier Jahre schien es, als könnte das klappen, aber im fünften Jahr unterlief mir ein Fehler, der nicht mehr gutzumachen war. Ich bemerkte nicht, daß Omars Frau starb. Obwohl sie sich jeden Nachmittag in mein Haus schleppte, damit ich sie stöhnen hören konnte, hörte ich sie nicht, denn ich schrieb an einem Buch. Außerdem wird in Marokko auch viel falsch gestöhnt, dann ist man nicht krank, sondern pleite, und zudem mochte ich Omars Frau nicht sonderlich, denn ich hatte sie ein paarmal dabei ertappt, wie sie mich betrog. Trotzdem: Sie war die Frau von Omar, und damit die Frau meines besten Freundes in Marrakesch. Ich hätte ihr, selbst wenn sie mich betrog, bestahl und schlecht bekochte, die Operation bezahlen müssen. Aber ich war in meinem Buch verschwunden, während sie stöhnte, und als ich aus dem Buch wieder herauskam, stöhnte sie nicht mehr und war tot.

Ich hatte mal einen Freund in Marrakesch. Mit Omar verlor ich nicht nur meinen besten, sondern auch fast meinen einzigen vor Ort. Es ist nicht schwer, mit Marokkanern Freundschaft zu schließen, aber nahezu unmöglich, sie zu erhalten, weil die Mentalitäten so verschieden sind. Was für sie ein Spiel ist, bedeutet für uns verarschen. Leute, die ich seit fünfzehn Jahren kenne und bewirte, Leute, die seit fünfzehn Jahren mein Bier trinken und mein Haschisch rauchen, Leute, die ich seit fünfzehn Jahren entweder direkt bezahle oder ihnen Touristen und damit Geschäfte zuführe, verarschen mich noch immer, sobald sie eine Gelegenheit dazu sehen. Klar, ich bekomme den Residenzler-Bonus, bei den Touristen sind sie schlimmer, und natürlich verarschen sie sich auch untereinander rund um die Uhr. Es ist ein Wesenszug, sie können nicht anders.

Alles und jeden über den Tisch zu ziehen gilt in Marokko als sportiv.

Ein paar Jahre schaffte ich es, dieser dunklen Seite des Marokkaners seine helle gegenüberzustellen. Ihre Musikalität, ihr Charme, ihre Lust am Geschichtenerzählen, ihr Humor und ihr Talent für Philosophie glichen ihren Makel wieder aus. Denn ich gewichtete Entertainment und Vertrauenswürdigkeit gleich. Inzwischen geht das nicht mehr immer, und immer öfter geht es auch gar nicht mehr. Inzwischen sind mir langweilige, aber ehrliche Menschen lieber. Darum ziehe ich von Marokko in die Schweiz. Oder nach Istanbul. Da sollen die einzigen Menschen leben, die unterhaltsam und ehrenvoll zugleich sind.

Soviel zu den seelischen und ethnopsychologischen Gründen, die Medina zu verlassen. Es gibt auch profanere. Nach Marrakesch kommen seit geraumer Zeit pro Jahr zehn Millionen Touristen. Pro Monat sind das knapp achthunderttausend. Mit den eine Million Marokkanern in der Stadt mischt sich das zwar noch nicht im Verhältnis eins zu eins, doch immerhin so, daß mir ein Bummel durch die Gassen keinen Spaß mehr macht. Auf die Magie eines urbanen Märchens wirkt Tourismus wie Terrorismus. Außerdem explodieren die Preise. Das ist nicht mehr Tausendundeine Nacht, sondern Tausendundein Prozent zuviel des Guten. Als ich vor siebzehn Jahren zum ersten Mal nach Marrakesch kam, kostete zum Beispiel das Schuheputzen zwei Dirham. Heute verlangen sie zwanzig und gehen bis zehn herunter. Bei den Häusern, um auf das Thema zurückzukommen, ist es ähnlich. Ein Haus wie meines hätte 1992 etwa dreißigtausend Euro gekostet. 2002 verlangten sie bereits zweihunderttausend. Inzwischen sind sie bei fünfhunderttausend angelangt. Das hat mich nie wirklich interessiert, denn ich gehe gern, wann ich will. Deshalb wohne ich lieber zur Miete. Vor vier Monaten ist der Mietvertrag abgelaufen. Ich hätte einen neuen bekommen können, aber nur mit einer Erhöhung der Miete von sechshundert Euro monatlich auf eintausendachthundert Euro. Außerdem standen im alten Mietvertrag einige Dinge, deren Nichteinhaltung inzwischen dazu geführt hat, daß ich dem Hausbesitzer noch fünfzehntausend Euro schulde, wie er mir drei Monate vor Vertragsende sagte. Natürlich war das Quatsch, und die beste Art, mit diesem Quatsch umzugehen, war, die Hitze des Sommers noch abzuwarten und dann zu verschwinden. So würden es die Marokkaner machen, und warum hätte ich mich in ihrem Land nicht volkstümlich verhalten sollen? Ich verließ also Marrakesch und wäre auch jetzt nicht zurückgekommen, hätte es nicht zwei Probleme mit dem Verschwinden gegeben.

Das erste Problem hat mit einem Umstand zu tun, den ich bisher noch nicht erwähnte: Ich hatte mal einen Mit-Träumer in Marrakesch. Meinen Freund Peter, ein Chefredakteur aus Berlin. Nicht ich habe den Mietvertrag unterschrieben, sondern er. Wir wollten den Riad mit seinem Zaubergarten gemeinsam als Teilzeit-Sultane nutzen und pendelten die ersten zwei Jahre auch gemeinsam zwischen unserer Realität im Herzen Europas und unserem Märchen im Herzen des Basars hin und her. Dann pendelten unsere Freundinnen mit, was sofort zu erheblichen Dissonanzen beim Thema Inneneinrichtung und Dekoration des Riads führte. Peter zog deshalb in ein anderes Medina-Haus um. Den Vertrag für unser altes überließ er mir per Handschlag und mit dem Versprechen meinerseits, daß er niemals für etwas bezahlen müsse, was ihn nichts mehr angehe. Weil sein neues Haus kleiner und billiger war als unser großes, kaufte er es. Und weil er jetzt eine Immobilie in Marrakesch hat, ist er für die marokkanische Gerichtsbarkeit erreichbar. Der Vermieter hatte in der Zeit meines Verschwindens bereits mehrere Male damit gedroht, ihn zu verklagen, und deshalb muß ich jetzt was tun. Der zweite Grund, noch einmal zurückzukommen, hat dagegen mit der Liebe zu einem Haustier zu tun.

Ich hatte mal eine Katze in Marrakesch. Sie hieß Putzi und war so alt wie mein Mietvertrag. Sie hat eine Menge Nächte neben mir auf dem Dach gesessen und mit mir in die Sterne gesehen, und in den Mond. Manchmal drehte sie sich zu mir um und machte «Miau», und ich bin mir sicher, das hieß in meiner Sprache «Wie geil!» oder «Du bist ein echter Kumpel». Als sie noch klein war, habe ich sie in der Brusttasche meines Hemdes durchs Haus getragen, später bekam sie Junge in der rechten oberen Schublade meines Schreibtischs. In Putzis Seele sind, genau wie in meiner, die vierzig nächtlich flackernden Kerzenlichter wie tanzende Feuer-Feen eingebrannt. Sie hat zugehört, wenn ich zur Gitarre gesungen habe, und am Fußende meines Bettes geschlafen. Wenn ich schrieb, schnurrte sie dazu, entweder auf dem Tisch oder auf meinem Schoß, und irgendwann habe ich sogar ein Buch über sie geschrieben. Aber eigentlich kam es mir so vor, als habe sie es diktiert. Ihre Sicht der Dinge. Das Buch heißt «Das Haus der sprechenden Tiere», und während ich daran arbeitete, starb Omars Frau. Vielleicht kann man es ja auch so sehen: Ich habe einer Katze mehr Aufmerksamkeit als der Frau eines Freundes geschenkt, und darum mußte ich raus. Aus dem Haus. Aus dem kleinen Vorgarten zum Paradies im alten Basar der Königsstadt. Aus dem Märchen.

Und Putzi? Sie mit nach Deutschland zu nehmen hätte folgendes bedeutet: eine Impfung gegen Tollwut durch einen von der EU anerkannten marokkanischen Tierarzt; eine weitere Impfung zwei Monate später; dann in den Bauch eines großen Flugzeugs und, in Deutschland angekommen, einen Monat Quarantäne. Lohn der Angst und aller Qualen wäre ein Migrantenschicksal im Altbau gewesen. Die Wohnung meiner Freundin ist schön, aber für eine Katze, die in einem Medina-Palast aufgewachsen ist, inakzeptabel. Aber wohin mit ihr in Marrakesch? Zu Peter nicht, weil er gegen Katzen allergisch ist, und Omar, der ihr so zugetan ist wie ich, hat in seinem Haus zwei Hunde. Deshalb gab ich Omar bei meinem Abschied im letzten Frühjahr etwas Geld, damit er Putzi so lange täglich füttert, bis er was anderes für sie gefunden hat. Er fand aber nichts anderes für sie. Zum Zeitpunkt meiner Rückkehr nach Marokko war Putzi also sieben Monate mehr oder weniger allein im Riad.

Ich hatte mal ein schlechtes Gewissen in Marrakesch und betrat deshalb das Haus mit vierzehn Dosen Whiskas für sie und mit einer Palette Heineken für mich. Und Elhamdüllilah (Gott sei Dank): Omar hatte Wort gehalten. Sie sah prächtig aus. Wunderschön. Und kerngesund. Das Haus dagegen sah so aus, wie ein Haus unter dem Himmel Marokkos eben aussieht, in dem man sich über ein halbes Jahr lang nur um die Katze gekümmert hat. Eine Streubombe aus Dreck, Matsch, toten Blättern und zermatschten Orangen hatte in dem Patio eingeschlagen, in den Zimmern wohnten Insektenkolonien, das Dach war teilweise eingebrochen, und alle Pflanzen waren tot. Ich putzte den großen Tisch im Innenhof und die Kacheln darunter, damit ich ein sauberes Zentrum für meine Aktionen hatte. Mir blieben drei Tage, um das Haus leer zu kriegen, mit dem Vermieter zu dealen und die Katze umzusiedeln. Ich hatte dafür bewußt nicht mehr Zeit eingeplant, um nicht den Blues zu kriegen. Für Putzi, die enthemmt mit mir schmuste und in meinen Ärmel zu kriechen versuchte, gab's bereits eine Lösung. Die Chefin eines Riad-Hotels, mit der ich erst vor einer Stunde gesprochen hatte, wollte sie, um ihre Mäuse loszuwerden. Ein gutes Ziel, aber der Weg dahin war hart.

Putzi verließ in einem Wäschekorb zum ersten Mal in ihrem Leben unser Haus und miaute gottserbärmlich. Katzen nehmen die Welt hauptsächlich über ihre Ohren wahr, und was sie auf den Gassen der Medina zu hören bekam, ließ sie vor Angst durchdrehen. Eselkarren, Motorräder, Hunde, tobende Kinder, brüllende Händler, und als wir aus dem Basar heraus waren und den Djemaa el Fna erreichten, den großen Platz in der Mitte der alten Stadt, kamen noch die tausend Stimmen der Gaukler, Boxer, Artisten und Marktschreier hinzu sowie das Zischen der Schlangen, das Kreischen der Affen und die Trommeln der Berber. «Miau, miau, miau.» Endlich im Hotel Les Couleurs de L'Orient angekommen und aus dem Korb gelassen, verschwand Putzi unter dem Bett des nächstbesten freien Zimmers und ward drei Tage nicht mehr gesehen. Danach stemmten wir das Bett hoch und siedelten Putzi noch mal um, denn inzwischen hatte sich Omars Sohn bereit erklärt, sie zu nehmen, und das war die bessere Lösung, denn sie kannte ihn und seine Familie gut.

Ich hatte mal ein Stammlokal in Marrakesch. Es heißt «Café Glacier», und auf seiner Terrasse haben bereits die Rolling Stones, Cat Stevens und Jimi Hendrix mit Ausblick auf den Djemaa el Fna Minztee getrunken. Hier traf ich den Vermieter und seinen Assistenten. Ich brachte Habib zum Übersetzen mit. Auch er ein Fünfzehn-Jahre-Marrakesch-Freund, aber einer, der fließend Deutsch spricht. Der Vermieter meinte, er habe sieben Monate keine Miete mehr von mir gesehen. Er rechnete die vier Monate nach Vertragsende mit, weil das Haus nicht geräumt gewesen sei. Außerdem bekomme er noch die fünfzehntausend Euro für irgendwas. Ich sagte, die fünfzehntausend seien Quatsch und die offene Miete würde ich auch nicht bezahlen. Er sagte, dann verklage er Peter. Habib erklärte mir auf deutsch, daß der Vermieter bluffe, denn Mietklagen dauerten in Marokko ewig, und um sie in Gang zu setzen, müsse der Kläger erst mal zwanzigtausend Euro für die Gerichtskasse vorlegen. Das mache der nie, sagte Habib, aber er wolle sein Gesicht behalten. Er brauche einen Kompromiß. Ich sagte, ich würde drei Monate zahlen, und der Vermieter sagte «wacha», das heißt «okay».

Einen Tag später trafen wir uns am selben Ort wieder. Ich übergab dem Vermieter die drei Monatsmieten, er legte mir einen Auflösungsvertrag auf arabisch vor. Habib mußte, während er ihn übersetzte, ein bißchen lachen: «Er hat bereits einen Nachmieter, und der übernimmt laut Vertrag hier eure angeblichen fünfzehntausend Euro Schulden bei ihm. Der Mann kann nicht anders. Dich kann er nicht verarschen, also verarscht er einen anderen. Irgendwen muß er verarschen, sonst schläft er nicht gut.»

Am einfachsten aber war das Ausräumen des Hauses. Ich sagte Omar, ich bräuchte fünf Leute und jeder könne behalten, was er wolle. Nach nicht mal vierundzwanzig Stunden war der Riad immer noch saudreckig, aber ratzeputzleer. Sie hatten alles, aber wirklich alles aus den sieben Räumen, der Küche, dem Innenhof und den Bädern mitgenommen, sogar die Toilettenschüsseln. An meinem letzten Abend saß ich in diesem gänzlich entkleideten Traum bei Kerzenlicht, um ein bißchen zu weinen, aber kam nicht dazu, weil plötzlich der Gesang des Muezzins erklang und die Trauer wegwischte. Allah ist groß, Allah ist mächtig, und ich stand auf und ging noch mal, solange der Muezzin sang, um die Bäume und den Brunnen im Kreis herum, so wie ich es früher gemacht hatte. Ich hatte mal ein Problem in Marrakesch. Es war vorbei. Nach sieben Runden gab Allah Ruhe.

Die Astrologen von Varanasi
(Indien)

Wer bin ich? Warum bin ich? Welche Aufgabe habe ich? Man drängte mich, diese Fragen zu beantworten, ich konnte aber nur zur dritten sofort und sicher etwas sagen, zur ersten und zweiten nicht. Um bei der Wahrheit zu bleiben: Auch zur ersten fiel mir sofort was ein, aber ich wollte es nicht glauben, ich hatte nicht den Mut, die Antwort wäre zu abstrus ausgefallen. Dabei können die Inder diesbezüglich einiges vertragen. Sie haben nur durchgeknallte Antworten. Ich bat um Aufschub. Ich will die Sache in Ruhe überlegen und Ditu eine Mail schicken, wenn ich wieder in Wien bin. Bis dahin setze ich wie gewohnt auf Ganesha, den Gott mit dem Elefantenkopf. Er ist der Schutzpatron der Diebe, Dichter und Händler, was ihn zum idealen Gott für Journalisten macht, außerdem ist er der «Überwinder aller Schwierigkeiten» (auch nicht schlecht), und als «Hüter der Schwelle» bietet er Schutz vor Dämonen, er schützt uns sogar vor den Göttern. Aber schützt er uns auch vor der Astrologie?

Ditu hatte gesagt, sein Vater habe ihm die Astrologie zwar nicht verboten, aber er habe sie ihm auszureden versucht, obwohl er selbst Astrologe sei. Und auch sein Großvater sei Astrologe gewesen, ein sehr guter, wie es heiße. «Vielleicht ein Generationenkonflikt zwischen Vater und Großvater», warf ich ein. «Ja», sagte Ditu, «vielleicht.»

Ditus Vater zweifelt nicht an der Astrologie. Er hat auch nichts gegen sie. Er hat nur was dagegen, daß sein Sohn die Zukunft kennt. Es ändert die Zukunft nicht, aber nimmt die Spannung. Er hat auch was dagegen, die Vergangenheit zu kennen. «Mein Vater sagt, das verwirrt nur den Geist. Wenn du weißt, daß du im vorherigen Leben ein König warst, willst du in diesem Leben auch wieder König sein, obwohl dir etwas anderes bestimmt ist.» In diesem Leben ist es Ditu bestimmt, mein Übersetzer zu sein, und wir waren auf dem Weg zu Professor Ram Chandra Pandey, um ihn zu interviewen, aber was Ditu von seinem Vater erzählt hatte, gefiel mir so gut, daß ich auch ihn interviewen wollte. Genau das habe er seinen Vater gestern abend schon gefragt, sagte Ditu. Und? «Im Prinzip hat er nichts dagegen. Aber er meint, es sei überflüssig, denn wir würden ja heute den Professor treffen.» Niemand könne uns mehr erzählen als Professor Ram Chandra Pandey. Er sei der beste Astrologe in Varanasi.

Professor Ram Chandra Pandey gehört zum Lehrkörper der Banaras Hindu University, die als einzige Hochschule der Welt Astrologie als Studienfach anbietet. Die Astrologen sind in der Sanskrit-Fakultät untergebracht. Jede Fakultät, von Kunst bis Wirtschaftswissenschaft, verfügt über ein eigenes Gebäude, und jedes dieser Gebäude erinnert an den Palast der Winde und hat einen weitläufigen Garten. Die Summe der Paläste und Gärten ergibt einen urbanen Park und ist der Traum von einem Indien, das nicht überbevölkert ist und keine Armut kennt. Nur Mittelstand und Wissenschaft. Die Universität hat rund fünfzehntausend Studenten, ein Straßennetz von siebzehn Kilometern Länge sowie einen Shiva-Tempel, den wir besuchten, nachdem wir erfahren hatten, daß der Professor uns versetzt hatte; nicht mit Absicht, wie sich am Telefon herausstellte, er entschuldigte sich mit seiner altersbedingten Vergeßlichkeit und bot einen Termin am nächsten Tag an, gleiche Zeit.

Der Tempel. Sein heiligstes Relikt ist ein Lingam, ein Penis aus Stein, größer als der eines Elefanten, es soll der Penis des Gottes Shiva sein. Im Grunde glaubt auch der Hinduismus – wie das Christentum – nur an einen Gott, allerdings an einen unpersönlichen. Brahman ist etwas, das man schwer beschreiben kann, weil es keinen Anfang und kein Ende hat, kein Unten und kein Oben, keine Form, kein Gewicht, kein Gesicht, auch keine Farbe und keinen Klang. Es ist das Urmeer der Spiritualität, von den Buddhisten schlicht «Nichts» genannt. Doch gleich unter dem Nichts (in dem alles ist) siedelt der Hindu drei Verkörperungen des Göttlichen an: Brahma, den Kreativen, der die Welt liebt und ständig neu erschafft; Vishnu, den Verwalter, der sich für den Erhalt des Bestehenden stark macht; und Shiva, den Killer, der zerstört, was zerstört gehört. Aus Gründen, die ich nicht nachvollziehen kann, betet Indien hauptsächlich den göttlichen Killer an. Möge Shiva die Vergeßlichkeit des Professors zerstören.

Plötzlich hörte ich Musik, himmlische Musik, aus dem oberen Stockwerk des Tempels. Ein blinder Sänger mit pockenvernarbtem Gesicht, wie sich herausstellte, von einem Tablaspieler begleitet. Ditu und ich lehnten eine Weile an den Marmorsäulen in der Nähe, dann nahmen wir Platz auf dem Marmorboden. Der ganze Tempel ist aus Marmor, es gab nichts anderes, auf das man sich setzen konnte. Kalt, aber erhaben, ein Material, das die Blicke nicht stolpern läßt, und mir schien, als sei das Paradies daraus gebaut. Ich schloß die Augen, und die Musik trug mich weg. Oberstimmen-Musik. Der Blinde sang in dem Bereich, in den das Jodeln springt, aber er sprang nicht wieder zurück. Er blieb oben. Und er sang leise. Nur sein Herz war laut. Die Wirkung war verblüffend. Ich transzendierte irgendwohin, und dieses Irgendwo muß vor dreitausend Jahren gewesen sein, als die Götter auf Erden wandelten und sich Indien einer erleuchteten Kultur erfreute. Allen Berichten zufolge wurde damals das Yoga erfunden, auch die ayurvedische Heilkunst, die Astrologie und die poetische Philosophie mit Überlänge gehen auf diese Zeit zurück. Das Mahabharata, um nur einen Beweis für den heiligen Fleiß zu nennen, ist ein Werk, das über hunderttausend Doppelverse umfaßt. Von Schreibblockaden ist nichts bekannt. Auch nicht bei den Astrologen und schon gar nicht bei den Spezis der Palmblattfraktion.

Die Palmblattbibliothek ist das letzte große Mysterium Indiens. Angeblich haben medial begabte Astrologen seinerzeit die persönlichen Schicksale von einigen Millionen Menschen auf Palmenblättern niedergeschrieben, im Grunde muß man sagen: von einigen Millionen Seelen, denn die Aufzeichnungen umfassen ihre früheren, gegenwärtigen und künftigen Reinkarnationen. Das totale Schicksal, wenn man so will, festgehalten für alle, von denen die prophetischen Mönche wußten, daß sie früher oder später in die Bibliotheken kommen würden. Problem: Die Bibliothek, von der man weiß, steht in Chennai (ehemals Madras), aber man muß sich ein Jahr im voraus anmelden, will man sein Palmenblatt lesen, und von den Bibliotheken, in denen es schneller geht, weiß man nicht genau, wo sie sind, außer irgendwo in Indien. Ich hatte in der Tat den Astrologieprofessor einiges zu fragen. Die anderen Fragen:

1. Worin besteht der Unterschied zwischen der indischen und unserer Astrologie?
2. Ist die Astrologie wirklich allwissend?
3. Gibt es für uns Möglichkeiten (Meditation, Jesus, eigener Wille), den Gesetzen der Sterne zu entkommen?
4. Kann er mal einen Blick auf mein Schicksal werfen?

Aber wir könnten das auch erst einmal Dr. Vagish Shastri fragen, mit dem wir heute keinen Termin hatten, der aber in dem Ruf steht, immer zu Hause zu sein. «Warum gerade ihn?» wollte Ditu wissen. «Er ist kein Astrologe. Er ist Sanskrit-Gelehrter.» Na und? Erstens wurde die alte Sprache Indiens parallel zur Astrologie entwickelt, und es kann nicht schaden, über linguistische Aspekte von Voraussagen zu sprechen. Außerdem ist Dr. Vagish Shastri der Lehrer von MADONNA. Die Geschichte dazu geht so: Als Madonna mit «Shanti / Ashtangi» einen in Sanskrit gesungenen Welthit landete, bekam sie kurz darauf einen Brief aus Varanasi. Dr. Vagish Shastri erklärte darin, daß Varanasi nicht nur die heiligste der sieben heiligen Städte sei, es sei auch die heimliche Hauptstadt der indischen Kultur. Die besten Musiker (wie Ravi Shankar) und die besten Gelehrten (wie er) würden hier wohnen, schrieb der führende Sanskrit-Experte des Subkontinents, und nun gebe es ein Problem: Zwar sei sein Herz mit Dankbarkeit erfüllt, daß die Popsängerin die heilige Sprache Indiens überall in der Welt bekannt mache, aber leider spreche sie sie falsch aus. Ein paar Wochen später war Madonna bei ihm.

Der Doktor gehört nicht zum Lehrkörper der Banaras Hindu University, darum wohnt er nicht in den Professorenhäusern der City of Science, sondern in dem architekturgewordenen Wahnsinn der alten Stadt, und ich versuchte, den Weg zu ihm mit den Augen von Madonna zu sehen. Sobald man den weitläufigen, grünen Park der Wissenschaft verläßt, zeigt uns Indien, wo es langgeht, wenn keine Familie weniger als fünf Kinder hat, neunzig Prozent der Steuereinnahmen in die Abtragung von Auslandsschulden fließen und die restlichen zehn Prozent zu gleichen Teilen vom Militär und von der Korruption aufgebracht werden. In der «Stadt des Lichts» (so die Sanskrit-Bedeutung von Varanasi) fällt in etwa so oft der Strom aus, wie es in London regnet, achtzig Prozent der Bevölkerung leben unterhalb der Armutsgrenze, die Straßen sind so alt wie die Zivilisation (Varanasi zählt zu den ältesten Städten der Welt), und die Häuser sind zwar schön, aber riechen nicht gut, weil hier jeder an jede Mauer pinkelt. Natürlich hat kaum ein Auto einen Katalysator und kaum ein Motorrad einen Auspuff mit weniger als sieben Löchern, was das Atmen zu etwas macht, von dem eigentlich abzuraten ist. Die Abgase und der Uringestank vermischen sich mit dem Geruch von einer Million Räucherstäbchen und zahllosen Gewürzen, mit dem Duft von Mangos, Orangen und den Parfums, die unter den Saris schwitzen. Was zur Hölle kann man von so einem Land lernen? Daß innere und äußere Welten nicht ineinanderfließen, sondern so weit voneinander entfernt sind wie die Sonne vom Mond? Daß die Experten im Paradies sich auf Erden dilettantisch gebärden? Daß Spiritualität weh tut? Schwer zu sagen.

Der siebzigjährige Dr. Vagish Shastri heiterte mich dann wieder auf, gleichzeitig war ich von Madonna enttäuscht. Vor mir saß auf einem Podest der klassische Scheinheilige mit überschwappender Eitelkeit. Der Raum tapeziert mit «Ich und ...»-Fotos (Ich und der Popstar, ich und der indische Ministerpräsident), der Mund voll des Eigenlobs. Er habe schon im Alter von fünf Jahren seine früheren Reinkarnationen erkannt und auch die Reinkarnationen seiner Lieben. Seine Mutter sei im vergangenen Leben sein Schwiegersohn gewesen, sein Vater sein Schüler, und auch seine Brüder hätten in zurückliegenden Wiedergeburten seine Nähe gesucht, denn er sei seit drei Leben als Guru auf Erden. Okkulte Kräfte? Jede Menge. So habe er sich zum Beispiel mit sechs Jahren einmal vierzehn Hemden übergezogen, und alle hätten geglaubt, es sei nur eins gewesen.

Eine Woche ist Madonna bei ihm geblieben. Ich hielt es keine Stunde aus. Über Astrologie wollte er eh nicht sprechen, weil wir ihm erzählt hatten, daß wir den Professor treffen würden. Was wollt ihr dann bei mir? «Das hat mein Vater auch gefragt», sagte Ditu, und plötzlich entspann sich der einzige Dialog von Interesse. Es stellte sich heraus, daß Dr. Vagish Shastri den Großvater meines Übersetzers kannte, was ihn ohne Übergang kleinlaut werden ließ. «Ein wirklich berühmter Mann», sagte er in dem Tonfall, in dem B-Promis von A-Promis sprechen.

Am Abend las ich dann im Hotel ein bißchen in dem Buch, das er mir verkauft hatte. Seine Biographie. Ich kam nicht über das Vorwort hinaus, in Wahrheit nicht über den ersten Absatz. Verfaßt von seiner Frau: «Mein verehrter Mann Dr. Vagish Shastri ist mein Gott, Führer und Philosoph. Dank meiner guten Taten in früheren Leben darf ich ihm jetzt so nah sein.» Ich schlief mit dem beruhigenden Gedanken ein, daß ich Madonnas Musik immer noch liebe, aber ihre spirituellen Ambitionen nicht mehr ernst zu nehmen brauche. Shanti Ashtangi (Friede, Friede, achtfach Friede).

Professor Ram Chandra Pandey dagegen erfüllte alle in ihn gesetzten Erwartungen. Ein entspannter dreiundfünfzigjähriger Gelehrter mit weißen Haaren, der nicht sonderlich interessiert an dem Interview war, aber wußte, daß so was manchmal sein muß. Seine gute Laune kann damit zu tun gehabt haben, daß er kein Freelancer wie Dr. Shastri ist, sondern ein Beamter, den der Staat bis ans Ende seiner Tage bezahlt. Oder auch damit, daß die Sonne schien. Man weiß es nicht.

Die Astrologen sind im Erdgeschoß der Sanskrit-Fakultät untergebracht, der Professor lehrt im einzigen Raum, der zum Garten hin liegt. Professor Ram Chandra Pandey saß ebenfalls auf einem Podest, aber es war so groß, daß es auch seinen Schülern Platz bot. Zwischen ihm und den Studenten stand ein kleines Pult. Alle Studenten waren sympathisch. Unterrichtsstoff heute: Wie man Ellipsen berechnet. Doch daraus wurde nichts. Als der Professor erfuhr, wer Ditus Großvater war, wechselte er in den Fachbereich Heldenverehrung. Er war wirklich von den Socken und sagte seinen Studenten, von den vier großen Astrologielehrern Varanasis sei Ditus Großvater der größte gewesen. Von dem hätten sie alle gelernt. Seine bisher ambivalenten Reaktionen auf unsere Fragen verloren sich nun schnell in einem Klima der Kooperation. Was ist der Unterschied zwischen der indischen und der westlichen Astrologie? Die indische ist ein bißchen älter und ein bißchen genauer. Grundsätzlich sind sie gleich. Kann die Astrologie hundertprozentig das Schicksal eines Menschen erkennen und voraussagen? Ja, natürlich.

Voraussetzung sind genaue Angaben über Geburtsort und Geburtsstunde, auf die Minute genau. Sind diese Daten exakt, gibt's keinen Zweifel an der Unfehlbarkeit der Astrologie. Unfehlbar bis ins Kleingedruckte. Gibt es die Möglichkeit, über die Sterne hinauszuwachsen und sein Schicksal selbst zu bestimmen? Oder seinem Schicksal auszuweichen? Der Professor sagte: «Nein.» Er sagte es mit Heiterkeit. Ich hakte nach. Wenn zum Beispiel in meinem Horoskop steht, daß ich in Varanasi sterben werde, und ich deshalb nie mehr nach Varanasi zurückkehre, was dann? «Dann wird es Gründe geben, warum du nach Varanasi zurückkehren MUSST.» Wozu nützt uns dann die Astrologie? «Was?» Warum soll ich meine Zukunft kennen, wenn ich sie nicht ändern kann? Darauf sagte der Professor einen schönen Satz: «Wenn der Wetterbericht vorhersagt, daß es regnen wird, dann kannst du den Regen nicht ändern, aber du kannst einen Regenschirm mitnehmen.» Bei meiner letzten Frage, ob es auch in Varanasi eine Palmblattbibliothek gebe, mußte der Professor leider passen. Anzunehmen sei es, weil Varanasi so wichtig ist, aber man habe einfach lange nichts mehr davon gehört. Doch dann besann er sich. Besinnen ist vielleicht zuviel gesagt. Es war nur so ein Gedanke: «Frag doch mal deinen Vater danach», sagte er zu Ditu.

Das Haus, in dem Ditu lebt, steht nicht weit entfernt von dem Haus, in dem seinerzeit Madonna weilte. Sehr schmale Gassen, intimstes Indien, zwei Minuten bis zum Ganges. Der Raum, in den mich Ditu führte, war klein, sauber und trotz aller Bemühungen, ihn irgendwie wohnlich zu möblieren, asketisch. Es war der Raum von Ditus Vater, der uns ein bißchen warten ließ und mich überraschte, als er schließlich zur Tür hereinkam. Zweiundvierzig, schlank, edles Gesicht, schwarzer, gepflegter Vollbart. Ich hatte ihn mir älter vorgestellt. Blick und Kommunikation: schnurgerade. Er habe nichts dagegen, daß sein Sohn die Astrologie erlerne, sagte er auf meine Frage, er habe nur etwas dagegen, wenn es sein Beruf werde. Weil er es dann für Geld mache. Und das sei falsch. Sein Vater habe es nie für Geld gemacht, sondern immer nur, um zu helfen. Heute hätten alle nur Geld im Sinn. Lakshmi sei die Göttin des Geldes, Saraswati die Göttin der Weisheit und der spirituellen Kraft. Es sei nicht möglich, beide anzubeten. Er habe sich für Saraswati entschieden. Er arbeite bei der Post, um die Astrologie nicht gegen Geld betreiben zu müssen. Alles klar? Ja. Und was ist mit der Mathematik? Hat Astrologie wirklich nur mit exakten Daten und fehlerfreiem Rechnen zu tun? Ditus Vater sagte: nein. In den alten Zeiten, als Gott Rama auf der Erde gewesen sei, hätten die Yogis so viel Kraft gehabt, daß sie in ihren Meditationen Zukunft und Schicksal von Menschen sehen konnten. Erst als das Kali-Yuga, das Zeitalter der Dunkelheit, begann und keiner mehr Kraft gehabt habe, hätten sie mit dem Rechnen angefangen. Heute könne jeder Astrologe sein. Mit Kraft habe das nichts mehr zu tun.

Während Ditus Vater redete, veränderte sich Ditu in etwas, das im Gesicht zwei angeknipste Scheinwerfer hat. Er liebt ihn, er verehrt ihn, er ist stolz auf ihn. Er lernt. Sein Vater, der das bemerkte, lockerte auf. Ein guter Moment für die finale Frage: Weiß er was vom Palmblatthoroskop? Ditus Vater sagte, na klar. Und erzählte: «Ein extrem starker Yogi, Bhrigu genannt, wollte einmal herausfinden, welcher der drei großen Götter der beste ist. Zuerst ging er zu Shiva und war entsetzt, weil der Gott der Zerstörung kiffte. Dann ging er zu Krishna, hatte aber auch mit ihm Probleme, weil eine junge, halbnackte Frau beim Gott der Liebe war. Vishnu war der letzte. Und wieder sah der Yogi nicht, was er erwartet hatte: Der Erhalter und Bewahrer alles Seienden vernachlässigte seine Pflicht, weil er auf einer Riesenschlange schlief. Der Yogi, inzwischen wütend geworden, verlor die Contenance und trat gegen Vishnus Bein, um ihn aufzuwecken. Vishnu, der nicht geschlafen, sondern meditiert hatte, öffnete sofort die Augen. Der Yogi sah Besorgnis darin. ‹Armer Kerl›, sagte Vishnu. ‹Hast du jetzt Probleme mit deinem Fuß?› Er sagte das, weil sein Bein so hart wie Eisen war. Der Yogi schämte sich nun bis auf die Knochen, denn seine Dummheit wurde mit Güte beantwortet. Als Wiedergutmachung bot er an, das Palmblattmanuskript zu schreiben.»

Eine Geschichte, mit der ich leben kann. Ich lebe ja auch damit, daß Gott die Frau aus der Rippe des Mannes erschuf, Moses das Rote Meer teilte und Maria Sex mit dem Heiligen Geist hatte. In den Palmblättern stehe alles über eine Person, fuhr Ditus Vater fort. Palmblätter verrotten im Laufe der Jahrtausende natürlich, deshalb hätten Generationen von Mönchen die Texte auf Papier übertragen. Vor siebzig Jahren sei von dem zuständigen Kloster in limitierter Auflage ein Buch herausgegeben und an die wichtigsten Astrologen Indiens verteilt worden. Also an die, die verstanden hätten. In Varanasi sei sein Vater der beste Astrologe gewesen. Selbst die Könige von Vijaygarh und Fayabad seien für seinen Rat in dieses Haus gekommen. Und er habe nicht eine Rupie genommen. Deshalb habe sein Vater eines der Palmblattbücher bekommen, das er, bevor er starb, an ihn weiterreichte. Eines Tages werde es Ditu erben. So einfach sei das.

Ob sie ein Foto von Ditus Großvater hätten? Natürlich. Ob ich mal sehen dürfe? Ditu verließ das Zimmer, um es zu holen. Er kam mit einer gerahmten Schwarzweißaufnahme eines Mannes zurück, der so Mitte Zwanzig gewesen sein muß, als das Bild gemacht wurde, und dessen konsequent vergeistigter Gesichtsausdruck mich an Rama Krishna erinnerte, einen der größten indischen Heiligen. Und an seinen Sohn. «Sie ähneln Ihrem Vater», sagte ich. Was ernst gemeint war. Und gleichzeitig ein beinhartes Kompliment. Es war klar, was ich nun wollte. «Es ist nicht gut, wenn man die Zukunft kennt», sagte Ditus Vater noch einmal, als ich ihn fragte, ob er für mich einen Blick ins Palmblattbuch werfen würde. «Besser ist, du machst, was du willst, und vertraust darauf, daß du alles bekommst, was du bekommen sollst, und alles verlierst, was du nicht brauchst.» Auch sei es nicht gut, die Vergangenheit zu kennen. Wer um seine früheren Leben wisse, habe keinerlei Gewinn, sondern einfach nur mehr Probleme. Wenn ich aber trotzdem darauf bestünde, würde er es für mich machen. Er benötige dafür nur wenige Daten: Geburtsort, Geburtszeit und den Namen des Tages. Was für einen Namen? Na, Montag, Dienstag, Mittwoch oder so. Außerdem müsse ich ihm vorher noch einige Fragen beantworten, das sei Usus in der Palmblattbibliothek. «Erstens: Wer bist du? Zweitens: Warum bist du? Und drittens: Was ist deine Aufgabe auf dieser Welt?»

Verstehen Sie nun mein Problem?

Der Strand der gestrandeten Geschichten
(Havanna)

Der Weg vom Flughafen bis in die Stadt ist lang, und es war wenig Licht zu beiden Seiten der Straße, und die Hitze der Nacht fühlte sich an wie eine Frau, die sich ausziehen will. Menschen saßen an der Straße, so als hätten sie nichts, und alle Häuser waren grau, und es war kaum Verkehr, und die Stille und die Dunkelheit inmitten einer großen Stadt wirkten wie ein kafkaesker Traum auf mich. Gegen zwei Uhr erreichten wir das «Inglaterra». Frederico und Karl waren noch an der Rezeption zu sehen, wollten aber schlafen gehen. Tom nicht.

Der Nachteil dieser Geschichte ist gleichzeitig ihr Vorteil. Sie ist keine Literatur. Ob ich Toms Namen ändern muß, weiß ich noch nicht. Ich folgte ihm auf die Straße, wir gingen Richtung Meer, und es war mir egal, ob es ein kleiner Spaziergang oder ein großer Absturz würde, um den Flug aus den Knochen zu bekommen. Kurz vor dem Malecón trafen wir auf einen schwarzen Mann und ein häßliches schwarzes Mädchen, aber wir hielten nicht an.

Der Malecón, die Mauer, das Meer. Die Bucht von Havanna ist elf Kilometer lang und ein fast perfekter Halbkreis, in dessen Mitte Lichter zu sehen waren. Bei uns leuchtete keine Lampe und kein Fenster. Wir setzten uns auf die Ufermauer und zündeten Zigaretten an. Tom wollte die Versorgung gesichert sehen.

Ich kenne ihn lange genug, um zu wissen, was er meint. Und ich war mir gar nicht so sicher, ob das auch für mich zutraf. Aber geht er allein, kann es schieflaufen. Bin ich dabei, passiert nichts. Nichts im Sinne von endgültig, aber alles davor passiert. Ich glaube, das ist der Auftrag, der dieser Freundschaft innewohnt. Egal, auf welcher Droge wir sind, wir finden immer die letzte Tür. Wir brauchen also Rum, wir brauchen also Koks, und wir brauchen Miezen, und noch bevor wir zu Ende geraucht hatten, kam der schwarze Mann mit dem häßlichen schwarzen Mädchen zu uns, und wir waren vier.

Das Häßliche an ihr war der Mut zum Original. Sie war sehr klein, und ihr krauses Haar saß wie ein rotgefärbtes Vogelnest auf ihrem Kopf. Sie muß so um die Zwanzig gewesen sein. Ich habe später ein Polaroid von ihr gemacht, auf dem sie plötzlich gut aussah. Vielleicht war das Häßliche an ihr nur die Nacht und der Hunger. Vielleicht bin ich ein guter Fotograf. Oder es war nur ein glücklicher Moment, in dem Blitzlicht und Zimmerbeleuchtung, Blickwinkel und die Entfernung zum Objekt ein Bild schufen, das außerhalb dieses Moments nicht vorhanden ist. Vielleicht war es ein Wunder. Vielleicht war es Tom.

Der Mann, der mit ihr war, sah weder gefährlich noch vertrauenerweckend aus. Überall anders auf der Welt hätten wir gesagt: Sieh da, eine Ratte, aber wir waren auf Kuba, und das war ein Kubaner, und die Amerikaner hatten schuld. Er sagte, er sei der Bruder des häßlichen Mädchens, und Tom sagte, es sei Quatsch, um diese Zeit noch eine andere zu suchen, und weil er nicht warten konnte, bekam ich das nächste Mädchen, das aus der Dunkelheit zu uns kam, und die war schön. Verglichen mit der Häßlichen, war sie schön. Wir hatten sie auf der anderen Straßenseite gehen sehen, wie eine große schwarze Katze, die sofort zu schnurren beginnt. Es war das erste Mal, daß ich mit einem Mädchen auf der Mauer vom Malecón saß.

«Woher kommst du?» fragte sie.

«Aus Deutschland.»

«Wie lange in Kuba?»

«Zwei Stunden.»

«Kann ich bei dir bleiben?»

Sie hatte blauschwarzes, geglättetes Haar, das gut geschnitten war, und trug ein sehr kurzes, schwarzes Kleid aus einem das Sternenlicht reflektierenden Material, nur ihre Nase gefiel mir nicht. Aber mir gefiel, wie sie lachte, und mir gefiel, daß sie ihre Hand auf mein Bein legte. Das heißt, meinem Bein gefiel es. Meinem Kopf gefiel es nicht. Inzwischen war auch das frische Hemd, das ich im Hotel angezogen hatte, durchgeschwitzt, und ein viele Monate währender Reinigungsprozeß begann. Wegen ihrer Nase wich ich ihrer Frage mit einer Gegenfrage aus.

«Nana», antwortete sie.

Als wir den Rum hatten, sah die Welt vollständiger aus. Vogelnests Bruder hatte ihn geholt. Fünf Dollar für die Flasche, aber es war nicht mehr lang bis zum Morgengrauen, und kein Hotel-Roomservice hätte es besser gemacht. Die Wirkung von Rum ist, daß man sich vom Kopf abwärts entspannt. Nanas Haut wurde so blauschwarz wie ihr Haar und mein Herz so korrupt wie der Orient. «Es ist jetzt alles klar», sagte Tom. «Die Mädchen wollen zwanzig Dollar, und deine weiß, wo das Koks ist.»

Ich habe immer die Kokserinnen bekommen und er die Engel, und ich habe gelernt, daß Engel eine Obsession für Teufel haben und umgekehrt, und wenn daraus ein Doppelpaar wird, hatten wir immer eine gute Chance auf die unendliche Acht, die unendliche Nacht, die unendliche Kommunikation.

Wir gingen zu Nanas Freund. Es war nicht weit, aber man mußte aufpassen, daß man sich nicht die Knöchel brach, und die Häuser erschienen mir wie Ruinen aus der Zukunft. Irgendwo schrie eine Katze. Nana verschwand in einer Tür. Wir verschwanden hinterher.

Wir befanden uns in einem großen, vielstöckigen kolonialen Haus, das nach der Revolution mit Holz, Blech und Pappe zu einem Labyrinth aus Bretterverschlägen gemacht worden war. Wir folgten Nana durch einen schmalen Gang, dann eine schmale Treppe hoch und wieder durch einen schmalen Gang, und ihr Freund, der uns am Ende des Weges empfing, gehörte ganz klar zu den zehn dünnsten Männern, die ich je gesehen hatte. Vogelnests Bruder war schon dünn, aber dieses «dünn» hier hatte eine andere Dimension.

«Dos turistas de Alemania», sagte Nana.

Das Inventar seines Zimmers bestand im wesentlichen aus einem kleinen, niedrigen Tisch, einem Stuhl, einem Schaukelstuhl und einem Regal, auf dem ein alter Plattenspieler stand sowie die Jungfrau Maria und ein Jesus am Kreuz. Es gab einen Balkon zur Straße und ein Waschbecken. Ich setzte mich in den Schaukelstuhl und machte Konversation mit dem Gastgeber, der noch etwas Gras hatte, und wir hatten noch etwas Rum, und die Mädchen wollten plötzlich Bier, und Tom wollte, daß drogenmäßig endlich Klartext auf den Tisch kommt, und dann lagen die ersten sechs lilienweißen Linien zwischen der Jungfrau Maria und dem Jesus am Plastikkreuz, und wir putzten sie weg.

Meine Seele war mit einem Schlag im Hier und Jetzt. Draußen wurde es hell, die Vögel knipsten an, und der

Dünne legte eine Reggaeplatte auf, die eierte und kratzte, aber die Luftfeuchtigkeit nahm Bob Marleys Stimme wie warmes Wasser auf, und so kam «No Woman No Cry» zu uns geschwommen, und der junge Morgen sah sechs glückliche Menschen. Mit «No Woman No Cry» ist es Bob Marley gelungen, eine inoffizielle Internationale zu schreiben, die nicht nur auf der ganzen Welt, sondern auch von der ganzen Familie mitgesungen werden kann, was dazu führte, daß im Handumdrehen eine Hure zur Betschwester und ein Sextourist zum Chorknaben mutierte.

Bald darauf verschwand Bruder Tom mit Schwester Vogelnest für kurze Zeit. Nana und ich mußten warten, aber wir warteten nicht so sehr. Sie war in meinen Augen noch schöner geworden, aber nicht anziehender. Mit Toms Mädchen verhielt es sich umgekehrt. Wegen ihrer schönen Intelligenz, die auf Koks mehr zählt als ein schöner Arsch. Und es gefiel mir nicht, daß sie mit Tom gegangen war. Um mich nicht weiter mit Nana zu langweilen, sprach ich mit Bruder Fliegenschiß, der sich als Gegner der Revolution erwies und gleichzeitig als Pessimist. Er glaubte nicht mehr daran, daß die Zeiten sich ändern würden, und fürchtete, Fidel sei unsterblich. Und warum sollte er arbeiten, wenn er doch nichts verdiente? Mit nichts meinte er zweihundert kubanische Pesos monatlich.

«Weißt du, wieviel Dollar das sind?» fragte er.

«Zehn.»

Der Rum am Malecón hatte also die Hälfte und das Gramm Koks das Vierfache des kubanischen Einheitslohns gekostet, und schon in den nächsten Stunden würde ich in Havanna einen Lebensstil zu entwickeln beginnen, der in seiner Blüte Monat für Monat hundert Jahren Arbeit für den kubanischen Einheitslohn entsprach, obschon Nana zunächst billig war. Sie führte mich nach Toms Rückkehr in einen Raum, von dem es weiter auf einer Leiter nach oben ging. Vor der Leiter schlief ein alter Mann auf dem nackten Boden. Wir stiegen über ihn, und weil Nana vor mir auf der Leiter war, konnte ich bei der Gelegenheit ihre Beine ohne Abstriche sehen. Unten lag der Alte wie ein Toter, oben wartete das Liebesnest. Die ganze Welt schien zwischen diesen Polen, und als wir endlich an dem Bett angelangt waren, wußte ich eines ganz klar: Darauf werde ich mich nicht einmal setzen. Möglich waren jede Art von Insekten, Wanzen und Milben, möglich waren außerdem Sackratten, Aids, Krätze, Tripper und Syphilis, denn ein Präservativ hatte weder sie noch ich.

«Fucky, fucky?» fragte Nana.

Als wir wieder bei den anderen waren, hatten plötzlich alle Kubaner im Zimmer Hunger auf Hühnchen. Wir nahmen die Hühnchen im Hotel Caribbean zu uns. Jedes der Mädchen aß zwei, das macht vier, Vogelnests Bruder aß auch zwei, also sechs, dafür gingen drei kubanische Monatsgehälter weg, plus die Dollar für das Bier. Nana blieb zwei Nächte und anderthalb Tage bei mir. Pro Stunde ein Hühnchen. Es sind die Hühnchen, die auf Kuba ins Geld gehen. Die Mädchen sind billiger.

Zurück auf der Straße, empfing mich Willenlosigkeit. Ich hatte meinen Kompaß verloren. Wäre ein Außerirdischer vorbeigekommen, er hätte mich mitnehmen können, egal wohin. Also liefen wir in die Richtung, in der die Sonne aufgegangen war. Normales kubanisches Straßenleben begann, und ich konnte niemandem in die Augen sehen, es schien mir, als beleidigten sie meine Existenz. Den anderen ging es genauso. Fünf aneinandergekettete Seelen schrien nach einem Versteck.

La Habana ist eine spanische Stadt, angelegt wie Barcelona und Madrid und ein bißchen wie Palma de Mallorca, und sie hat selbstverständlich eine Rambla, eine Prachtchaussee, die vom Parque Central schnurgerade zum Meer hinunterführt. In der Mitte ist der Boulevard mit den Bäumen und Bänken, an den Seiten stehen die schönsten Häuser der Stadt, in einigen Fällen allerdings sieht man auch nur Fassaden und Balkontüren ohne Balkon. Vor einem großbürgerlichen Hauseingang hielt Vogelnests Bruder an und weckte zwei Stockwerke höher zwei alte weißhaarige Damen, deren Vorfahren aus der spanischen Provinz Galicien kamen und ihr Blut offensichtlich niemals mit dem Blut ihrer Sklaven vermischt hatten. Das Leben hatte ihnen eine Haut wie Pergament verpaßt. Von ihrer ehemals weitläufigen Wohnung hatten sie noch die Küche, zwei Zimmer und ein Klo. Sie boten uns Kaffee und ihre Betten an.

Zehn Dollar pro Bett und pro Stunde. Tom und Vogelnest gingen ein paar Stufen höher, Nana und ich bekamen das Bett direkt neben der Küche, in der sich die Damen ihr Frühstück machten. Ein Vorhang aus der Volksrepublik China trennte uns von ihnen. Ich konnte sie reden hören. Das Radio ging an. Leiser Salsa im Rahmenprogramm. Wir lagen auf dem Rücken und rauchten, zu sagen hatten wir uns nichts. Als ich sie anfaßte, zuckte sie zusammen und drehte sich zur Seite. Das alte Spiel. Als wir am Bett des Dünnen standen, wollte sie fucky, fucky, aber ich wollte nicht, jetzt will sie nicht, aber ich. Was heißt wollen? Was wollte ich? Ganz bestimmt keinen Sex, nur ein bißchen streicheln, ein bißchen Liebe, ein bißchen Geborgenheit, ein bißchen Wärme, ein bißchen Nicht-allein-Sein in dieser Scheißheimatlosigkeit, die jeder kennt, der ein bißchen zuviel über alle Grenzen reist. Ich stand auf und ging hoch zu Tom, um noch ein bißchen zu koksen.

Als ich am Nachmittag in meinem Hotelzimmer wieder aufwachte, stellte ich fest, daß Nana noch bei mir war und daß es Zeit wurde, das Magazin anzurufen. Die Verbindung erwies sich als tadellos, trotzdem machte Nadia daraus ein Problem.
 «Wo bist du, Helge?»
 «Bin ich das Orakel von Delphi?»
 «Der Chef tobt! Warum rufst du so spät an?»
 «Wieso, es ist fünf!?»
 «Nein, Helge, hier ist es zwölf. Hörst du? Vierundzwanzig Uhr. Mitternacht! Ich will nach Hause.»
 Sie hatte sich in einen Zahnarzt verliebt, das hatte ich vergessen. Und wie diese Kombination aus schwarzer Haut und weißem Bettlaken zustande gekommen war, vergaß ich zunächst auch, denn Nadia stellte die Verbindung zum Chefredakteur her. Er nannte mich Arschloch, Wichser und undankbar, und ich solle endlich wieder Texte schreiben und nicht so 'nen Scheiß wie das letzte Mal. Und legte auf. Also die Prozedur noch einmal. 9 für das Amt, 88 für Ausland, 49 für Deutschland, dann die Nummer des Magazins und die Durchwahl von Nadia. Ich hatte vergessen, die Faxnummer vom Hotel Inglaterra durchzugeben, und sie hatten nicht danach gefragt. Außerdem konnte Nadia mir schon mal die Namen sagen.
 Arbeiten im Hotel. Seit drei Jahren reiste ich an der interkontinentalen Leine des Chefredakteurs. Ich hatte die Prominentenseiten, die er als Einstieg für sein Heft überaus wichtig nahm, aus allen europäischen Ländern geschrieben (ausgenommen Schweden, Norwegen, Finn-

land und Luxemburg), aus Istanbul, Beirut und Phoenix, Arizona, dreimal aus Neu-Delhi, einmal aus Kuala Lumpur und natürlich immer wieder aus Marokko, denn meinen Wohnsitz hatte ich zu dieser Zeit in Marrakesch. Man könnte sagen, ein verrücktes Leben, man könnte sagen, es war modern. Die Erfindung des Faxgeräts hatte es möglich gemacht. In Deutschland bestimmten sie, welche Prominente porträtiert werden sollten und wer gut und wer schlecht dabei wegkam. Als Grundlage dieser Bewertung galt die Weltsicht des Chefredakteurs, als Beweis reichte Archivmaterial. Bis zu zwanzig Seiten pro Person, bis zu hundertachtzig Seiten insgesamt. Das hat manchen Hotelrezeptionisten an seine Grenzen gebracht. Ich sah zu, daß ich runter ins Foyer kam, um sicherzustellen, daß genügend Faxrollen vorhanden waren, und traf Frederico und Karl. Karl hatte eine Mulattin im Arm. Sie kamen von ihrem ersten Spaziergang zurück.

«Welche Leute sind es?» wollte Frederico wissen.

«Chirac, Depardieu und Lothar Matthäus werden wir feiern, Courtney Love, Linda de Mol und Lech Walesa muß ich rügen, mit Jeanne Moreau, Wigald Boning und Winona Ryder kann ich machen, was ich will.»

«Wieso mußt du Courtney Love rügen?»

«Wieso nicht, Frederico? Wer ist die Frau in Karls Arm?»

«Ich sag mal so: Er ist ihr auf der Straße nachgegangen. Sie ist stehengeblieben. Seitdem sind sie zusammen. Aber Courtney Love fertigzumachen ist total bescheuert. Das ist eine obergeile Braut.»

Ich konnte mich auf Fredericos Urteil immer verlassen. Er ist Fernsehproduzent und hatte an seiner letzten Show so gut verdient, daß er nur noch reisen wollte. Vor vielen,

vielen Jahren hat er meine Reisegeschichten gelesen, und vor einem Jahr haben wir uns kennengelernt. Karl war sein Freund. Den kannte ich seit dem Abflug aus Berlin. Früher war er stellvertretender Chefredakteur eines großen Boulevardblattes, jetzt war er der Goldmund der Gruppe, der alles wahnsinnig und unglaublich fand.

«Maria will kein Geld», berichtete ein strahlender Karl. «Sie sagt, sie sei keine Prostituierte.»

Ich ging wieder nach oben. Erfahrungsgemäß hatte ich eine Stunde, bis die ersten Fax-Attacken zur Arbeit riefen, ich würde ein Frühstück im Bett vertragen, und ich mußte Nana nach Hause schicken, damit ich in Ruhe schreiben konnte. Im Zimmer angekommen, sah ich Nana beim Duschen zu, sah ihr lange beim Duschen zu, stellte irgendwann den Fernseher an und sah, während sie duschte, einen kompletten Spielfilm auf dem Movie-Channel. Ich rief ihr mehrmals zu, daß sie kommen solle, denn der Film war lustig, aber als der Abspann vorbei war, duschte Nana noch immer.

Die Meldungen schrieben sich zum Glück von selbst. Leichte Fälle. Jacques Chirac hatte den Kampf um Frankreich gewonnen, und viele sagten, dank seiner Tochter, die als Wahlkampfberaterin ihren Vater zu Madonna-Konzerten geschickt hatte, um ihm ein jugendliches Image zu verpassen. Ich stellte mir vor, meine Töchter würden ähnliches vollbringen, und der Text war geschrieben. Depardieu hatte eine senegalesische Geliebte, das war etwas dröge, aber Lothar Matthäus heiterte mich wieder auf. Wir feierten ihn, weil er im Training vier Tore geschossen hatte.

Drei Meldungen in zwei Stunden. Ich kam in Form. Wenn es so weiterlief, könnte ich um Mitternacht sechs geschafft haben, die letzten drei würde ich unterwegs schreiben, denn ich wollte mit den Jungs tanzen gehen. Ich schickte Nana mit zehn Dollar auf die Straße, um Marihuana zu kaufen, und unterbrach die Arbeit für einen Schwatz mit Frederico, der sich nach dem Stand der Dinge in Sachen Courtney Love erkundigen wollte. «Du hattest recht», sagte ich. «Nichts von dem, was ich über sie zu lesen bekam, deutet darauf hin, daß sie out ist. Wenn diese Frau out ist, dann ist mein Chefredakteur prähistorisch.»

«Wie argumentiert er?»

«Ihm gefällt nicht, daß sie so kurz nach dem Selbstmord ihres Mannes in ‹Vanity Fair› über Sex redet.»

«Was hat sie gesagt?»

«Daß sie zuviel Testosteron im Blut hat und deshalb auf Männer steht, die harten Sex mögen. Sie fühlt sich wie ein schwuler Transvestit.»

«Aber das ist doch superprofessionell.»

«Aber nicht katholisch.»

Wir hatten oft darüber gesprochen. Was der Chef pro Meldung von mir erwartete, war ein Formationsflug in drei Disziplinen: Solide Recherche im Archivmaterial. Tiefenpsychologie. Poesie. Er wollte kleine Geschichten, jeweils zwanzig Zeilen, in denen alles steht und alles lebt, auf eine Pointe hin geschrieben, die den Staub wegfegt. Er wollte mein Herzblut. Alles andere war ihm egal. Ich tropfte es ihm noch dreimal bis Mitternacht aufs Papier, dann saß ich mit meinen Freunden und zwei jungen Kubanern in einem Lada, und wir fuhren die La Rampa zum Malecón herunter, die ich jetzt voller Leben sah, und eine Halsmuskelgymnastik setzte ein, die Teil meines Erscheinungsbildes in Kuba werden sollte.

Als wir auf den Malecón einbogen, bekam ich Ruh', weil ich den Kopf nur noch stur rechts halten mußte. Sie saßen auf der Mauer, pro Meter ein Mädchen, etwa sieben Kilometer lang. So etwas hatte ich noch nicht gesehen, nicht einmal geahnt hatte ich, daß es so etwas zu sehen gibt. Siebentausend Mädchen auf der Mauer, und etwa tausend standen vor einem großen Hotel, in dessen Foyer noch einmal gut fünfhundert waren, und von diesen – grob geschätzten – achttausendfünfhundert Mädchen, die ich in der ersten halben Stunde meiner Arbeitspause zu Gesicht bekam, suchte ich mir wie gewohnt die bescheuertste heraus. Ein cappuccinofarbenes Ärgernis, mit einem Lachen, das wie eine Brille hinter den Ohren aufgehängt schien. Tom entschied sich für eine Apothekerin im Marinekostüm, Frederico verlor sich im Gewühl. Als sich herausstellte, daß meine neue Freundin nur alkoholfreie Getränke, Eiscreme und hundert Dollar wollte, ließ ich sie stehen, um an einer Bar weiter meiner Arbeit nachzugehen (Linda de Mol, Lech Walesa) oder eine andere zu sehen. So kam es. Der Traumhochzeit-Frontengel und Polens Präsident wurden abgemahnt, weil Linda sich scheiden ließ und Walesa seine Söhne zu Alkoholikern erzog, und dann war Feierabend, und ich stand draußen neben der Eingangstür an eine Wand gelehnt, und der Wind, die Luftfeuchtigkeit und der Geruch des Meeres flossen mit den Stimmen der Menschen, den Motoren und den in Wellen an die Ufermauer schlagenden Gezeiten zu einer ganzheitlichen Wahrnehmung zusammen, in der auch noch Platz für Neonlichter, Palmen und 56er Chevrolets war, und die Braut, die plötzlich aus dem Foyer in diese Szene trat, erschien mir wie ein fleischgewordenes Filmplakat.

Die Basiswerte:
Alter: Mitte Zwanzig.
Rasse: Mulattin.

Haare: bis zum Arsch.
Größe: etwa eins achtzig.
Beine: zwei Meter zehn.
Wo sie endeten, begann ihr hautenges, knallrotes Kleid, passend zu den knallroten High-Heels und den knallroten Lippen, die mir ein schüchternes Lächeln schenkten, bevor sie einem Italiener hinterherlief. Wie sie die Treppe zur Hotelauffahrt nahm, beeindruckte mich. Sie war besoffen, sie lief auf Dreizehn-Zentimeter-Absätzen, aber sie fiel nicht, sie schwankte nicht, sie wankte nicht, und tat sie es doch einmal, dann fing sie jede Bewegung dieser Art mit einer Gegenbewegung ab, die wie Salsa anzusehen war. Eine Tänzerin. Ich suchte nach Zigaretten, und noch bevor ich mir Feuer geben konnte, stand ein anderes Mädchen vor mir und drückte mir ein Stück Papier in die Hand. Von der «Chica», die gerade verschwand. Ein kleines Stück Papier, auf dem ich ihre Adresse und ihren Namen fand: Marlene.

Der Chefredakteur war begeistert. Ich hatte ihn ein paar Stunden später am Telefon. «Mein Junge», sagte er, «Lech Walesa ist einsame Klasse.» Mir gefiel die Meldung auch. Ich hatte sie mehr oder weniger frei erfunden, weil es kaum Archivmaterial dazu gab, sondern lediglich den Wunsch, ein Familienporträt des polnischen Präsidenten zu erstellen. Das Magazin berichtete: «Lech Walesa hat drei merkwürdige Söhne und eine merkwürdige Art, sie zu erziehen. Bogdan, 25, Grenzschützer, fuhr betrunken einen Kleinbus zu Schrott. Vater Walesa schenkte ihm daraufhin einen Toyota und eine Villa in Danzig. Slawomir, 23, fuhr betrunken eine Lehrerin auf dem Gehsteig um. Vater Walesa schenkte ihm einen Daihatsu Charade und eine Villa. Przemyslaw, genannt Przemek, fuhr mit 1,52 Promille auf seinem Fahrrad einen Polizisten an. Strafe: umgerechnet 80 Mark. Vater Walesa schenkte ihm einen Golf Turbo. Mit dem fuhr Przemek einen Danziger Blumenhändler zuschanden. Und bekam zum Golf die Villa dazu.»

Cuba Libre
(Havanna)

Kubanerinnen tanzen gern. Mit Salsa fangen sie im Alter von vier Jahren an, spätestens in der Pubertät beherrschen sie alle mittel- und südamerikanischen Stile, und wenn sie aus der Pubertät wieder raus sind, vereinigt sich ihre perfekte Technik mit dem Drive ihrer Hormone. Für die Augen von Nicht-Latinos sieht das immer ein bißchen pornographisch aus. Aber selten obszön. Und nie peinlich. Wie alle Naturereignisse sind Kubanerinnen im Salsa-Rausch einfach nur schön. Beängstigend schön, wenn sie so explodieren wie Marlene. Von ihr lernte ich: Wer zuerst da ist, bekommt die besten Tische an der Tanzfläche. Darauf gehören, je nach Größe der Tischgesellschaft, ein oder zwei Flaschen Rum sowie pro Person eine Flasche Cola. Denn an den besten Tischen wartet man auch am längsten auf den Beginn des Konzerts. Das kann bis zu einer Stunde dauern, und diese Zeit nutzte Marlene bei ihrer Feier-Alchemie für das Aufkochen mit Alkohol und Kokain. Was dazu führte, daß sie alsbald am Tisch wie ein Preßlufthammer zu vibrieren begann, und wenn dann endlich die Band auf die Bühne sprang, um die ersten Baßriffs wie wilde Tiere von der Leine zu lassen, sprang Marlene vom Stuhl. Vollgas von Anfang an.

Nicht alle Kubanerinnen trieben den Turbo-Salsa so weit wie Marlene, die Profitänzerin aus dem «Cabaret Tropicana», aber selbst die, die nur halbherzig dabei waren oder nur mit ein paar Schritten und Hüftschwingern tanzten, zitierten den Salsa auf den Punkt. Salsa können sie. Hip-Hop nicht. R&B auch nicht. Rock'n'Roll, Pop und Techno ebenfalls nicht. Sobald ein DJ internationale Hits auflegt, verwandeln sich diese geborenen Tänzerinnen in mehr oder weniger bekloppte Bräute, die ihre Arme hochwerfen und spitze Schreie ausstoßen. Ich glaube, sie tun das nicht, weil sie diese Musik lieben. Sondern weil ihnen diese Musik so viel verspricht. Was nicht dasselbe ist. Freiheit, Geld, Ferraris und eine Tonne teurer Lippenstift sind nicht dasselbe wie, zum Beispiel, Sex oder eine Romanze in der Zuckerrohrplantage, wo irgendwer zum Vollmond und zur Gitarre ein Lied von Feliciano singt.

Nein, es macht keinen Spaß, Kubanerinnen beim Discopop zu erleben, es sei denn, man hat das Glück, jemanden wie Tatjana vor sich zu sehen. Tatjana tanzte weder kubanisch noch euro-amerikanisch, ihr Stil wurzelte eine Etage tiefer, sie tanzte archaisch, sie tanzte, wenn sie ganz bei der Sache war, wie eine geile Schlange. Und wenn es ums Geld ging, tanzte Tatjana nur mit dem Po. Mit dem Po wackeln kann man zu jeder Musik. Aber nicht jede wakkelte so schnell wie sie, denn Tatjana feierte, genau wie Marlene, gern auf Alkohol und Kokain. Mit Marlene hielt ich es neun Monate aus. Als ich ihr sagte, daß ich die Nase endgültig voll hätte und nicht mehr koksen wolle, verließ sie mich sofort. Zu Tatjana sagte ich ähnliches bereits nach drei Monaten, aber Tatjana löste das Problem irgendwie klüger als Marlene. Bevor sie mich lang und tief küßte, legte sie etwas Koks auf ihre Zungenspitze. Das eine war bitter, das andere war süß, und so wäre es wohl ewig weitergegangen, hätte das Schicksal es nicht anders gewollt.

In meinem Fall war es die Geldnot. Nach zwei Jahren auf Kuba hatte ich vergessen, wie man's macht. Wie man es ausgibt, wußte ich noch, aber der Moment rückte heran, in dem mir dieses Wissen nichts mehr nutzte, weil ich kaum mehr Geld in der Tasche hatte. Und im Hotelsafe auch nur noch das, was ich für den nächsten Tag und für das Taxi zum Flughafen brauchte. Es war mein letzter Abend in Havanna, meine letzte Nacht auf Kuba, mein letzter Tanz im «1830», der Open-air-Diskothek am Ende des Malecón, denn Tatjana hatte mir gerade in die Hosentasche gegriffen und die letzten Münzen rausgenommen, um sich dafür einen Mojito zu besorgen. Das war strenggenommen Diebstahl, nein, eigentlich schon ein räuberischer Überfall, immerhin machte sie es nicht heimlich und auch nicht mit Gewalt. Ich nahm ihr das nicht übel. Im Gegenteil. Ich liebte sie für ihre Offenheit. Tatjana war nicht verlogen, sie war nur wild, und in der Wildnis gilt das Recht des Stärkeren. Warum sollte ich Tatjana dafür verurteilen, daß ich schwächer war als sie? Vielleicht war es auch nur Koketterie. Vielleicht war ich gleich stark oder sogar überlegen, denn ich wehrte mich nicht, als sie mir mein letztes Geld aus der Tasche fischte, ich unternahm rein gar nichts dagegen. Ich ließ es zu, ich akzeptierte lachend die drei großen Regularien des Lebens: Sex, Macht und Geld.

Und was war mit Glaube, Liebe, Hoffnung? Nun ja, dafür war ich zu lange auf Kuba. Und wenn ich nach zwei Jahren auf dieser Insel immer noch geglaubt hätte, daß eine Kubanerin wie Tatjana bei mir bleiben würde, obwohl ich pleite bin, hätte ich nichts von diesem Land und diesem System verstanden. Wie oft stritt ich mich mit ihnen über den kubanischen Trinkspruch. Sie sagten: «Dinero y amor.» Und ich sagte: «No no, amor y dinero.»

Im Prinzip war es ganz einfach. Jeder wünscht sich das am meisten, was er nicht hat. Kubaner haben so viel Sex, daß er in ihrem Denken und Trachten schon keine Rolle mehr spielt. Welche Rolle spielt Wasser für uns? Oder Luft? Was ständig da ist, wird selbstverständlich und verliert jeden emotionalen Wert. Warum sie soviel Sex haben? Ich sehe drei Gründe. Erstens: Kuba ist eine Insel. Und die Menschheit ist älter als die christliche Seefahrt. Einige tausend Jahre trennten Unmengen von Wasser die Inselbewohner vom Rest der Erde, und da entwickelte sich in der Pflanzen-, Tier- und Menschenwelt hier womöglich einiges anders als auf den Kontinenten. Zweitens: Kuba ist seit nunmehr fünfzig Jahren kommunistisch, also von Mangelwirtschaft geprägt. Das beinhaltet auch mangelndes Entertainment. Um der großen Langeweile zu entgehen, stürzen sich die Kubaner auf das andere Geschlecht, wann und wo es geht. Und es geht halt auf der Insel immer und überall. Denn es ist immer und überall feuchtwarm genug dafür. Und schön dunkel ist es auch. Dauernd fällt irgendwo der Strom aus. Drittens: Kubaner trinken Rum, also die erotisierendste Spirituose im Alkoholregal. Whiskey macht zynisch, Wodka macht rührselig, Gin macht unempfindlich gegen Moskitostiche, nur Rum macht geil. Das in etwa sind die Gründe für das satte Sexualleben auf der Insel.

Und das sind die Auswirkungen: Ein Orgasmus pro Tag ist für Kubanerinnen eine Art Menschenrecht. Frauen, die drei Tage lang nicht von ihrem Mann befriedigt werden, dürfen fremdgehen, ohne sich entschuldigen zu müssen. Bei sich selbst und bei ihm. Frauen wie Tatjana wenden dieses Recht gern auch schon nach einem Tag ohne Orgasmus an, und das alles ist noch kein Betrug. Der beginnt erst mit dem Tatbestand der Nymphomanie. Oder mit der Vielweiberei, denn die kubanischen Männer sind kein Stück treuer als ihre Frauen. Als Betrug gilt also nur, wenn du in deiner Beziehung sexuell voll und täglich auf deine Kosten kommst und trotzdem dauernd fremdgehst. Aber selbst bei einer so megaliberalen Definition des Betrugs muß man sagen, daß auf Kuba jeder jeden immerzu betrügt, allerdings spricht man nicht darüber. Einen Betrug zuzugeben ist das einzige Tabu. Kein Tabu dagegen ist es, einen Touristen an dieser gesellschaftlichen Permanentorgie teilhaben zu lassen. Das ist für Kubaner echt kein Ding. Womit ich beim Thema Sextourismus bin. Von Sextourismus spricht man, wenn Sex das Ziel und der Grund der Reise ist. Aber wenn ich an die Höhepunkte meiner zwei Jahre auf Kuba denke, fällt mir nicht ein außergewöhnlicher Geschlechtsverkehr ein. Den besten Sex meines Lebens hatte ich in Hamburg, Wien und Berlin, nicht in Havanna. Damit wir uns nicht mißverstehen: Auch den schlechtesten Sex meines Lebens hatte ich nicht in Havanna. Den hatte ich in Marokko. Sex auf Kuba war irgendwo dazwischen, und irgendwo dazwischen reicht nicht, um dafür neun Stunden zu fliegen und zwei Jahre zu bleiben. Nein, wenn ich an die Höhepunkte meines Lebens auf Kuba denke, fallen mir keine Bettgeschichten ein, sondern immer nur die Parties, die Salsanächte. Ich war ein Tanztourist, und ich war süchtig nach ihrer Art zu feiern. Ich kam nicht los davon. Und weil es den Kubanern genauso ging, verstanden wir uns eigentlich prächtig. Sie lehrten mich tanzen, ich spendierte die Getränke. Ich spendierte auch die Drogen, die Eintrittskarten und die Abendgarderobe, hin und wieder spendierte ich meinen Tanzpartnerinnen sogar einen Kühlschrank oder eine Zahnbehandlung oder gern auch mal ein Klasseparfum, und in Wahrheit hätte ich ihnen sofort und für immer mein ganzes Leben spendiert, wenn sie dafür mit mir ein ganzes Leben getanzt hätten.

Ich weiß, das ist schwer zu erklären. Leichter zu erklären dagegen ist, warum Tatjana am Leben eines Pleitiers nicht sonderlich interessiert war. Das ist eben so auf Kuba. Hier geht «dinero» vor «amor». Tatjana hat mir, ich hab es gezählt, dreiunddreißig berauschende Feste beschert, dreiunddreißig Nächte tanzte sie mit mir wie eine Schlange und trank wie ein Kamel. Dreiunddreißigmal sind wir danach auf der Rückbank eines alten Chevrolets oder Buicks oder Fords mit heruntergekurbelten Fenstern durch den karibischen Morgen zu meinem Hotel gefahren, ausgetanzt, erschöpft geküßt, Rum-selig, und dabei hat Tatjana immer, also auch dreiunddreißigmal, ihre Beine so über den Vordersitz gelegt, daß ihre High-Heels den Kopf des Taxifahrers rahmten, und jetzt war es vorbei.

Es war mir fast einerlei. Ich war alt genug, um daran gewöhnt zu sein, daß Dinge vorbeigehen und Zeiten sich ändern. Außerdem ist es manchmal gut, daß sie sich ändern. Mit Tatjana tanzte, trank und feierte ich durch dreiunddreißig Nächte, mit Marlene durch fast hundert, und weil ich in den Monaten, die zwischen Marlene und Tatjana lagen, noch mit Adrenalina, Jaqueline, Maria, Ana und einigen Mädchen, deren Namen mir entfallen sind, getanzt, getrunken und gefeiert (also gekokst) habe, bedurfte ich dringend der Erholung. Ich mußte raus aus Kuba. Ich war ein halbes Wrack. Aber freiwillig wäre ich nie gegangen. Hätte Tatjana gesagt, paß auf, «mi amor y mi vida» (meine Liebe und mein Leben), ab sofort bezahle ich den Rum, das Koks, den Eintritt und den ganzen Schnickschnack, auch dein Essen und deine Zigaretten, und wohnen kannst du bei mir und meiner Mutter, sie ist eine großartige Köchin, was hältst du davon? Hätte Tatjana so mit mir gesprochen, wäre ich noch lange geblieben, aber sie sprach nicht so mit mir. «Vete con Dios, pero vete!» (Geh mit Gott, aber geh!) sagte sie, und ich sagte: «Alles klar. In Hamburg nennt man das no money, no honey, no cha-cha-cha.» Das brachte Tatjana zum Lachen. Und sie teilte, bevor sie für immer aus meinem Leben verschwand, dann doch noch das Getränk mit mir, das sie sich von meinem letzten Geld gekauft hatte. Und ich war stolz darauf. So schmeckt Cuba Libre.

I did it my Hemingway
(Havanna)

Für Schreiber wie mich ist Hemingway ein Fluch. Man muß ihn lieben oder hassen, das ist normal. Mir war er egal. Das war mein Problem. Nicht wirklich egal, aber wir hatten so um die fünfunddreißig Grad und achtundneunzig Prozent Luftfeuchtigkeit, wir hatten Rum in der Nacht zuvor, und wir hatten eine Spannung im Raum. Ich ging Frederico auf die Nerven. «Die richtige Idee macht achtzig Prozent des Erfolgs aus», sagte er. «Den Rest arbeitet man ab.» Er hatte eine Idee. Ich solle schreiben, daß Hemingway noch lebe, als Hundertjähriger, irgendwo hier in Havanna. Den Selbstmord habe er vorgetäuscht, weil er darin die einzige Möglichkeit gesehen habe, den Rest seines Lebens in Ruhe zu verbringen. Frederico wußte auch schon eine Bar, in der ich den alten Mann treffen könnte, aber ich sprang nicht darauf an. «Was dann? Welche Geschichte über Hemingway ist noch nicht geschrieben worden? Sag mir das!»

Durch das Fenster, an dem Frederico stand, sah ich Hochhäuser aus den Vierzigern neben revolutionärem Plattenbau, am Ende der Bucht die alte Festung El Morro, unter mir war der Malecón, vor mir das Meer. Perfektes Zimmer mit perfekter Aussicht. Trotzdem keine Idee. Keine brauchbare. Ich schlug vor, mit einer Porträtaufnahme von Hemingway zu einem Santeria-Zauberer zu gehen, damit er die Geister der Toten frage, warum sich Papa erschossen hat. Eine Investition von zwanzig Dollar. Und schön zu fotografieren. Das Bild Hemingways zwischen Knochen und angefaulten Fischköpfen, bespuckt mit Rum, Rauchschwaden schwerer Zigarren, ein Voodoo-Interview. «Totaler Quatsch», sagte Frederico. «Blödsinn hoch drei. Ist das alles, was du drauf hast? Wenn das wirklich alles ist, was du drauf hast, dann laß uns jetzt zu seinem Haus fahren.»

«Und was soll Carlos da fotografieren?»

«Gar nichts. Er kann da ja Ansichtskarten vom Haus kaufen. Ich war nämlich schon mal da.»

«Ich auch.»

«Ach ja?»

Ich nervte ihn tatsächlich. Langsam nervte er mich auch. Carlos blieb neutral und stieg im Taxi vorne ein. Der Weg zu Hemingways Haus führte durch Stadtteile von Havanna, die ich lange nicht gesehen hatte, einige Straßen kannte ich überhaupt nicht, das machte mich neugierig, zumal es kaum noch Touristen zu sehen gab. Kuba pur. DDR unter Palmen, hatte es der deutsche Boulevard früher genannt. Ein System, das aus der Kälte kam, wurde in der Hitze der Karibik zu etwas gemacht, das man lieben konnte. Wo zeigt Nylon-Stretch aus volkschinesischen Produktionsstätten dermaßen Wirkung wie auf Kuba? Man weiß es nicht. Carlos fotografierte sich warm. Aber das Straßenschild mit dem Kopf von Hemingway hatte er nicht gesehen. «Wäre nicht schlecht gewesen», sagte Frederico. «Stimmt», sagte ich. Irgendwo an einer kubanischen Landstraße schaut der größte Schriftsteller des Jahrhunderts auf diese Mischung von Exotik und Tristesse. Abgasumnebelt.

Sollen wir den Taxifahrer umkehren lassen? Keiner

stellte diese Frage laut. Es war zu heiß. Und was soll der Scheiß? Auch von diesem Straßenschild gibt es tausend Fotos. Tausendundeins. Gott, schenke mir eine Idee. Und da war sie. Vielleicht noch keine Idee, aber ein Weg zu ihr: «Wie hätte Hemingway dieses Problem gelöst?» fragte ich Frederico.

«Er hätte solche Jobs gar nicht mehr gemacht.»

O ja, das saß.

Hemingway bekam, als er so um die dreißig war, für die Filmrechte von «Wem die Stunde schlägt» hundertachtzigtausend Dollar, was heute wahrscheinlich der Summe von vier oder fünf Millionen Dollar entspricht, und für zwanzigtausend Dollar hat er sich auf Kuba ein Haus gekauft. Ein Herrenhaus. Auf einer Anhöhe gelegen, nur über einen Privatweg zu erreichen. Früher. Heute gibt es hier keine privaten Wege mehr.

Drei uniformierte Wächterinnen standen neben dem Schlagbaum und wollten Geld. Eine von ihnen war schön. Carlos, ganz Portugiese, scherzte mit ihr, und sie gab schnell ihre spröde Haltung auf. Sie verlangte drei Dollar Eintritt für jeden, insgesamt zwölf. «Wieso zwölf?» fragte Carlos. «Der Taxifahrer zahlt nichts.»

«Okay», sagte die Schöne und zeigte auf seine Kameras, «aber du zahlst noch mal fünf Dollar fürs Fotografieren. Oder bist du ein Profi?»

Carlos: «Warum?»

Sie: «Profis zahlen das Doppelte.»

Carlos: «Ich bin Amateur.»

Jedes über fünfzig Jahre alte kubanische Haus ist ein schönes Haus. Von Spaniern gebaut, von Mafiosi, von französischen Feuerzeugherstellern (Dupont), was weiß ich. Hemingways Haus hat zwei Terrassen, eine für den Sonnenaufgang, eine für den Sonnenuntergang, der Garten erstreckt sich über den Hang, durch große Fenster kann man in hohe Räume sehen. Betreten darf man sie nicht. Hier also wohnte der König der Worte. Und hier hat er geschrieben. Was schrieb er hier, Frederico? «Der alte Mann und das Meer.»

Gott der Schreiber, schaue mit Fassung auf mich herunter! Ich stehe an deinem Fenster wie auf einer Hühnerleiter zum Olymp. Sie hat nur vier Sprossen, die oberste ist der Nobelpreis für Literatur. Wessen Ziel der Nobelpreis ist, höre ich einen alten Freund sagen, der wird es wahrscheinlich zum Bestseller bringen. Wer nur vom Bestseller träumt, wird selten mehr als ein guter Autor. Und wer ein guter Autor werden will, der wird ein guter Chefredakteur. Stimmt das, Hemingway? Wenn ja, dann drängt sich mir folgende Frage auf: Wonach muß ein Schreiber trachten, damit der Nobelpreis sein Trostpflaster wird?

Es ist bemerkenswert, daß es auf Kuba nur zwei Boote gibt, die fern vom Wasser wie auf einer Bühne stehen. Die «Granma» in Havanna, mit der Castro und Che im Osten der Insel landeten, und die «Pilar» in Hemingways Garten. Eine Kubanerin bewachte es. Ein Boot für die Hochseefischerei mit einem Sitz im Heck, für den, der die Angel hält. Zielgruppe: die Großen. Schwertfische, Haie, Barrakudas. Erzählte die kleine Kubanerin. Ich fragte sie, ob das ihr Job sei. Sie sagte ja. Außerdem sei sie Literaturstudentin. Ich fragte sie, welches Buch von Hemingway sie am liebsten möge. Sie sagte, na ja, eigentlich möge sie Hemingway nicht so sehr, aber von allem, was er geschrieben habe, gefalle ihr «Paris, ein Fest fürs Leben» am besten. Ich fragte sie nach ihrem Lieblingsschriftsteller. «Dumas», sagte sie. «Henry Dumas.» Was hat der geschrieben? «Der

Graf von Monte Christo›, du Penner», antwortete Frederico. Ende des Gesprächs.

Frederico ist mein Freund, aber er ist auch ein erfolgreicher Fernsehproduzent. Weil er den Job bereits vor Jahren aufgegeben hat, kommt er zum Lesen. Er liest für meinen Geschmack unnatürlich viel. Zur Zeit Wondratschek. «Die Kelly-Briefe». Der neue Roman von John Le Carré interessiert ihn dagegen nicht. Den lese ich. Wir haben sehr unterschiedliche Interessen, unterschiedliches Temperament, ich glaube, auch unterschiedliche Bildungswege, und es gibt immer wieder Spannungen, aber auch Momente wie jene, als wir in Gartenstühlen an Hemingways Swimmingpool lagen, während Carlos das Boot fotografierte. Ein großer Pool, ohne Wasser, von tropischem Grün umstanden. «Hier trank er am Nachmittag», sagte Frederico, «am Ende der Nacht war er besoffen.» Wann schrieb er? «Vormittags.» Kannte Hemingway keinen Kater? «Ein Schriftsteller kennt keinen Schmerz.» Ich mußte tatsächlich lachen. Allein das Gespräch über Alkohol baute unsere Spannungen ab. Carlos kam dazu und war ebenfalls amüsiert. Er habe das Boot nur von hinten fotografieren dürfen. Von vorne sei verboten. Die kleine Kubanerin wisse auch nicht, warum. Es sei einfach verboten. Es gebe auch ein Schild, auf dem das stehe. Für einen Dollar habe sie sich umgedreht.

Um seinen Wert in Kuba zu errechnen, muß man wissen, daß der Einheitslohn der Kubaner immer noch nicht mehr als dreißig Dollar pro Monat beträgt. Korruption ist deshalb auf der Insel so verbreitet wie H_2O. Prostitution ebenso. Wie vor der Revolution. Castro hat verloren. Er hat Jura studiert, war Anwalt. Beinhaltet das Studium der Rechtswissenschaften nicht auch das Studium der Naturgesetze? Der Stärkere überlebt. Nichts, außer der Liebe, kann das Gesetz außer Kraft setzen, aber Liebe ist nun mal ein ganz und gar unorganisierbares Phänomen. Das muß der Papst ertragen, und das muß auch Dr. Motte ertragen, der Erfinder der Love-Parade in Berlin; warum kann es Castro auf Kuba nicht? Er schickt mehr Polizei auf die Straße als je. Um was zu erzwingen? Die Revolution wird immer von Liebe getragen, die Diktatur nicht.

Wir saßen wieder im Wagen, als wir darüber sprachen. Carlos, zum ersten Mal auf Kuba, konnte nicht verstehen, was wir alle an der Insel fanden. Frederico war bestimmt schon zwanzigmal hier, ich hatte immerhin zwei Jahre in Havanna gelebt, und Hemingway war dreißig Jahre da. Dann zog er nach Ohio. Nur ein Jahr nachdem er Kuba verlassen hatte, erschoß er sich. Warum er sich wirklich das Leben nahm, gehört zu den sieben meistgestellten Fragen der Menschheit. Die Frage nach dem wahren Mörder Kennedys gehört auch dazu. Ich weiß die Antworten nicht, aber ich bin sicher, es hat etwas mit Kuba zu tun. Erst lockt die Insel, dann besitzt sie dich, und wenn du dich von ihr befreien kannst, vermißt du sie für den Rest deines Lebens. Kubanischer Rum bei kubanischem Klima und kubanischer Musik, zu der Kubanerinnen tanzen. Das sind meine Erinnerungen.

Hemingway hatte, allen Berichten zufolge, weniger Interesse an den kubanischen Mädchen. Er umgab sich mit kubanischen Fischern. Vornehmlich im kleinen Hafen von Cojimar, wo sein kubanischer Bootsführer noch immer lebt, aber leider, als wir das Dorf erreichten, nicht aufzutreiben war. Statt dessen besichtigten wir die Hemingway-Büste am Hafen, und ich war wie immer schwer bewegt. Da ruht nahe dem Wasser sein Kopf auf einer Säule, die ihrerseits wie in einem antiken Tempel in der Mitte eines Säulenkreises steht. Der Künstler war nicht sehr begabt, doch seine Auftraggeber haben es nicht bemerkt. Egal. Entscheidend war das Material. Die Fischer hatten dem Bildhauer die Schiffsschraube eines ihrer Boote gegeben, damit er sie einschmolz und das Antlitz ihres großen Freundes neu erschuf. Als Dank dafür, daß er über ihre Arbeit die Wahrheit geschrieben hatte. Einen großen Fisch zu fangen hat nicht weniger Größe als Weltliteratur. Und natürlich sehen Hemingways eiserne Schiffsschrauben-Augen weit hinaus aufs Meer.

Frederico, der sich von der Büste weniger angezogen fühlte als ich, wartete lethargisch im Taxi. Wir fuhren zurück in die Stadt. Wir hatten Durst, und es traf sich, daß die letzte Station unserer Hemingway-Jubiläumstour eine Bar war. Die «Floridita», Downtown Havanna, zu Hemingways Zeit mitten im größten urbanen Bordell der Welt. In den vierziger und fünfziger Jahren konnte man sich hier über ein mangelndes Angebot an Amüsement nicht beklagen. Amüsement ist vergänglich. Die Feinheiten der kolonialen Architektur auch. Zu Papas Zeiten hatte das «Floridita» keine Klimaanlage, sondern Deckenventilatoren, und im Grunde auch keine Außenwände, sondern Balustraden und damit freie Sicht auf die Straße. Lichter, Mädchen, Convertibles.

Schöne Mulattinnen flanierten mit schönem Geld. Der Barhocker, auf dem Hemingway saß, ist heute durch eine rote Kordel vom Rest des Lokals getrennt; auf der Straße standen drei Busse von «Cubatours», Volvo XL, in jedem Platz für fünfzig Touristen. Eine Busladung saß im «Floridita», als wir kamen, und trank schnell was, eine Busladung wartete in Zweierreihe an der Bar und versprengt zwischen den Tischen darauf, daß die erste ausgetrunken hatte, und die dritte Busladung stand vor der Tür. Nicht mal Hemingways Geist trank hier mehr. Was heißt «trank» nicht mehr? Er hat nicht getrunken. Er hat gesoffen. Kampftrinken mit Kubanern! Das ist wie Kung Fu mit Taiwan-Chinesen oder Versteckspielen mit Pygmäen im dunklen Herzen Afrikas. Sein Rekord waren siebzehn Mojitos in einer Nacht. Ich schätze, er hat sich schon lange vor seinem Selbstmord umgebracht. Später, erst viel später, hat die moderne Neurologie auch den wissenschaftlichen Beweis dafür erbracht, daß die kleine Fehlschaltung im Gehirn, die den Menschen zum Trinker macht, dieselbe ist, die ihn schreiben läßt. Wer hätte das gedacht. Auf den hundertsten Geburtstag des großen Säufers nahmen wir dann unseren Mojito weder in der «Bodega del Medio» noch im «Floridita», sondern ein paar Häuser weiter, in der «Bar Monserrate». Die ist noch immer offen an den Seiten, und irgendwann knipste sich draußen das Mondlicht an. Schreiber trinken, Huren lachen, Polizisten nehmen Geld. Sie haben es immer getan. «I did it my Hemingway», sagte ich zu Frederico, bevor ich ganz im Rum versank.

Stille
(überall)

Die Stille ist voll mit Gedanken. Ein Hörgerät macht Gespräche daraus. Das ist schön, aber es funktioniert nicht immer. In Diskotheken, Bars, Clubs, sogar in Restaurants nützen mir die Geräte nichts, denn sie verstärken den ganzen Zirkus gleich laut. Und wenn ich sie rausnehme, wird alles gleich leise. Dann muß ich mit der Hand am Ohr einen Trichter formen, Lippen lesen und mich voll konzentrieren, um zu hören, was man mir sagen will, und weil sich das nicht immer wirklich lohnt, werde ich manchmal ziemlich wütend auf Leute, die meine schwerstarbeitende Aufmerksamkeit für etwas einfordern, das sie ihren Hunden erzählen sollten oder ihren Katzen oder den Taxifahrern dieser Welt.

Klar, das ist ungerecht, denn diese Leute wissen ja nicht, wie es mir geht. Egal, wie oft ich es ihnen sage. Ich meine das Wissen, das in Erfahrung gründet. Niemand, der nicht selbst schwerhörig ist, kann nachvollziehen, daß solche Gespräche für mich wie Kreuzworträtsel sind. Ich muß die Löcher, die meine Behinderung in die Sätze der anderen reißt, mit Assoziationen ausfüllen, mit Logik, mit purer Intelligenz. So wird Smalltalk zum IQ-Test und Flirten zum freien Fall. Vielleicht hat sie ja gerade nicht «küß mich», sondern «verpiß dich» gesagt. Das kann durchaus sein. Durch beide Aufforderungen zischt ein scharfes s, zudem sind «mich» und «dich» Wörter mit je vier Buchstaben, von denen drei identisch sind. Soll ich eine Ohrfeige riskieren? Die riskiert man immer. Soll ich nachfragen? Das macht die Sache nicht besser, wenn ich sie beim zweiten Mal wieder nicht verstehe. Außerdem gibt es Dinge, die eine Frau nicht wiederholt, und dann, ja dann braucht es nur noch ein paar Überlegungen mehr dieser Art – und schon bin ich wieder bei mir und meinen Gedanken, der Stille des Universums und der Poesie des Einsamen, und sie hält mich entweder für feige oder für einen arroganten Arsch oder für behämmert. Und das war's dann wieder mal.

Die Medaille hat natürlich auch eine andere Seite. Nicht immer sitzt eine bildschöne, steinreiche und rattenscharfe Frau neben mir, in Wahrheit kommt das pro Woche nicht mehr als einmal vor. Jeden Tag dagegen sitzt in meinem Stammlokal ein Lachsack am Ende der Theke, der glaubt, daß Lachen lustig macht. Er lacht über alles, was andere Stammgäste und das Personal zu ihm sagen, und sie reden viel mit ihm, weil er das Kokain in der Tasche hat. Er lacht nicht aus dem Bauch, sein Witz steckt im Kehlkopf, und es hört sich wie Meckern an. Wer eine Ziege als Thekennachbarn hat, schaltet gern das Hörgerät ab. Oder im Kaffeehaus. Den Gästen, die dort telefonieren, fällt vielleicht nicht auf, daß sie lauter ins Handy sprechen, als sie es tun würden, wenn ihr Gesprächspartner zugegen wäre. Viel lauter. Und nicht alles, was sie dort brüllen und buchen, diktieren und reklamieren, interessiert mich. Mich interessiert die Lektüre einer guten Zeitung, eines Buches oder auch nur das stille Zwiegespräch zwischen Mensch und Tasse. Dafür wurde das Kaffeehaus ursprünglich mal erfunden. Inzwischen ist es zur Telefonzentrale verkommen. Was diese Menschen als einen Quantensprung in der

Kommunikationstechnik bejubeln, ist für mich die pure Belästigung. Schön, daß ich das abstellen kann. Und den Lärm auf der Straße. Wenn Türken Gas geben, Vollidioten ihre Motorräder aufheulen lassen, andere Vollidioten durch die offenen Autoscheiben ganze Straßenzüge mit ihrer beknackten Musik beschallen, dann danke ich Gott für meine Behinderung. Die übrigens immer stärker wird.

Am Anfang fiel es anderen auf, nicht mir. Fünf Jahre später fiel es auch mir auf, und ich brauchte noch mal fünf Jahre, bevor ich mir ein Hörgerät anschaffte. Inzwischen höre ich nur noch fünfzig Prozent. Es ist ein langsames, aber permanentes Ausblenden der akustischen Welt. Am Ende wartet Beethoven. Und dann wird es eng. Die fehlenden fünfzig Prozent auszugleichen, schafft ein modernes Hörgerät. Hundert Prozent schafft es nicht. Wie will man das Nichts verstärken?

Wenn ich mal taub bin, kann ich neben Langzeitbaustellen wohnen, und es ist immer Feierabend. Wenn ich mal taub bin, höre ich den Wecker nicht. Wenn ich mal taub bin, ist Friede in meinen Ohren. Und Ruhe im Karton. Trotzdem werde ich etwas vermissen. Vogelgezwitscher zum Beispiel, Kinderlachen, die Stimme des Windes. Und auch der Regen, der mit den Fingern eines Pianisten gegen die Fenster trommelt, wird mir fehlen. Apropos Pianist. Wie wird sie sein, diese Welt, ohne Musik? Ohne Salsa, ohne Walzer, ohne den Trost, der im Blues ist. Ohne ein Lied. Wenn ich mal taub bin, werde ich es wissen, aber ich ahne jetzt schon, daß es mir nicht gefallen wird. Und? Kann man da was machen?

Es gibt zwei Arten von Schwerhörigkeit. Eine ist operativ zu heilen, die andere nicht. Ich habe die andere. Wie mein Vater. Wie mein Großvater. Wie meine Kinder. Ist eine Familienkrankheit ein Familien-Karma? Eine Familien-Sünde? Oder ein Familien-Fluch? Ein Voodoo-Zauberer, den ich auf Kuba kennenlernte, stellte diese Diagnose, oder, besser, der Geist des Toten, den er für diese Zwecke im Keller seines Hauses gefangenhielt, stellte sie. Vor vielen, vielen Jahrhunderten hätte sich meine Familie an Zigeunern versündigt, und die hätten uns dafür verflucht. Für ein Honorar von zwanzig Dollar zwang der Voodoo-Mann den Fluch aus mir heraus und hinein in eine Flasche. Und Korken drauf. In das Meer sollte ich diese Flasche werfen, so weit wie möglich, damit sie nicht auf den Klippen zerschelle und den Fluch wieder freigebe. Denn der sei verflucht schnell.

Ich hatte Gegenwind an der Ufermauer. Wolken jagten über die Bucht von Havanna, Wellen rollten wütend auf mich zu. Deshalb hatte ich den Motor des Mietwagens laufen lassen, auch die Fahrertür stand weit offen. Ich warf die Flasche ins Meer, sprang hinters Steuer und brachte den Fiat in 10,7 Sekunden von null auf hundert. Leider reichte das nicht.

Ein echter Samurai
(Paris)

Das Treffen mit Steven Seagal hinterließ einen nachhaltigen Eindruck: Splitterbruch am Daumen der rechten Hand. Aber a) hatte sich jeder Teilnehmer schriftlich einverstanden erklärt, ihn nicht für eventuelle Verletzungen verantwortlich zu machen, und b) ist so ein Splitterbruch nicht wirklich schlimm. Hält man den Daumen ruhig, wächst der Knochen von allein wieder zusammen.

Viele Hollywoodstars machen ihren Fans das Leben schwer, mehr oder weniger, und Seagal eher mehr, denn er trägt den siebten Dan im Aikido. Er beherrscht auch Karate und den Schwertkampf Kendo, dessen Techniken sich mühelos auf den Umgang mit Küchenmessern, Billardstöcken, Regenschirmen oder Baseballschlägern übertragen lassen. Weil er nach eigenen Angaben vor Jahren in Südostasien für die CIA gearbeitet hat, kann Amerikas mythenumrankter Actionstar sogar mit Kreditkarten und Servietten töten. Er geht nie ohne Waffe aus (jedes Kaliber, das in den Gürtel paßt) und nie ohne vier Bodyguards. Und seitdem einer der ranghöchsten Führer des tibetischen Buddhismus den Helden von «Nico», «Brooklyn Massaker» und «Alarmstufe: Rot» als reinkarnierten Lama aus dem 17. Jahrhundert geoutet hat, kommen Normalsterbliche wirklich nur noch an ihn heran, wenn sie bereit sind, zu beten und zu kämpfen. Seagal besitzt Aikido-Schulen in

Japan und Kalifornien und gibt hin und wieder, wie jetzt in Paris, Seminare.

Ich hatte mir den falschen Kampfanzug gekauft. Schwarze Hose, schwarze Jacke, also gut für Kung-Fu und Kyokushin (einen der härtesten Stile im Karate), aber Aikidokämpfer tragen Weiß oder Schwarzweiß, falls sie einen Dan besitzen. In dieser Hinsicht ist Steven Seagal allerdings tolerant. Er selbst trug eine Kombination aus Buddha-Orange und Rot, die Seminarteilnehmer trugen, was sie wollten, sogar paramilitärische Uniformen mit schwarzem Gurt waren dabei. Diesbezüglich lag ich richtig. An der Farbe des Gürtels erkennt der Lehrer den Ausbildungsgrad des Schülers. Weiß steht für Anfänger; im Grunde hätte ich einen Gürtel tragen müssen, der noch ein bißchen weißer ist als weiß.

Die Halle D des Centre Sportif am Boulevard Masséna war erfüllt von Schweiß und Kampfgebrüll sowie von meinen bangen Fragen. Ich konnte nicht fallen, und wer beim Aikido nicht fallen kann, renkt sich die Schultern aus und bricht sich flott mal ein paar Knochen oder Halswirbel oder gleich das Genick, wenn es besonders dumm läuft. Beim Aikido wird nichts zerschlagen, aber alles verbogen, alles herumgewirbelt, zurückgerissen und auf den Boden geknallt, was sich nur biegen, wirbeln, reißen und knallen läßt. Im Idealfall eine sehr elegante Bewegung. Der Meister tanzt, und die Schüler fallen wie Blätter an ihm herab. Ganz so wie in «Nico», Seagals erstem Film, bei dem er schon im Vorspann Fertigkeiten demonstriert, die jeden Anfänger dazu bewegen, lieber erst vom Mattenrand zuzuschauen.

Am Mattenrand standen zwei Leibwächter mit Knopf

im Ohr und sahen sich einigermaßen entgeistert an. Zwischen ihnen und dem Leib, den sie bewachen sollten, waren etwa zweihundert Mann sowie ein paar Frauen, und selbst die wollten mit Seagal kämpfen. Für Bodyguards eine absurde Situation. Sie durften die Matten nicht einmal betreten, denn sie trugen Straßenschuhe. Zudem handelte es sich bei den Seminarteilnehmern nicht ausschließlich um disziplinierte Aikido-Studenten mit profunden Kenntnissen der Techniken und der ihnen innewohnenden Philosophie (Zen). Es waren auch Jungs dabei, die einfach nur Seagals Filme mochten.

In der Welt der Actionfilme gilt Seagal als konsequentester Kämpfer. Dolph Lundgren und Jean-Claude Van Damme schlagen zwar härter, und Jackie Chan beweist mehr Phantasie, aber bei Seagal sehen Mord und Totschlag immer noch eine Dimension brutaler aus. Szenen, in denen er seinem Gegner ein Messer durchs Ohr ins Gehirn rammt oder ihnen den Kehlkopf herausreißt, bestechen durch ihre scheinbare Authentizität. Er kämpft leidenschaftslos, könnte man sagen, er kämpft kalt, und wenn er tötet, sind in seinen Augen weder Haß noch Wut zu lesen, höchstens Verachtung und eine Spur Amüsement. Killeraugen oder der Blick eines Samurai. Beides könnte stimmen.

Seagal, Sohn eines Mathematiklehrers aus Michigan, ist die klassische Hollywoodlegende. Mit sieben beginnt er Aikido bei einem in Kalifornien lehrenden Japaner. Mit einundzwanzig folgt er seinem Lehrer in das Land der aufgehenden Sonne und bleibt fünfzehn Jahre. Er lernt bei mehreren Großmeistern, unter anderen bei Sensei Isojamei, dem Lieblingsschüler von Morihei Ueshiba, dem legendären Gründer des Aikido, und Aikikai Hombu, dessen Tochter er heiratet. Als sein Schwiegervater stirbt, übernimmt Seagal Hombus Kampfschule in Osaka. Ein Novum. Steven Seagal ist der erste und bis heute auch einzige Amerikaner, der in Japan einen Dojo führen darf. Was heißt Dojo? Eine Schule, in der man meditieren und kämpfen lernt sowie militärische Disziplin, Respekt vor dem Lehrer, Achtung der Traditionen und Verachtung der Schmerzen. Seagal trainiert acht Stunden pro Tag; nach sechs Jahren ist er soweit, daß er versehentlich Türen einschlägt, wenn er anklopft. Weil er Amerikaner ist, fordert ihn ganz Japan heraus. «Sie traten mir kräftig in den Arsch», sagte er später über diese Zeit. Er wird Großmeister, darf den entsprechenden Titel Sensei führen, hat rund zweitausend Schüler und gilt bald in fast allen Disziplinen als einer der führenden Kampfsportler Japans. Aikido, Judo, Karate, besonders schätzt er den Schwertkampf der Samurai und deren Religion: Bushido. Bu heißt Weg, Shido heißt Krieger. Wichtigste Regel auf dem Weg des Kriegers: die unbedingte Bereitschaft zum Tod.

Als Seagal nach Kalifornien zurückkehrt und in Los Angeles eine Kampfschule eröffnet, geschieht, was geschehen muß: Michael Ovitz, Chef der Creative Artists Agency (CAA) und Manager von Robert De Niro, Demi Moore, Andy Garcia und Sean Penn, wird erst sein Schüler und dann sein Türöffner bei Warner Brothers. Halleluja auf der Chefetage. Ein gutaussehender, charismatischer Nahkampfprofi, ein Großmeister der Kunst des Tötens, mit Zusatzqualifikation in Akupunktur und Teezubereitung. Schauspielerisches Talent? «Ich hatte genug, um mich selbst darzustellen.»

Mit Seagal betrat endlich wieder ein echter Samurai den Ring der falschen Helden. Wen gab es denn, nachdem Bruce Lee gestorben war? Chuck Norris, siebenfacher Karate-Weltmeister, harte Knochen, wenig Esoterik. David Carradine («Kung Fu»), Voll-Esoteriker, überhaupt kein Kämpfer. Schwarzenegger und Stallone, Bodybuilder, Bruce Willis, Boxer. Und Van Damme? Ein bißchen klein. Seagal ist zwei Meter groß. Er verfügt über die angeblich schnellste Hand im Actionkino. Selbst wenn man seine Videos in Zeitlupe laufen läßt, ist von Seagals Händen oft nur ein Schatten zu sehen, der sich so schnell wie ein Gedanke von A nach B bewegt. B ist der Dealer, der Zuhälter, der Mafiaschläger, der Terror und das Böse, wo immer er es trifft, und B war in Paris auch mein Daumen.

Bei einer Übung machte ich mit. Die einfachste, wie mir schien. Im klassischen Aikido ist sie nicht zu finden. Seagal hat sie entwickelt. Seine Daumentechnik ist nicht besonders ästhetisch, aber praktisch. Zur Abwehr eines Handkantenschlages. Er schnappt sich nicht das Handgelenk, sondern den Daumen und drückt ihn nach hinten. Der Vorteil für Seagals Gegner: Man muß nicht fallen können. Man geht nur, wie vom Blitz getroffen, auf die Knie. Die Aktion dauerte höchstens zwei Sekunden; seitdem tut der Daumen weh. Aber ich habe Seagal wenigstens einmal von ganz nah gesehen. Er ist fett geworden, er atmet schwer, er hat ein großartiges Lächeln.

Man sagt, Seagal habe in den letzten Jahren ein bißchen zu wenig trainiert und zuviel meditiert. Reporter der Pariser Presse sagten, er habe letzte Nacht einfach nur zuviel getrunken. Sie warteten vor der Halle, denn Journalisten war die Teilnahme am Seminar offiziell verboten. Sobald Seagal das Centre Sportif verließ und in die Stretchlimousine stieg, hängten sie sich dran. Am Abend zuvor hatten sie ihn in einem Nachtclub abgelichtet. Seagals Leibwächter versuchten vergeblich, sie zu stoppen. Pariser Paparazzi sind schwer zu stoppen, es sei denn, Seagal erledigt es selbst. Daumen schnappen, umdrehen, auf die Knie. Macht er natürlich nicht, weil Paparazzi nicht unterschreiben, daß er sie verletzen darf. Außerdem ist er so eine Art Buddha geworden, und Schlägereien in der Öffentlichkeit würden mit Sicherheit dem Dharma schaden.

Seagals Buddhatrip. Er besucht den Dalai Lama jedes Jahr ein paarmal in Indien. Möglichst nur, wenn sein gleichgesinnter Kollege aus Hollywood gerade nicht da ist. Richard Gere und Steven Seagal können einander angeblich nicht ausstehen. Und wenn sie in Hollywood oder in Dharamsala, dem indischen Exildorf des Dalai Lama, einmal im selben Restaurant sitzen sollten, dann nie an einem Tisch. In Dharamsala wohnen beide im Gästehaus des Dalai Lama. Den umgänglichen Gere mag der Hotelbesitzer, Seagal mag er nicht, seitdem der unlängst mit einer Blondine und vier bewaffneten Bodyguards auftauchte; Seagal trug ebenfalls eine Waffe. Der Bruder des Dalai Lama, der das Gästehaus führt, fragte nach dem Warum. Antwort: «Ich habe gehört, daß nachts Jaguare von den Bergen kommen.» Die Blondine an Seagals Seite war jung und kaute Kaugummi und fragte den Gastgeber nach «the best restaurant» in dem kleinen Dorf am Fuß des Himalaja. Der Bruder des Dalai Lama sagte später, auch sie sei waffenscheinpflichtig gewesen.

Die Kämpfer und Fans in Paris wußten nicht viel von Seagals buddhistischem Outing und wollten es nicht näher wissen. Sie kannten nicht einmal den Unterschied zwischen Wiedergeburt und Reinkarnation. Wiedergeboren werden wir alle, sagen die tibetischen Buddhisten, irgendwann, irgendwo. Reinkarnieren können nur wenige. Reinkarnieren heißt, bewußt zu bestimmen, in welchen Körper man zurückkommen will. Sich ein Leben aussuchen, wie es einem gefällt. Das können nur die Meistermönche, Lamas genannt. 1997 wurde die Welt davon in Kenntnis gesetzt, daß Steven Seagal die Reinkarnation des Lama Chungdrag Dorje sei, der vor vierhundert Jahren in einem kleinen Kloster Osttibets lebte. Das Kloster steht heute noch. Es ist bekannt für seine wunderschönen Wandmalereien.

Einmal Künstler, immer Künstler? Damals Maler, jetzt beim Film? O ja, es gab viele Fragen. Aber auch einen Daumen, der nicht mehr fragen wollte. Und jenseits der Trainingsmatten hatten die Leibwächter das Sagen. Seit jenem Tag, an dem Larry King den reinkarnierten Meister in seiner Talkshow zum Nachtisch verspeiste und das Gerücht verbreitete, eine zweistellige Millionenspende an ein Kloster in Südindien habe das Wunder der punktgenauen Wiedergeburt möglich gemacht, redet Seagal nicht mehr mit Journalisten. Seagal parierte den Vorwurf Kings noch relativ souverän. Ihm persönlich, sagte er, sei es egal, ob die Leute dächten, er habe sich den Lama-Titel gekauft. Allerdings erschüttere es ihn zutiefst, daß man dem Buddhismus Bestechlichkeit unterstelle.

Am Abend des ersten Seminartages gab es im Centre Sportif zu Paris eine Demonstration der Kriegskünste für die interessierte Öffentlichkeit. Frankreichs beste Aikido- und Kendokämpfer zeigten die reine Lehre. Ein Bogenschütze, dessen elegante Konturen einer japanischen Tuschezeichnung entnommen schienen, traf mühe- und lautlos sein Ziel. Ein Kämpfer namens Christian Tissier, wie Seagal Träger des siebten Meister-Dan, nahm es mit sieben Gegnern gleichzeitig auf. Seagal selbst schaute zu. Er saß in einer VIP-Loge, die im Halbrund um die Matten aufgebaut war. Neben ihm nahmen nur ein paar seiner engsten Schüler Platz, plus zwei Frauen, eine rothaarig, eine blond. Die französischen Aikidokämpfer gesellten sich weder vor noch nach ihren Demonstrationen zu ihm. Seagals Kampfstil ist in der Aikido-Welt umstritten. Alle bestätigen, er kämpfe genial, aber den Traditionalisten ist er definitiv zu brutal (Straßen-Aikido), und nicht jeder mag seine Filme. Wenn er sich vor aller Augen von einem vor ihm knienden Schüler die Schuhe ausziehen läßt, dann können sie das zwar verstehen, denn in japanischen Kampfschulen sind die Umgangssitten noch immer feudal, aber nie würden die französischen Meister dergleichen vor europäischem Publikum tun. Noch dazu waren es keine Schuhe, sondern Cowboystiefel. Mit dem orangeroten Buddha-Gewand eine sehr ungewöhnliche Kombination. Die Mischung aus Nippon, Hollywood und Himalaja hielt die Aikido-Traditionalisten auf Distanz. Für die Distanz ihres Chefs zu den liberaleren Aikidokämpfern waren die Leibwächter da.

Nach der Show ging Seagal durch die Halle, um vor dem Bühnenaltar eine kleine Rede zu halten. Während seines Seminars war er anders gegangen. Langsam, kerzengerade, machtvoll wie ein Berg, der Beine hat. Nun ging er, als hätte er einen Hexenschuß. Langsam, gebeugt, die Handflächen zum Gebet vor der Brust aneinandergelegt. Beinahe wie der Dalai Lama. Beinahe.

Der Dalai Lama war es übrigens nicht, der Seagals Reinkarnation verkündet hat. Das war Seine Heiligkeit Penor Rinpoche, ranghöchster Lama der Pelyül-Tradition, einer der vier großen Schulen im tibetischen Buddhismus. In

Tibet hatte Penor Rinpoche die Verantwortung über tausend Klöster, nach dem Einmarsch der Chinesen gründete er mehrere buddhistische Zentren im Exil, das größte im südindischen Bundesstaat Kerala. Er ist also kein Abweichler von der reinen Lehre, obwohl seine Geschichte von der Entdeckung eines Lama in Hollywood reichlich abwegig erscheinen mag.

Zunächst der korrekte Titel: Reinkarnierte Lamas werden Tulkus genannt, und Tulkus gibt es viele im Himalaja. Im Westen dagegen nur ein paar: einen in Montreal lebenden Kanadier (neuer Name: Tenzin Sherbab), eine Frau aus Brooklyn (neuer Name: Jetsünma), einen Spanier (neuer Name: Lama Ösel), einen Franzosen (neuer Name: Trinlay Tulku) und noch einen Franzosen, ganz jung, aber seinen Namen halten die Eltern geheim.

Wie werden diese alten Seelen Tibets im neuen Körper entdeckt? Erst fühlen es ihre Entdecker im Inneren, dann folgen die Tests. Persönliche Gegenstände aus dem früheren Leben (ein Schal vielleicht, ein Stein, Devotionalien) werden dem Prüfling zusammen mit ähnlichen, aber nicht zur damaligen Existenz gehörenden Kleinigkeiten vorgelegt. Greift er nach den richtigen Sachen, ist die Prüfung bereits zur Hälfte bestanden. Hinzu kommt, daß Tulkus detailliert von ihrer früheren Heimat träumen, spielend Tibetisch lernen und oftmals alte Bekannte wiedersehen. Ihren buddhistischen Lehrer von damals zum Beispiel, der heute ihr Schüler ist. So was soll unter Tulkus häufig vorkommen. Ein ebenfalls verbreitetes Tulku-Phänomen: Sie lieben, nach offizieller Verlautbarung Seiner Heiligkeit Penor Rinpoche, Vampirfilme. Ist das unsterblich Gute vom unsterblichen Bösen fasziniert?

Steven Seagals Outing als Tulku, sagt Seine Heiligkeit

Penor Rinpoche, sei ungewöhnlich schwierig verlaufen. Viele Devotionalien, die Steven vor vierhundert Jahren besaß, hätten die Kulturrevolution nicht überstanden. In Seagals Fall mußte sich Penor Rinpoche deshalb mehr als üblich auf seine Intuition verlassen. His Holiness ist sich aber trotzdem völlig sicher und weist das Gerücht von der zweistelligen Millionenspende, die das Wunder von Seagals Wiedergeburt vollbracht habe, entschieden zurück. Zu den Werken seines Schützlings verkündete Rinpoche folgendes: «Einige Leute denken, Steven Seagal könne kein wahrer Buddhist sein, weil er brutale Filme macht. Dem ist nicht so. Solche Filme sind pure Unterhaltung und haben nichts mit dem zu tun, was wahr und wichtig ist. Aus der Sicht des Buddhismus reinkarnieren mitfühlende Wesen in jede Art Leben, um ihren Mitmenschen zu helfen. So gesehen kann ein Heiliger durchaus auch Actionstar sein.»

Und warum hört Steven Seagal nicht auf Penor Rinpoche, der schließlich sein Guru ist? Seit seiner Entdeckung als reinkarnierter Lama hat Seagal mit der brutalen Unterhaltung aufgehört. In «Fire Down Below» schlug er sich nur halb so oft wie sonst, in «The Patriot» kämpft Seagal noch etwa fünf Minuten. Den Rest der Zeit, die nicht vergehen will, tut er Gutes und redet Gutes und spielt Gitarre. Ergebnis: Beide Filme waren Flops. Für seine Fans und Warner Brothers: Alarmstufe Rot. Der gleichnamige Film (1992) hat über achtzig Millionen Dollar eingespielt und war sein erfolgreichstes Werk. Hundert Terroristen in hundert Minuten niedergemacht, ein Kriegsschiff zurückerobert und Tommy Lee Jones ein Messer in den Schädel gerammt.

Der Held ist ein Heiliger geworden. Auch in Paris zog er an diesem Abend das Predigen einer Demonstration seiner Kampfeskünste vor. Er bewegte dabei seine geöffneten Hände synchron nach oben. Genauso langsam, wie der Dalai Lama es macht. Aber es hat niemanden interessiert.

Erst auf der Straße war Seagal wieder der alte. Seagal trat aus der Tür. Aufrecht, machtvoll, mit vor dem Bauch verschränkten Armen, von vier Leibwächtern flankiert. Ein paar Fans wollten Autogramme und kamen ihm nahe, was Seagal offensichtlich seinen Bodyguards übelnahm. «Was soll der Scheiß?» zischte er sie an und verschwand eilig in der schwarzen Stretchlimousine. Sie rollte im Dunkel der Nacht davon. Die Leibwächter mußten sie im Laufschritt begleiten. Zwei an jeder Seite. Zur Strafe? Man weiß es nicht.

Nur immer rein, der Herr!
(St. Pauli)

Maria ist eigentlich nicht mein Thema. Aber mach mal was, wenn eine brasilianische Stripteasetänzerin mit langen schwarzen Haaren, großen Augen und einer roten Lederhose als zweiter Haut dich auf ein Malzbier in ihre Wohnung einlädt. Dann läßt du dein Thema unten vor der Tür stehen und dankst deinem Schicksal.

Maria hat frei heute nacht, und sie zeigt mir ihre Wohnung. Vor dem Schlafzimmer sehe ich einen Altar. Ein Kruzifix liegt darauf, eine kleine portugiesische Bibel, eine Schale mit Blüten. Sie betet jeden Tag davor und bittet um etwas Gutes für sich, ihren Mann und ihre Freunde. Jeden Tag im zweiten Stock, Große Freiheit 4.

Unten vor der Tür steht Werner und nimmt gerade einige Herren aus Malmö ins Gebet. Auf schwedisch, was sich so anhört: «Hir ha du originale Knüllershow», sagt er, oder auf deutsch: «Hier wird live gebumst.» Und die Herren gehen rein ins Kabarett und ich raus aus Marias Wohnung, und das Neonlichtgemisch der Großen Freiheit überfällt mich.

Ja, das hier ist eine Kiezgeschichte. Und die Männer trinken heute nacht auf mein Wohl, denn ich habe Geburtstag. Zwanzig kleine Bier werden gen Himmel gestemmt und weggeschluckt, neunzehn rechte Hände und eine linke schüttle ich. Die linke gehört Mohrchen, der nur die eine hat, weil ihm die rechte bei den Saudis verlorenging. Dort soll Mohrchen einer Haremsdame am Hintern rumgefummelt haben, und das darf man da nicht.

Zwanzig Hände und die Männer, die an ihnen hängen, sind das Salz der sündigen Meile, qualifizierte Leute. «Außenwerbungs-Fachmänner» der Oberklasse. Kommunikationsgenies, die selbst noch auf japanisch reden, bis die Zunge fasert, «damit die Mädchen in den Kabaretts nicht nur zum Stricken kommen, haha».

Die «Freiheit» mit ihren neun großen Kabaretts ist ihre Piste, und diese Läden vollzukriegen ist ihr Job. Kobern nennen sie das, und kobern kann nicht jeder. Ich zum Beispiel bin eine Niete, ich bin mein Bier nicht wert und schon gar nicht den blauen Uniformmantel der Reichsmarine mit dem Elefanten dran, den ich heute trage. Es ist ein Portiersmantel des «Safari», und eigentlich haben die, die in ihm stecken, es leichter als alle anderen hier. Denn das «Safari-Sexkabarett» hat drei Eingangstüren, und die Leute brauchen immerhin dreiunddreißig Schritte, um daran vorbeizukommen.

Dreiunddreißig Schritte und drei Portiers stehen im Weg. Otto, Siggi und Enzo. Profis der alten Schule, die auf zwanzig Meter Entfernung am Schnitt der Hosen erkennen, ob da nun gleich Engländer oder Polen über ihren Laufsteg kommen. Und wenn es ein Schwabe ist, reden sie plötzlich nur noch Dialekt und erzählen von ihrer Oma, die in Pforzheim lebte. Dann muß der Günther vom «Tanga-Club» gegenüber immer herzlich lachen, weil er wirklich aus dem Schwarzwald stammt. Und wenn der Günther herzlich lacht, verstehen die Leute kein Wort mehr, denn der Günther hat früher richtige Operetten gesungen. Immer nur den Bariton und am liebsten das Lied vom «Armen Wandergesell». Also beschreiben wir doch einmal unter dem Baritongelächter des Operettenportiers, wie lang dreiunddreißig Schritte werden können:

Es beginnt in der Regel rechts außen an der «Safari»-Front, wo die St.-Pauli-Gäste aus dem Nebeneingang des Eroscenter eilen. Deren Augen stellen sich gerade vom roten Dämmerlicht des Hühnerhofs auf die taghell strahlende «Freiheit» ein, da steht vor ihnen im Lichterglanz dieser uniformierte Mensch. Ein Flottenkapitän? Ein Volkspolizist? Ein Tierparkwächter? Nein, es ist Otto, der Hobbygärtner aus Passion. Rosen, Gladiolen und Narzissen sind seine Leidenschaft, tagsüber, wenn die Sonne seinen Garten küßt. Nachts aber, rechts außen am «Safari», glüht dem Otto die Narbe quer über seiner Nase, wenn er Freier wittert. Attacke – es ist Hunting Season!

«Ah, Männer, auf euch haben wir gewartet. Hier geht's rein zum ‹Safari›. Da wollt ihr doch hin.» Das ist für Otto keine Frage, sondern eine Selbstverständlichkeit. Für das «Safari» durchquert man Wüsten, schlägt sich durch Dschungel, quält sich über Gletscher. Kein Weg ist zu lang, und alle enden im Kabarett, meint Otto. Denn hier ist der Ort, an dem man getrost seine lächerlichen Tausender lassen kann. Und die wandern zum Teil in Ottos Taschen, der das Geld bitter für seine Blumen braucht. Und Korn ist auch eine Blume.

Natürlich gehen die Angesprochenen in dieser Phase des Koberns noch weiter, so als hätten sie sich ins Eroscenter wahrhaftig nur verirrt und suchten jetzt hinter der «Freiheit» den Hauptbahnhof. Aber Otto ist hart an ihrer Seite, gibt Lebenshilfe, kostenlos und so unverbindlich wie das Lächeln eines hungrigen Krokodils: «Aber, Männer, Geilheit ist doch keine Schande. Da braucht ihr euch nicht zu schämen. Nein, am ‹Safari› geht man nicht vorbei. Das ist der schärfste Laden jenseits der ewigen Verdammnis. Ihr beißt euch ins Bein, wenn ihr das verpaßt.»

Sollte einer der Männer jetzt lachen, wird Otto das zum Anlaß nehmen, sich in seinem Stolz verletzt zu fühlen. Dann bläht er die Backen auf, die Narbe über seiner Nase vibriert wie der Degen eines Toreros, die Ehre muß wiederhergestellt werden: «Was denn, Freunde, ihr glaubt mir nicht? Ihr haltet mich für einen Lügner, Betrüger, gewinnsüchtigen Halsabschneider? Das kann ich nicht auf mir sitzenlassen, Männer. Jetzt müßt ihr mal reingucken und euch davon überzeugen, daß ich hier keinen Kokolores rede. Mein Gott, das ist mir ja noch nie passiert!»

Alles in allem waren das so ungefähr fünfzehn Schritte, wenn wir davon ausgehen, es nicht mit Japanern zu tun zu haben, und wir sind nun auf Höhe der mittleren Eingangstür.

Hier steht Siggi. Der Siebenundfünfzigjährige hält die Tür weit und einladend auf, so als hätten sich die Männer längst entschlossen einzutreten. Siggis in der Regel erster Spruch: «Soll der Rüssel in der Hose stehen, mußt du ins ‹Safari› gehen.» Dann kommt das Maschinengewehr: «Dreißig Frauen allein auf der Bühne. Von den anderen will ich gar nicht reden. Ficken im Scheinwerfer, die Gäste können mitmachen. Porno, Liveshow, internationaler Striptease. Was Sie wollen, wie Sie's wollen. Schwarze, weiße, gelbe, braune Tänzerinnen, rasiert, unrasiert.»

Sind die Passanten Engländer, hört sich das Ganze so an: «Komm on, gschentlemenns, very nize schau. Facking girls on der steitsch.» Und kobert Siggi Türken, spricht er sie grundsätzlich mit «Mein Freund Osram» an, nur weil er mal einen Türken kannte, der Ossan hieß.

Bei solchen Gelegenheiten muß sich der Schwarzwald-Günther von gegenüber an seinem Kollegen Michael festhalten, weil das Lachen ihm schier die Beine wegziehen will. Aber Siggi schafft es meistens. Die Leute bleiben verblüfft stehen – ihr Pech. Denn Otto stößt von hinten nach, geht ins Detail. Preise, Dauer der Shows, Namen illustrer Gäste. Und äußern die Leute dann den Wunsch, sich noch anderweitig auf der «Freiheit» umzusehen, wird locker die Konkurrenz niedergemacht: «Wo wollen Sie denn hin? Ins ‹TAF› etwa? Wissen Sie, was ‹TAF› heißt? Toilette auf der Freiheit heißt das. Sie wollen doch keine Toilette sehen, sondern ein Kabarett. Und da geht's hier rein.»

Wer jetzt noch immer nicht im «Safari» ist, hat noch einmal dreizehn Schritte bis zur dritten Eingangstür, wo ein entspannt lächelnder Herr mit graumelierten Schläfen wartet. Enzo. Er ist Italiener, und auf zwei Dinge legt er Wert. Erstens: seine Ehre. Zweitens: ab fünfundvierzig nicht mehr arbeiten zu müssen. Zu zweitens ist zu sagen, daß Enzo alle Tricks kennt. Als Barkeeper im Rotterdamer «Hilton» lernte er, Orangensaft und Leitungswasser zu seinen Gunsten zu vermischen. Und als Portier weiß er, daß er sich seinen Traum von einer eigenen kleinen Bar im Süden nur erfüllen kann, wenn er die kleinen Bars auf St. Pauli meidet.

Was die Ehre betrifft: Enzo mag keine «wilden Weiber», die sich ihm an den Hals werfen. Frauen müssen erobert werden. Sind also unter den Passanten, die sich an Otto und Siggi vorbeigerettet haben, Frauen, dann ist Enzo da.

«Oh, meine Damen» (ein, zwei schnelle Schritte auf sie zu), «endlich mal wieder gutaussehende Frauen.» (Bei dieser Lüge reibt sich Enzo vergnüglich die Hände.) «Ich freue mich, Sie zu sehen. Hier läuft ja sonst soviel Schrott herum. Da sind Sie eine Augenweide für einen alten Mann wie mich.»

«Aber so alt sind Sie doch gar nicht», antwortet eine der Frauen, und schon ist sie verstrickt.

«Ach ja, meine Damen, die Liebe hat mich jung gehalten. Sie verstehen. Apropos Liebe. Wir haben auch wunderbar gebaute junge Männer im ‹Safari›, nackt, mit gewaltigen ...» (Enzo mißt eine beachtliche Distanz mit den Händen), «Sie verstehen. Ich mache Ihnen einen Vorschlag, meine Damen. Ich zeige Ihnen das jetzt mal ganz unverbindlich. Und weil Sie es sind, sorge ich dafür, daß Sie keinen Eintritt bezahlen müssen.»

Das ist ein Angebot. Eintritt hat beim «Safari» noch nie jemand bezahlen müssen, weil das «Safari» keinen Eintritt verlangt, doch das nur nebenbei.

«Wirklich keinen Eintritt?» fragt die Dame.

«Sie können sich auf mein Wort verlassen», sagt Enzo, und er hat sie drin.

Nun wollen wir es nicht Lügen nennen, was die Jungs hier machen, denn die Hälfte von dem, was sie sagen, stimmt. «Bis auf Siggi, der lügt nur», sagen die Kollegen, «der braucht nur den Mund aufzumachen.» Aber bei Siggi, den man auch den Hinkel nennt, weil sein rechtes Bein aus Holz ist, hat das Lügen eine Genialität erlangt, die sich weit über jede Moral erhebt. Sein Talent kommt nicht von dieser Welt, sondern wurde in den Sphären der Geschichtenerzähler geboren, und wer von uns will sich da anmaßen, zu sagen, was wahr und was unwahr ist?

Die Geschichte, wie Siggi seiner Katze das Tanzen beibrachte, oder die, wie er mit besoffenem Kopf vorne an der «Freiheit» Eintrittskarten für die Straße verkaufte: «Fünfzig Pfennig Vergnügungssteuer.» Und was war mit dem Anwalt aus Hannover, der immer seine Sekretärin mitbrachte? Die Frau stand darauf, im Laden über den Tisch gelegt zu werden, am liebsten von Siggi.

Einigermaßen sicher ist nur, daß Siggi sein rechtes Bein bei der Horex AG verlor, als er vor nunmehr dreißig Jahren als Testfahrer vom Motorrad fiel. Das hat er nämlich schriftlich. Der Rest ist Literatur.

Selbst Otto, der seit zwanzig Jahren Nacht für Nacht an Siggis Seite kobert, wird immer wieder überrascht. «Ich kenne den Hund nun wirklich», sagt Otto, und er stampft dabei wütend mit dem Fuß auf, «aber der legt mich immer wieder rein.»

«Ja, der Siggi», brüllt von gegenüber der Bariton, «der wird ausgestopft und an die Ecke vom ‹Safari› gestellt. Ja, ausgestopft wird der!»

Kollege Michael, auch vom «Tanga-Club» wie der Schwarzwälder, findet die Idee nicht schlecht. Leise, aber phantasiebegabt variiert er das Thema: «Dann bauen wir ihm noch einen Motor ans Holzbein, und damit haut der Siggi dann immer gegen die Wand. Tak, tak, tak, wie 'ne Uhr.»

Siggi findet die Idee nicht so gut. Er will lieber ausgestopft in einem Glaskasten der Holsten-Brauerei stehen, vorne am Anfang der «Freiheit».

Nun, wir haben genug gelacht, denn jetzt biegt so runde fünfzig Meter vor uns der Ernst des Lebens in die «Freiheit» ein. Eine vielversprechende Gruppe gutgekleideter Herren. Die Portiers verstummen mitten im Satz und gieren mit Haifischaugen auf den in Nadelstreifen anrollenden Umsatz. Es geht um viel.

Die Zeiten auf St. Pauli im allgemeinen und auf der «Freiheit» im besonderen sind schlechter geworden. In den sechziger Jahren verdienten die Männer und Mädchen der Kabaretts noch, was sie wollten. Ein, zwei, drei Flaschen Mumm & Co. für dreihundertfünfzig Mark das Stück wurden von den Gästen entspannt auf die Spesenrechnungen getippt und von der Steuer abgeschrieben. War alles kein Problem. Trinkgelder flossen geschmeidig, auch für die Portiers. Der Michael vom «Tanga-Club» hatte eigens für diesen Zweck eine kleine Kleiderbürste im Mantel, mit der er den Herren zum Abschied noch die Flusen vom Kragen staubte. Zur Erinnerung: Ein Lump, der da nicht einen Schein in die allzeit behilfliche Hand gleiten läßt. Was die Jungs damals verdienten, verrät hier keiner. Aber sie haben das Geld auch wirklich nötig gehabt. «Wenn Männer wie wir mal versacken», sagt Michael, «dann wird das richtig teuer. Richtig teuer wird das.»

Es soll also bei Gott niemand behaupten, die Portiers hätten keinen Grund, hart zu arbeiten. Vor allem jetzt, in den bösen Jahren der Rezession, in denen der Schlottergeist der Sparsamkeit bis in die letzten Séparées der «Freiheit» eindringt, heißt es ranklotzen. Selbst ein alter Kober-König wie Siggi muß mit seinem Holzbein mächtig klappern, denn die jungen Kollegen sind nicht auf den Mund gefallen. Catweazle zum Beispiel.

Der heißt so, weil er so aussieht. Klein und drahtig steht er vorm «TAF», das natürlich keine Toilette ist, wie Otto verlauten ließ, sondern ein Kabarett, nicht schlechter und nicht besser als die anderen. Catweazles Kunden sind all jene, die an dem «Safari»-Team unbeschadet vorbeigekommen sind. Ganz harte Brocken also, möglicherweise sogar impotent, was Improvisation erfordert.

Mit den Bayern ist das noch relativ einfach. Die gehen schon hoch, wenn Catweazle sie fragt, ob sie aus Düsseldorf kommen. Aber nehmen wir den Herrn mit Goldrandbrille und der Aura eines Mannes, der schon alles gesehen hat. Er geht allein, trägt einen dunklen Zweireiher und schwarze italienische Halbschuhe. Catweazle baut sich vor ihm auf und schaut bewundernd an ihm herunter. «Sie haben aber ausgefallene Schuhe, mein Herr. Also, das muß ich schon sagen, das traut sich ja nicht jeder, weiße Schuhe anzuziehen.»

«Wieso weiß?» fragt der Herr. «Die sind schwarz.»

Catweazle noch immer höflich: «Aber bitte, scherzen Sie ruhig mit mir. Ihre Schuhe sind weiß, mein Herr.»

«Nein, die sind schwarz.»

Catweazle jetzt entrüstet: «Ja, bin ich denn besoffen? Nein, bin ich nicht. Ich trinke nämlich nicht im Dienst. Ist nicht gesund, so was. Mein Herr, ich schwöre, die Schuhe sind weiß. Haha, da haben Sie mich wirklich beinah hochgenommen. Schöne weiße Schuhe sind das.»

Der Dialog spinnt sich noch eine Weile fort, und der Passant gerät ins Schwitzen, denn Catweazle ist durch und durch überzeugend. Eine Kellnerin wird aus dem «TAF» geholt, auch sie sieht nur weiße Schuhe, dann ist der Mann reif.

«Ich brauch 'nen Whiskey.»

«Bitte, hier herein», sagt Catweazle.

Der nächste kommt. Ein Betrunkener. «Wo, bitte, geht es hier zum Fischmarkt?» Catweazle zeigt in Richtung «TAF»-Eingangstür: «Hier entlang, mein Freund. Im Bus nimmst du Platz und zahlst für die Fahrt. Dafür gibt's dann auch zwei Bier.» Keinen Applaus bitte, Catweazle ist souverän. «Ich weiß, daß ich arbeiten kann.»

Ganz anders geht «Tanga»-Michael ans Werk. Ruhig und höflich, immer leise und lächelnd auf die Passanten einflüsternd, umhüllt dieser Portier jedermann mit seiner Ausstrahlung von Vertrauen und Redlichkeit. Und wenn die Welt voller schlechter Menschen ist und auf St. Pauli der Nepp kassiert, dieser Mann kann nicht lügen und betrügen, nein, der kann nicht anders, als jedem die letzten Oasen achtbarer, ehrlicher Gastronomie auf dem Kiez zu zeigen: «Der ‹Tanga-Club›, meine Herrschaften.» Michaels bester Trick: die Wahrheit und nichts als die Wahrheit. «Ja, mein Herr, bei uns ist heute nacht nicht mehr viel los. Aber bei den anderen auch nicht. Wenn Sie also noch in Ruhe ein Bierchen trinken wollen, dann zeige ich Ihnen das gern einmal.»

Falls mich jemand fragen sollte: Es ist klüger, mit Michael in den «Tanga-Club» zu gehen, als mit ihm Bahn zu fahren. Vor fünfzehn Jahren war er noch Lokführer. Weil seine Frau schon damals auf dem Kiez im «Piraten-Kabarett» gearbeitet hat, trat Michael seinen Dienst bei der Hamburger Hochbahn in der Regel so an: «Morgens kam ich rein in die Führerkabine, hatte drei Captagon drin, ein paar Pfeifchen Haschisch und jede Menge Bier, und ab ging der Zug.» Normalerweise reicht geringeres aus, um bei der Bahn gefeuert zu werden, aber Michaels Chef war der treueste Kunde von Michaels Frau im «Piraten-Kabarett».

Es wird, wie gesagt, gierig gekobert diese Nacht. Die Jungs sind in Form und schleppen reichlich Nadelstreifen weg. Nur ich, und auch das wurde bereits erwähnt, ziehe nur Nieten. Und die größte Niete bin ich selbst. Ich kriege das einfach nicht hin. Dabei habe ich mir immer eingebildet, über ein gewisses erzählerisches Talent zu verfügen.

«Äh, darf ich Ihnen mal das ‹Safari› zeigen?»

«Nein.»

«Äh, schade, äh.»

Wahrscheinlich bin ich einfach nur verklemmt. So wie die bärtigen Studenten, die versteckt in ihren Parkas auf der Mittellinie der «Freiheit» entlangeilen, als führe sie nur soziologisches Interesse auf den sündhaft kapitalistischen Kiez, und die sich die Nickelbrillen putzen müssen, damit sie aus diesem Abstand noch etwas von den Nacktfotos im Aushang erkennen können.

Von acht Uhr abends bis vier Uhr morgens komme ich mit sage und schreibe drei Passanten ins Gespräch. Zwei davon fragen mich, ob ich Captagon für sie hätte, der dritte, ein Schwarzer, will von mir die in den Fenstern ausgehängten Fotos der Tänzerinnen kaufen. Das war alles.

Nein, stimmt nicht. Da war noch dieses orangerote Pärchen. Baghwan-Jünger. Und ich dachte, die kriege ich, mit denen kenne ich mich aus. Erzähle ihnen, wie auf der Bühne gebumst wird und daß es durchaus eine spirituelle Erfahrung sein kann, sich so was anzusehen. Als der Mann dann die Frau auch noch fragte, ob sie «die Energien dafür» habe, wollte ich frohlocken. Der Bann schien gebrochen.

«Geht nur rein», sagte ich, «kostet hier wesentlich weniger als die Sextherapien bei euch.»

Und was antwortet die Orange?

«Wir wollen uns das nicht ansehen. Wir wollen das selber machen. Wir suchen einen Job als Ficker-Pärchen.»

In vier Wochen werden sie insgesamt sechsundneunzigmal auf der Bühne bumsen und dafür eine hübsche Summe bekommen, und ich stehe draußen vor der Tür und bin frustriert. Operetten-Günther aus dem Schwarzwald sieht es und gibt einen Tip: «Wenn ich mal richtig daneben bin, Bengel, dann gehe ich zu den Pennern in den ‹Goldenen Handschuh› und schmeiß 'ne Lokalrunde. Dann kommt die ganze Bande zu mir, und jeder bedankt sich per Handschlag für das Bier. Wenn die damit durch sind, bin ich wiederaufgebaut.»

Ich gehe nicht in den «Handschuh», egal wie golden der ist, ich gehe zu «Gretel und Alfons». Das ist eine gemütliche, typisch hanseatische Kneipe, direkt gegenüber vom «Safari». Hier haben seinerzeit die Beatles gesoffen, weil der «Star-Club» damals zwei Häuser weiter rechts stand, und hier ist die Kantine der Portiers.

«Man kann nur eines», sagen die Portiers, «trinken oder essen.» Also trinken sie, was so ab zwei Uhr nachts losgeht und manchmal erst um zwei Uhr mittags aufhört. Kommt auf die Stimmung an. Auf jeden Fall sitzen an dieser Theke die exzessivsten und lustigsten Schluckis nördlich der Elbe.

Es beginnt mit dem «Leuchtturm», auch Albert genannt, der auf seinem Stammplatz links außen an der Theke schläft. Das tut er meistens. Nicht nur bei «Gretel und Alfons», sondern auch vor den Kabaretts, für die Albert kobert. Locker an die Wand gelehnt, die Hände tief in den Taschen vergraben, schläft der lange Albert dort seine Stunde im Stehen weg, und die Gäste kommen trotzdem, denn der alte Albert schläft seit fünfundzwanzig Jahren auf der «Freiheit». Er ist ein Denkmal, eine Rarität, ein Unikum. Nach Feierabend, also ab vier Uhr morgens, ratzt der «Leuchtturm» an der Theke weiter. Ab und an wirft jemand eine Runde, und dem Albert wird sein Glühwein hingestellt. Er trinkt ihn, ohne aufzuwachen.

Der Rest der Truppe spielt Karten und hofft, daß der kleine Roi wieder mal vorbeikommt, denn dann wird es hier saugemütlich. Der kleine Roi war ein ganz Großer auf der «Freiheit». Er ging den vielbesungenen Weg vom Portier zum Kabarettbesitzer. Ihm gehörten hier zig Läden, einen davon hat er beim Spielen wieder verloren.

Jetzt ist Roi seriös geworden, jetzt ist er weg von St. Pauli. Er besitzt das Tanzcafé «Boccaccio» am Hauptbahnhof. «Aber mindestens einmal im Monat muß ich wieder bei euch sein!» ruft Roi mindestens einmal im Monat, und dann spendiert er Lokalrunden und nervt den Operetten-Günther stundenlang, nun endlich eine Arie vorzutragen. «Ich komme doch nur wegen dir, du alte Spritdrossel. Ich will dich singen hören.»

Und irgendwann schafft es Roi immer. Dann kannst du bei «Gretel und Alfons» eine Spielkarte auf den Boden fallen hören, so andächtig still sind alle, wenn Günther sich auf den Stufen zum Hinterzimmer in Stellung bringt, seinen Brustkorb anschwellen läßt und mit ausgestrecktem Arm und seinem Bier in der Hand sein Lied anstimmt:

Ich bin nur ein armer Wandergesell –
(und nun alle!)
gute Nacht, liebes Mädel, gut Nacht.

Da wacht selbst Albert wieder auf. In so einer Nacht muß es gewesen sein, als sie Siggis Holzbein an einem Barhocker festnagelten und der das erst gemerkt hat, als er mit dem Hocker nicht ins Taxi kam.

Ping Pong
(Wien)

Ping: Gastautor Gerhard Kummer
Pong: Helge Timmerberg

Ping
Die Wahrheit ist: Meine Freundin ist mit einem anderen durchgebrannt, mein Job auch, das Buch, das ich immer schreiben wollte, ist nicht mal mehr ein Traum, die neuen Russen unter mir machen Lärm wie die Affen im Dschungel – und die Wohnung kann ich mir schon längst nicht mehr leisten. Dazu kommen: fehlende Energie, Motivations- und Ziellosigkeit, Schlafstörungen und die schlechte Angewohnheit, zuviel schlechtes Dope zu rauchen. Würde man mit mir eine Sitcom drehen, wäre ich der Loser auf einer Couch, die nicht mir gehört. Das ist die Wahrheit eine Woche vor meinem siebenunddreißigsten Geburtstag.

Was ich dem entgegenhalten kann? Nichts als täglich ein paar Klimmzüge an der Gasleitung, Tischtennis – und die Hoffnung auf ein kleines Wunder. Dazu zählen: Lottotreffer und eine Frau, die mich für den Rest meines Lebens verzaubert (und versorgt). Am besten wäre allerdings eine Erleuchtung.

Die stelle ich mir ungefähr so vor: Ich falle in tiefe Meditation (kann auch eine kurze Ohnmacht sein), öffne hinterher die Augen, und der Alptraum ist gewichen. Das bislang gefesselte Bewußtsein ist frei, entlassen Richtung Ewigkeit. Der Bann ist gebrochen, der Fluch erloschen. Ein frischer, glänzender Morgen bricht an. Keine Magenschmerzen, keine Verspannungen, kein Wahnsinn und auch kein Blues. Keine akuten Existenzsorgen. Aber Hunger. Aufs Frühstück, auf den ganzen Tag, aufs Leben selbst. Spaß. Spielerische Leichtigkeit im Tun. Mit links Kohle machen und im rechten Arm eine Mieze.

Als ich jetzt die Augen aufmache, sehe ich nur einen dreckigen Kühlschrank. Als ich den Kühlschrank aufmache, sehe ich einen dreckigen Kühlschrank von innen. Warum gehe ich nicht einfach mal an die frische Luft? Ins Kino? Weil ich tief drinnen weiß, daß die Lösung eine ganz andere ist. Ich weiß es, seit ich Ping Pong spiele.

Nur soviel: Tischtennis ist asiatischer Nahkampf – mit Schlägern statt Handkanten. Als Anfänger geht es darum, einen Kunststoffball halbwegs kontrolliert zu treffen. Der Profi hat es mit zwei Gegnern gleichzeitig zu tun: mit dem, der auf der anderen Seite der Platte steht, und mit sich selbst, dazwischen bewegt sich ein Ball mit irrem Tempo. Der Meister hingegen spielt außerhalb von Raum, Zeit und Eifersucht. Warum? Weil er aufgehört hat zu denken. Kein Gedanke mehr an den Gegner, keiner an eine Frau, keiner ans Verlieren oder ans Gewinnen. Trance als Zustand perfekter kosmischer Aktion. Alles davor ist Reaktion auf das Geschehen. Ego? Vergiß es, sonst hast du schon verloren. Als ich Pong zum ersten Mal an der Platte gegenüberstand, ließ er Raketen rüber, daß ich noch Stunden danach emotional betroffen war. Das war meine einzige Reaktion. Ich empfing die Bälle wie Ohrfeigen. Ich fragte mich, warum er nicht gleich zur Pistole greift und mich einfach umnietet. Vielleicht weil er einen halbwegs passablen Gegner braucht.

Als ich diesmal nach zwei Stunden Tischtennis in der Badewanne lag, wurde es ziemlich still in der Wohnung. Ich ließ komplett los. Ich hatte Instanterleuchtungen und brauchbare Visionen. Ich sah mich ein besseres Leben leben. Stärker, präsenter, punktgenauer. Niemals schlaff und stets entspannt. Ein perfekt ausbalanciertes Biotop. Ein Perpetuum mobile pulsierender Energie. Ein Krieger. Dann fiel mir ein, daß ich auf eine Party eingeladen war. Ich wußte, was mich dort erwartete. Schlechte Luft, gute Drogen und zu wenige Mädchen. Eine teuflische Konstellation. Solche Nächte kosten mich zwei Tage, mittlerweile. Das war nicht immer so. Bin ich älter geworden oder nur klüger? Beides, sagte ich, während ich einfach weiter in dieser Badewanne lag, schwer bekifft und schwerelos. Mein Leben wog im Moment kein Gramm, nichts wog, ich schwöre, ich habe den Mond im Wasser gesehen, groß wie ein Tischtennisball. Und plötzlich wußte ich, warum ich den letzten Satz doch nicht gewonnen hatte. 18 zu 16 lag ich schon vorn.

Pong

Eine halbe Stunde vor dem Spiel werde ich krank. Absagen will ich nicht. Da ist Psychosomatik im Spiel. Ich schleppe mich an die Platte. Normalerweise beginne ich so: Erst ein bißchen Abwehr (Ping schmettern lassen), um das Blut aufzuwärmen. Dann langsam Druck machen, Angriff erwidern, Tempo erhöhen, gelegentliche Schluß-mit-lustig-Egoattacken und schließlich Meditation, Atemübungen, während der Ball meinen Schläger sucht. Buddhistisches Tischtennis. Aber diesmal geht das nicht. Krank? Eine komische Krankheit, flankiert von wüsten sexuellen Phantasien. Die Energie fließt falsch herum, wie ein Rad, das sich rückwärts dreht. Ich habe am Vormittag mit einem Redakteur telefoniert. Er hat meinen Text redigiert. Man könnte sagen, er hat ihn gefickt. Nach dem Telefonat die Desillusion: Ich ändere mich nicht. Und ich kann mich nicht ändern. Harmoniesüchtig, liebessüchtig, konfliktscheu. Das bin ich. Pong.

Wenn die Lebensenergie wie ein Rad nach vorne drängt, nennen wir das manisch, wenn es sie in die entgegengesetzte Richtung treibt, nennen wir es depressiv. Ich spiele depressiv. Ohne Hoffnung, vor allem: ohne Sinn. Was nutzt ein Topspin, wenn ich am Telefon versage? Keine gute Frage? Gibt es überhaupt gute Fragen? Sind die Fragen das Böse und die Antworten das Gute in unserem Leben? Ich bringe die Bälle irgendwie auf die Platte, aber ich mache ohne Ende Fehler, hample, statt mit den Füßen zu arbeiten, schlage ohne Kraft, und dann, als wäre das noch nicht genug, tritt mir das Testosteron wie ein Elefant zwischen die Beine.

Von den Füßen bis zu den Haarspitzen durchschwemmen mich Phantasien. Durchschlammen mich, sollte man sagen, doch dafür ist der Fluß der Bilder zu schnell. Mein Pornoarchiv öffnet sich wie die Edertalsperre am 16. Mai 1943 nach britischem Bombardement. An einem anderen Tag hätte mich das möglicherweise vitalisiert. An diesem Tag nicht. An diesem Tag raubt mir das Karussell der geilen Weiber das letzte Quentchen Energie. Ich lege den Schläger auf die Platte, schleiche über die Straße zu Doc Sommer, um Apfelsaft im Literglas und eine Tafel weiße Vollnußschokolade zu bestellen. Dann setzt meine Erinnerung aus. Als ich wieder zu mir komme, habe ich die Schokolade aufgegessen. In dreißig Sekunden oder so. Ping dreht eine Haschischzigarette.

Ping will ein Spiel.

O. k., wo sind meine Gegner? Durch die plötzliche Zufuhr von Zucker kommt die Geilheit zurück. Ich spiele in einer Jogginghose aus leichtem Material. Was denkt Ping, wenn ich dreiarmig mit ihm spiele? Zweitens: Unter dem Einfluß von Haschisch neigt man zu Paranoia. Ich stelle mir vor, wie die Schokolade den Darm blockiert, der Magen aufquillt, der Bauch zu einer Abrißbirne anschwillt. Jetzt habe ich endgültig alles falsch gemacht. Drittens: Ping führt 18 zu irgendwas. Ich spiele zwar weiter so, als sei ich bis zu den Achselhöhlen im Sumpf versackt, aber ich gewinne.

Es geht nicht ums Gewinnen. Es geht um Spaß. Mir macht gewinnen Spaß. Ping verliert lieber. Weil Verlierer so sexy sind. Heute macht es mir keinen Spaß. Immerhin, ich habe eine Erkenntnis: Sonnensysteme explodieren, die Ameisenkönigin stirbt, Insekten reißen die Weltherrschaft an sich. Alles zweitrangig. Auch daß blinde Sänger weinen, interessiert hier nicht.

Hier geht es um den Ball.

Ein guter Tischtennisball ist Masochist, alles andere wäre für ihn eine Qual. Er freut sich über jeden Schlag. Könnte er reden, würde er sagen, daß Ping härter schlagen muß. Ping muß das Wort Schmetterball begreifen. Es gibt den Tischtennisball, und es gibt den Schmetterball. Und der Tischtennisball liebt den Schmetterball. Er sieht darin seine Transformation. Sein göttliches Wesen. Seine Unhaltbarkeit. Es gibt die Hauskatze, und es gibt den Löwen. Es gibt Kaffee, und es gibt Kokain. Es gibt Ping, und es gibt den Schmetterball.

Nein, wir nehmen keine harten Drogen während des Spiels. Wir denken nur darüber nach: Tischtennis und

Koks? Zwei Irre kloppen aufeinander ein. Tischtennis und Heroin? Wir in Zeitlupe und ein komplett beleidigter Ball. Tischtennis und LSD? Schmetterling statt Schmetterball. Wir denken sogar darüber nach, die Zirbeldrüse von Doc Sommer zu verspeisen oder Thai-Muschis zu engagieren, die auf Stühlen stehen und uns die Bälle auf die Platte schießen.

Ich will verdammt noch mal ins Spiel zurückkommen. Das Spiel ist schwach. Ich habe Rückenprobleme. Der vierte Wirbel von unten. Rot ist der Hexenschuß, das ist Gelb. Die gelbe Karte des Körpers, keine Kondition und vom Alter her Seniorenliga. Um den Ball aufzuheben, gehe ich vorsichtig in die Knie und stemme mich vorsichtig wieder hoch. An der Platte bewege ich mich steif wie ein Stock. Und noch immer sexuelle Phantasien. Es ist keine Sturzflut pornographischer Bilder mehr, nur eine Szene. Aber die kommt immer und immer wieder. Obwohl ich nicht will, daß sie kommt. Sie schert sich einen Dreck darum. Sie kommt wie der Ball, und sie wird schneller als der Ball, und sie übernimmt total: Ich habe traumhaften Geschlechtsverkehr mit einer traumhaften Frau und muß gleichzeitig Tischtennis spielen. No problem, würde der Inder sagen. Beides geht im Stehen.

Ping

Ich glaube nicht mehr an treue Blondinen. Mittlerweile hat sie neunzig Prozent ihrer Sachen geholt. Als es erst vierzig Prozent waren, hatte ich noch Hoffnung. Irgendwo zwischen fünfundfünfzig und fünfundsiebzig Prozent bin ich eingebrochen, in allen Belangen. Es war der Tag, an dem der Strohhut und ihre Wimperntusche verschwanden. Aus dem Loch kam ich wieder raus. Ich entdeckte meine

Vorhand. Und ich verbrachte die Nächte damit, im Bett zu sitzen und Energiestrahlen in ihre Richtung zu schicken. Energetischer Hausfriedensbruch. Ich wollte die beiden beim Ficken stören.

Heute finde ich den letzten Brief von ihr auf dem Küchentisch. Guter Kompromiß. Brief an der Kühlschranktür hätte mich eventuell sentimental gemacht. Alle Liebenden heften ihre Botschaften an Kühlschranktüren. Sehr beliebt sind auch Badezimmerspiegel. Der Brief knickt mich. Nein, was mich knickt, ist die Erinnerung, die hochkommt, die Schmauchspur des Schmerzes. Und jetzt, während ich den Ball in der Hand halte, weil ich servieren muß, komme ich auf den Punkt. Jetzt, acht Monate später, macht es klick: Man sollte keinem Menschen, der freiwillig geht, länger als eine halbe Stunde nachweinen. Man sollte niemals glauben, man sei allein. Das Interessante an dieser Erkenntnis ist, daß sie unmittelbar Energie freisetzt. Damit serviere ich. Pong retourniert ansatzlos. Der Ball bewegt sich direkt auf mich zu, doch alles, was ich empfinde, ist das Mysterium unendlicher Ruhe. Der Punkt geht an mich. Die nächsten drei an Pong. Seine Bälle rasen grußlos an mir vorbei. Dann folgt ein Ballwechsel über neun, zehn Stationen. Spin, Topspin, Block, Sidespin, Netzroller.

Trug ich jahrelang Handschellen?

In der Nacht nach dem Spiel habe ich einen Traum. Eine Blondine fährt mich bei Sonnenaufgang in einem japanischen Sportwagen zum Flughafen. Der Wagen ist silbergrau. Wir verabschieden uns in der großen Halle, wie schon oft in den letzten Jahrhunderten. Ich verschlafe den Flug. Man weckt mich auf dem Los Angeles International Airport. Eine Limousine wartet. Sie bringt mich zu einer Anlage oben in den Hügeln von Hollywood. Hier betreibt ein Shiatsu-Guru ein elegantes, weitläufiges Resort mit Park und Blick auf die Stadt. Der Mann sieht aus wie der junge Frank Sinatra und checkt mich durch. Zwei Sitzungen, meint er, und das Problem sei weg. Dann gibt er mir den Schlüssel zu einem der weißgetünchten, hübschen Bungalows mit Pool und eigenem Motorrad. Ich werfe mich aufs Bett und zappe durch die Kanäle. Es läuft gerade ein Video der Chili Peppers, als meine Nachbarin klopft. Eine scharfe Rothaarige in einem kurzen Kleid, höchstens dreiundzwanzig. Ich will meditieren. Sie will mich. Wir einigen uns darauf, daß wir hinterher meditieren. Das war meine erste Sitzung. Als ich die Augen wieder öffne, ist es dunkel. Nur eine Kerze brennt. Die Rothaarige ist weg, Sinatra sitzt im Lotussitz vor mir.

Pong

Mein Tischtennisschläger hat einen Kranz aus stählernen Dornen. Manchmal, wenn mich Pings Spiel unterfordert, stelle ich mir vor, eine Handvoll Skinheads mit einem Satz Vorhand-Rückhand-Ohrfeigen zu verblüffen, denn der Nazi-Kehlkopf ist, was Form, Größe und Beweglichkeit betrifft, dem Tischtennisball artverwandt. Die alte Geschichte von Gut und Böse. Das Gute braucht das Böse, um sich zu definieren, das Böse braucht das Gute, sonst müßte es sich selbst zerstören. Eine Beziehungskiste, wenn man so will. Ich gebe die Skins auf und versuche, mich zu konzentrieren. Ping hämmert wie wild. Fast könnte man sagen, er schmettert. «Das ist noch immer kein Schmetterball!» schreie ich ihn an. Nur Terror ist Training.

Ich trainiere die Rückhand, die Handgelenkpistole, die Präzisionswaffe für den punktgenauen Schuß in jenes Eck der Platte, das sich dem Einflußbereich Pings entzieht. Sie war meine Schwäche, denn da war immer ein Zögern kurz vor dem Abschluß, ein Zögern oder ein Überziehen, also ein spirituelles Problem. Ich habe nicht geglaubt, daß ich es kann. Und dann, plötzlich, im letzten Sommer, machte es klick, und die Rückhand war da. Scharfgemacht durch eine Gastspielerin (Pings Ex), und nun fragt man sich natürlich, wie so etwas zu bewerten ist. Ich habe im Alter von dreizehn bis siebzehn Tischtennis gespielt, dann habe ich aufgehört, und erst im letzten Sommer fing ich wieder damit an. Und obwohl ich mehr als dreißig Jahre keinen Schläger in der Hand gehalten hatte, brauchte es nur drei Stunden, und alles war klar. Was war geschehen, daß sich nun sogar die Rückhand eingeklickt hatte?

Da könnte zunächst der Wechsel der Gehirnhälften eine Erklärung sein. Ich hörte mit siebzehn zu spielen auf, weil ich mit siebzehn zu kiffen begann: rechte Gehirnhälfte aktiviert, linke Gehirnhälfte abgestürzt. Um ein Haar wäre ich Künstler geworden. Meditation brachte mich in die Mitte zurück, und ich wurde Journalist. Ich schrieb dreißig Jahre Tag für Tag und Nacht für Nacht, und natürlich hat Truman Capote recht, wenn er sagt, daß Schreiben nicht dasselbe wie Tippen ist, aber ohne Tippen geht es nicht, und Tippen trainiert nun mal die Rückhand, ob man will oder nicht. Tippen und Masturbieren. Wird Sabrina heute abend den Teufelskreis durchbrechen?

Bei unserem ersten Rendezvous trug sie passend zu ihren roten Haaren einen roten BH unter ihrem tiefdekolletierten Kleid, damit ich ihre saftigen Tiroler Brüste anlechzen konnte, während wir Mojitos tranken und ich ihr sieben Stunden lang Geschichten von Marokko, Ägypten, dem Libanon, Kurdistan, Persien und Indien erzählte sowie

Geschichten vom Strand der gestrandeten Geschichten (Havanna) und Geschichten vom Amazonas. Es ist ja nicht so, daß ich auf Frauen keine Wirkung hätte. Ich mache nur nichts draus. Ich rede zuviel, und ich kiffe zuviel. Beim Tischtennis kommt Kiffen geil, beim ersten Rendezvous nicht. Werde ich also heute abend Sabrinas Dekolleté endlich aus einer Perspektive betrachten dürfen, die nicht nur Seele und Geist befriedigt, sondern möglicherweise auch den Nuckeltrieb, den Sauginstinkt? Und werde ich verhaftet, wenn ich morgen nach Hamburg fliege? Die Dame vom Inkassobüro sagte, der Haftbefehl gehe in zwei, drei Tagen raus, also übermorgen, und das «Krone»-Horoskop sagt, wir haben eine Mond-Venus-Konstellation.

Zwei Neuigkeiten. Die schlechte: Sabrina kam nicht. Die gute: Ich wurde weder in Schwechat noch in Schiphol, noch in Fuhlsbüttel verhaftet. Ich habe immer für die Vereinigten Staaten von Europa gestimmt, und langsam zeigen sich die Früchte. Keine Paßkontrollen bei Flügen innerhalb der EU. Wohlbehalten traf ich einen befreundeten Chefredakteur bei einem Griechen auf St. Pauli, um eine bessere Zukunft zu besaufen, doch er hatte sich einen Virus eingefangen und trank nur Tee. Am Sonntag dann das Spiel.

Ein befreundeter Albaner kannte einen Rumänen, und der kannte den Hallenwart des Tischtennisvereins Wandsbek Nord. Die U-Bahn brauchte fast vierzig Minuten, und es brauchte noch mal zehn oder fünfzehn Minuten bis zur Halle zu Fuß durch gesichtslose Wohnblocks unter einem wolkenverhangenen Himmel. Der Rumäne, der uns führte, sah wie eine bulligere Version von Popeye aus. Der Hallenwart war ein Chinese. Er trainierte seine Rückhand an einem gut zwei Meter hohen Metallgestell mit einem Einfüllbecken für ich weiß nicht wie viele Bälle, die durch ein Loch auf die Platte geschossen werden. Geschwindigkeit und Einfallswinkel der Bälle können am Tischtennisautomaten beliebig variiert werden. Der Chinese hatte den Sekundentakt gewählt.

Wir bauten auf der anderen Hallenseite eine Platte auf und begannen, uns warm zu spielen. Wir waren zu dritt. Warum bauen wir nicht noch eine Platte auf und spielen in zwei Teams? Ich ging zu dem endlos schmetternden Chinesen rüber und fragte ihn, ob er Lust auf ein Spiel habe. Was danach geschah, läßt sich leider nicht nur damit erklären, daß mir der Schläger fremd war. Ich verlor gegen den Rumänen 21:3, und der Rumäne verlor dann gegen den Chinesen 21:0. Den zweiten Satz verlor der Rumäne nur mit 21:11, denn der Chinese hatte die spielführende Hand gewechselt und mit links gespielt. Ich verließ die Halle, sagen wir, verunsichert.

Ich weiß nicht, was ich denken soll. Einerseits haben mich die Hamburger komplett auf den Topf gesetzt, andererseits auch nicht. Die Tischtennisvereine verlieren in Deutschland seit Jahrzehnten an Mitgliedern. Die Turnhallen, die Turnhosen, das strikte Verbot von Drogen – wer tut sich so etwas freiwillig an? Richtig Geld verdienen kann man auch nicht damit. Es gibt keine Tischtennismultimillionäre, nicht einmal Tischtennismillionäre, ich bezweifle ferner, daß es Tischtennisviertelmillionäre gibt. Es ist kein Zuschauersport. Hohe Geschwindigkeit auf kleinem Raum erfordert hohe Aufmerksamkeit. Auch junge Frauen sind dazu nur punktuell fähig. Keine Miezen, keine Musik, die Liste wächst an. Quo vadis, Sportsfreund?

Genaugenommen hundertzwanzig Treppen runter, in

einem Wiener Stiegenhaus, bevor wir, den Ghettoblaster unterm Arm, die Haidgasse betreten. Jedes Haus sieht wie aus Zucker gebacken aus. In der Rotkreuzgasse, in die wir nach links einbiegen, kommen wir an einer Palmers-Plakatwand vorbei, auf der jeden Monat die Dessousmädchen wechseln. Manchmal träume ich davon, daß eines von ihnen vom Plakat heruntersteigt und uns ein Stück des Weges begleitet. Wir passieren die Große Pfarrgasse, die Kirche St. Leopold (1724) sowie die Kleine Pfarrgasse, und nicht mehr als dreißig Meter von unserer Platte entfernt hängt das nächste Palmers-Plakat, in das sie wieder hinaufklettern kann.

Der Tischtennisraum im Erdgeschoß des Hauses Große Sperlgasse 40 gehört zum gegenüberliegenden Café Sperlhof. Er ist fünfzehn Meter lang, fünf Meter breit, vier Meter hoch. Die Wände sind bis zu einer Höhe von zwei Metern grün lackiert, der Lack blättert hie und da ab, außerdem haben sich junge Menschen daran zu schaffen gemacht. Graffiti: «Fatima» und «Fuck Fuck» und «Zetjo hat den größten in der Leopoldstadt». Die Platte steht im Jugo- und Judenviertel Wiens, hinter den Mauern, durch die wir nicht hindurchgucken können, leben Serben, Albaner, Kroaten, Herzegowiner und unheimlich viele Menschen, die aussehen wie die fleischgewordene Bibel, Abteilung Altes Testament. Es gibt hier einen koscheren Supermarkt, und Ping merkt an, er möchte so unheimlich gern mal eine achtzehnjährige Orthodoxe über unkoschere Wege führen.

Ping haßt die Sachlichkeit. Sie ist ihm zu sachlich. Er würde eine achtzehnjährige Orthodoxe nicht einmal erkennen. Sie tragen keine meterlangen Bärte. Sie sind normal frisiert. Sie sind ein Augenschmaus wie ihre Schwestern am Strand von Tel Aviv. Zum Tischtennis kann ich heute nur soviel sagen: Ich wollte norddeutsch trainieren. Vorhand auf Vorhand im Sekundentakt, bis das Holz des Schlägers um Gnade winselt, für sich und seinen Gummibezug.

Ich genoß es nicht, aber es machte Sinn. Etwas, das Sinn macht, ist nicht unbedingt dasselbe wie etwas, das Sinn hat. Ich werde nie, nimmer und niemals gegen einen wie den Chinesen gewinnen. Vielleicht schaffe ich den Rumänen, aber auch das ist, let's face it, nicht einmal Wunschdenken, sondern einfach nur so dahingeschrieben. Und was den Abbau von Aggressionen betrifft: Wer so alt ist wie ich, hat eine Menge Fehler im Leben gemacht. So viele, wie es Sterne am Himmel gibt. Und über jeden einzelnen Fehler war ich wütend. Sagen wir, ich lösche mit jedem Schlag einen Stern aus. Wie lange wird es brauchen, bis ich wieder entspannt spielen kann?

Tausend Jahre Tischtennis.

Für Leute wie mich ist Jesus am Kreuz gestorben. Schon nach zwei Stunden wurde ich erlöst. Zwei Stunden sind von tausend Jahren exakt 0,00000022 Prozent. Das ist mehr als umgehend. Das ist sofort. Ein Vater kam mit seinem Sohn. Ich habe keine Ahnung, welche Nationalität. Aber hätte ich den Vater als Hauptdarsteller in einer Kafka-Verfilmung erlebt, müßte ich sagen, so sieht gutes Casting aus. Humor war nicht seine starke Seite, aber er hatte Ehre, und er hatte eine Uhr, auf die er sah, bis wir den letzten Satz beendet hatten. Mir war das scheißegal. Es ist ein ungeschriebenes Gesetz, daß der letzte Satz zu Ende gespielt werden muß, sonst öffnen sich dem Unglück Tür und Tor.

Der Sohn war ein zauberhafter Knirps von vielleicht sieben Jahren. Er war recht klein und konnte gerade mal so über die Platte sehen, und ich war gespannt auf seinen Stil. Während wir unseren Kram zusammenräumten, beobachtete ich sie. Der Vater mit dem strengen Blick legte dem Kleinen die Bälle so sanft vor, daß man glauben konnte, sie seien mit der Windel geschlagen. Und achtzig Prozent davon kamen korrekt zurück. In hohem Bogen zwar, aber der Junge beherrschte die Grundtechniken des Schlagens und freute sich jedesmal, jedes einzelne Mal, wenn er getroffen hatte. Frieden kam über die Platte.

Ping

Ich merke es schon an der Art, wie ich meine Trainingssachen anziehe. Der schwarze Sweater sitzt wie ein Tarnanzug. Die Schnürsenkel zurre ich Öse für Öse fest. Ich hole meinen Schläger aus der Hülle und betrachte ihn. Killer machen das mit ihren Waffen, kurz bevor sie das Hotelzimmer verlassen. Dazu höre ich Tito & Tarantula, die Lieblingsband von Tarantino. Ich nehme die Treppe und nicht den Lift. Am Briefkasten im Stiegenhaus gehe ich aufrecht vorbei. Auf der Straße bleibe ich kurz stehen und inhaliere die Stadtluft. Was habe ich erwartet? Die Bergluft eines japanischen Zenklosters? Ich mag diesen Moment: frisch auf der Straße.

Lufttemperatur? So um die acht Grad. Vorfrühling. Pong? Hungrig, würde ich sagen, er wartet schon auf mich. Er ist für den Ghettoblaster verantwortlich. Ich für die telefonische Anmeldung. Wir teilen diesen erlesenen Platz in der Vorstadt mit anderen Spielern. Begegnungen oder Überschneidungen gibt es so gut wie keine. Jedes Team arbeitet bis zum Schlußgong, dann legen die nächsten los. Kleine, mobile Einheiten, die auftauchen, ihren Job machen und wieder verschwinden. Jetzt ist Nachmittag, wir sind die ersten. Das heißt, der Raum ist schweißfrei und – ebenso wichtig – frei von fremden Energien. Kiffer spüren das, Meister scheren sich nicht mehr darum. Wir hetzen von Beginn an aufeinander wie von der Leine gelassen. Dazu hören wir Madonna. «Ray of Light».

Es geht nicht um Punkte, sondern um Tote. Technische Mängel mache ich durch Entschlossenheit wett. Das löst nicht alle Probleme, aber viele. Selbstzweifel sind die Bodentruppen deines Gegners. Der Schlüssel liegt darin, dem Ball deine Absichten mit auf den Weg zu geben: Ziel, Flugzeit, Rotationsgeschwindigkeit, Bösartigkeit. Tischtennis ist Wettrüsten. Ich arbeite seit zwei Monaten hauptberuflich mit der Vorhand, was meinem Spiel mehr Druck verleiht. Leider ist mir dabei die Rückhand etwas aus dem Blick geraten. Pause.

Pong verbringt sie mit Liegestützen. Er steht dabei aufrecht an der Wand, was einige Abzüge gibt. Dazwischen streift er wie ein Wolf durchs Gehege. Ich würde das auch gern tun. Ich hänge mein Gesicht ins Handtuch und werfe meine Vergangenheit in den Fluß der Zeit. Pong prügelt inzwischen unsichtbare Gegner mit dem Schläger. Ich denke daran, daß er noch immer den Schläger meiner Ex benutzt. Die Frau weiß nicht, was ihr mittlerweile entgeht: lockere, drehfreudige Hüften und eine feste, zugleich elastische Oberschenkelmuskulatur. Vielleicht sollte ich als Tischtenniscrack mit Tagesfreizeit annoncieren. Ladies, die dies wünschen, werden selbstverständlich mit dem Schläger bestraft. Gezählt wird bis 21.

Ich bin übrigens gerade Gefangener einer Vietcong-Einheit, und meine einzige Chance auf Freiheit ist ein Sieg beim Ping Pong. Mein Gegner ist der Anführer der Horde, ein echtes Schlitzauge. Wir spielen auf einer Lichtung im Dschungel. Ohne T-Shirt und mit verbundenen Augen. Das Publikum ist gegen mich, darunter jede Menge Miezen mit Mandelaugen und Schweiß zwischen den Brüsten. Die schönste ist die Favoritin von dem Kerl, den ich demütigen werde. Womit? Mit einem Schläger, auf dem das Blut meiner Vorgänger klebt. Ich glaube an den Quantensprung, an die unmittelbare Verwandlung inmitten der größten Gefahr. Alles andere sind putzige Vorstellungen.

Mit einer Frau auf dem Land leben, die Tantiemen fließen fleißig. Es ist ein Land mit sanften, grünen Hügeln, manchmal fahren wir in die nächste Stadt und machen einen drauf. Manchmal fahre ich auch allein. Außerdem haben wir ein Saturn-Jahr. Saturn steht für Ordnung, Disziplin, Schlagkraft.

Ein Wunder passiert an diesem Freitagnachmittag. Ich schlage Pong. Ganz am Schluß. Zwei Stunden habe ich gebraucht, um warm, glücklich und geschmeidig zu werden. Als ich mein Leben akzeptiere, werde ich leicht, und alles läuft von selbst. Ich liege nicht viel vorn, aber ich liege vorn, 17:15 oder so. Diesmal verbeiße ich mich nicht. Ich spiele den Satz souverän und emotionslos nach Hause. Den nächsten auch. Polizeisirenen heulen, und als ich später über die Straße gehe, sehe ich einen Vogel, der in einem eisblauen Himmel seine Kreise zieht. Ich gestatte mir den Gedanken, noch mit hundert einen Schläger zu halten. Das Leben, wie soll ich sagen, es kommt vor, daß mich auf dem Weg zum Supermarkt der Wind erfaßt.

Luft und Liebe
(Berlin – Zürich)

«Was erhoffst du dir davon? Gute Energie? Schlechte Energie? Oder eins auf die Schnauze?» Wer so sprach? Meine Freundin, vor etwa fünf Jahren. Es ging darum, daß ich ein eigenes Bett brauche. Wofür? Um darin zu schlafen. Allein? Ja, allein.

Das stellte ihr die Haare auf, wie man in Österreich sagt. Dabei ist sie keine Österreicherin, sondern Serbin, was die Sache ungleich schwieriger macht. Niemand in ihrer Familie, niemand in ihrer Stadt, niemand in Serbien schläft allein, wenn er nicht alleine ist. Sie essen auch nicht allein, trinken nicht allein, sitzen nicht allein vor dem Fernseher, das Wort «allein» gibt es da wahrscheinlich gar nicht.

Ich war einmal zu Besuch bei ihrer Familie. Das Haus ist klein, zwei Zimmer, eine Küche. In jedem Zimmer hielten sich durchgehend mindestens drei Menschen auf, in jedem Zimmer liefen zwei Fernseher, und alle redeten eigentlich immer. Schweigen gilt in Serbien als Vorstufe zur Depression. Ich muß wohl nicht erwähnen, daß es sehr, sehr freundliche, herzensgute Menschen sind. Trotzdem, nach drei Tagen war bei mir der Ofen aus. Flucht aus Belgrad. Natürlich haben sie das mißverstanden. Und erklären kann ich es ihnen nicht. Ich kann's ja nicht einmal meiner Freundin erklären, die immerhin seit langem in Berlin lebt. Wieso willst du alleine schlafen? Weil ich Platz brauche, weil ich mit ausgebreiteten Armen im Bett liege, manchmal auch diagonal, manchmal quer, weil ich Beklemmungen, ja Panik spüre, wenn ich mich nicht bewegen kann. Alles gute Gründe, aber in ihren Ohren klangen sie böse. Du liebst mich nicht.

Was ist Liebe? Ich verschiebe die Antwort auf diese Frage, denn ich fühle mich im Augenblick nicht wie jemand, der so was beantworten kann. Statt dessen ist es vielleicht sinnvoll, von meinem Zuhause zu erzählen, von meiner Kindheit. Ich war immer allein. Mein Vater arbeitete, meine Mutter arbeitete, es waren die fleißigen fünfziger Jahre. In dem Haus, in dem wir wohnten, gab's unten eine Kneipe. Da aß ich. Und? War das schlimm? Im Gegenteil. Ich fand's geil. Ich tat, was ich wollte, und ließ, was ich nicht wollte. Ich hatte Tag für Tag von neun Uhr morgens bis zehn Uhr abends hundertzwanzig Quadratmeter Altbau für mich. Zum Spielen, zum Spinnen, zum Träumen, auch zum Spannen. Durch das Küchenfenster konnte ich in die Nachbarwohnung sehen. Dort lebte eine junge Frau. Die Inhaberin eines Damenunterwäschegeschäfts. Noch mal: Es waren die fünfziger Jahre. Was die damals unterm Kleid trugen, man faßt es nicht. Ich bekam eine Menge zu sehen, so allein. Ich vermißte die Gesellschaft nicht. Und was Hänschen nicht vermißt, fehlt ihm auch als Hans nicht sonderlich. Daran scheiterten bisher alle Beziehungen.

Was ist eine Beziehung? Vielleicht ist diese Frage einfacher zu beantworten als die Frage, was Liebe ist. Kommt Beziehung von zusammen-ziehen? Oder von Bett-beziehen? Oder von er-ziehen? Wann man den Abwasch macht. Wie laut der Fernseher sein darf. Und wie laut die Musik. Sehen Frauen wirklich in ihren Männern immer nur den

Mann, der er sein könnte? Wenn er doch endlich erwachsen würde! Sobald es ans Zusammenziehen ging, begann für mich der Ernst des Lebens, und der Spaß war dahin. Es dauerte in der Regel vier, fünf Jahre, bevor ich kurz mal Zigaretten holen mußte, an einem Kiosk am anderen Ende der Welt.

Diese fünf Jahre sind um. Und wir sind trotzdem noch zusammen. Warum? Weil ich inzwischen ein Meister im Beziehungen-auseinander-ziehen bin. Es blieb nicht beim eigenen Bett, beim eigenen Raum, bei der eigenen Wohnung. Es lief auf eine eigene Stadt hinaus. Ich wohne in Zürich, sie in Berlin, und das geht, seitdem es auch auf dieser Route Billigflieger gibt. Mit Lufthansa-Tarifen wäre unsere Liebe längst kaputt. Fernbeziehung ist das ideale Konzept für mich. Man kann es auch Teilzeitsingle nennen, was eigentlich dasselbe ist. Von beiden Existenzformen wird nur das Beste herausgepickt. Ich bin hundertprozentig bei ihr, wenn ich bei ihr bin, und hundertprozentig bei mir, wenn ich alleine bin. Das ist kein fauler Kompromiß. Im Gegenteil, es hält die Liebe ziemlich frisch. Ebenso das Bruttosozialprodukt. Air Berlin könnte von meinen Be- und Entziehungsflügen seine Flotte erweitern. Und tut das wohl auch schon. Und wie geht es meiner Freundin damit?

Am Anfang sah es wie eine Vergewaltigung ihrer Bedürfnisse aus. Aber aller Anfang ist schwer. Inzwischen hat sich einiges getan. Sie ist auf den Geschmack gekommen. Im Alter von fünfunddreißig Jahren hat sie herausgefunden, daß auch sie gern diagonal, schräg, quer und mit ausgebreiteten Armen schläft. Sie wirft mich glatt aus dem Bett, wenn ich nicht von mir aus gehe. Und das ist der Trick. Wir liegen zusammen drin, bevor wir einschlafen. Und legen uns wieder rein, wenn wir aufgewacht sind. Zum Kuscheln, zum Reden, für Sex. Nur wenn ich schlafen will, gehe ich in mein eigenes Bett. In mein eigenes Zimmer.

Auch da hat sich viel getan. Anfangs kam sie rein, wann immer ihr der Sinn danach stand. Ohne zu klopfen, ohne zu fragen, einfach so. Das geht natürlich nicht. Bei niemandem. Und bei mir schon gar nicht. Weil ich ein Schreiber bin. Manche kennen vielleicht den Film «Besser geht's nicht». In dem Jack Nicholson einen Schriftsteller spielt. Sobald es auch nur an der Tür klopft, verliert er den Faden. Und wenn jemand reinkommt, verliert er gleich den ganzen Tag. Es brauchte einige Zeit, bis sie das begriff. Dann brauchte es noch mal einige Zeit, bis sie verstand, daß Schreiber auch arbeiten, wenn sie gerade nicht schreiben. Wenn sie Löcher in die Tapete gucken oder im Kreis laufen. Wir hatten endlose Diskussionen darüber.

Glücklicherweise gab es Vorbilder. Georges Simenon zum Beispiel, den Schöpfer von Kommissar Maigret. Solange er einen Roman schrieb, stellte ihm seine Frau das Essen vor die Tür, er stellte die leeren Teller zurück. Das war alles an eheinterner Kommunikation, wenn er schrieb. Allerdings schrieb er sehr schnell. Ein Buch in einer Woche. So schnell bin ich nicht. Auch nicht so erfolgreich. Ich habe kein Schloß wie der große Belgier. Aber ich habe ein Haus in Marrakesch. Dort probierte ich folgendes: Dank der niedrigen Löhne konnte ich mir eine Arbeitszimmerwache leisten. Ich bezahlte einen (befreundeten) Marokkaner dafür, daß er vor meinem Schreibstudio stand und niemanden, ich betone: niemanden, hineinließ, solange ich mich darin befand. Aus Jux und Dollerei kaufte er sich für diesen Job im Basar ein traditionelles Kriegerkostüm sowie einen Kindersäbel aus Plastik. Es hat tatsächlich funktioniert. Meine Freundin ist an ihm jedesmal gescheitert.

Auch das ist Vergangenheit. Sie akzeptiert inzwischen eine geschlossene Tür wie ein Naturgesetz. Warum auch nicht? Warum sollte man sich in intimen Beziehungen unhöflicher als in nichtintimen benehmen? Ich habe es ihr an dem Beispiel Wohngemeinschaft erklärt. In einer Wohngemeinschaft bedeutet eine geschlossene Tür: Ich brauche meine Ruhe. Zum Lesen, Denken, Gammeln, Pornogukken, ganz egal wofür. My room is my castle. Wir alle erinnern uns noch daran, wie wichtig ein eigenes Zimmer im Elternhaus gewesen ist. Und dessen Unantastbarkeit. Und wie wir uns danach gesehnt haben, endlich ganz auszuziehen. In unser eigenes Reich. Und kaum haben wir das geschafft, ziehen wir wieder mit jemandem zusammen. Ja, herzlichen Glückwunsch. Doch ist nicht jedes Zusammenleben eine Wohngemeinschaft?

Ich war jetzt drei Wochen bei ihr in Berlin. Und wollte gar nicht mehr zurück zu mir nach Zürich. Ich saß stundenlang in meinem Raum, als wär's ein anderer Planet. Ja, wenn das geht! Dann geht auch alles andere. Zum Beispiel alleine ausgehen. Das will man ja hin und wieder. Und dabei nicht auf die Uhr sehen. Oder mit Freunden allein in der gemeinsamen Wohnung sein. Die besuchen jetzt mich. Nicht dich. Oder allein joggen. Weil jeder seinen eigenen Rhythmus beim Laufen hat. Oder allein telefonieren. Allein mailen.

Das hört sich alles selbstverständlich an. Aber es gibt die täglichen Grenzüberschreitungen in einer Beziehung, es gibt sie ohne Ende. Stell dein Handy aus, und du kriegst ein Problem. Warum hast du es ausgestellt? Was hast du in der Zeit gemacht? Wobei wolltest du nicht gestört werden? Und wie reagiert ein Partner, wenn man ihm das Paßwort für die eigene E-Mail-Adresse nicht gibt? Begeistern wird ihn das nicht. Es muß ihn auch nicht begeistern. Er muß es einfach nur akzeptieren. Mails an mich sind nicht für dich. My Yahoo is my castle. Und kein Blog, in dem jeder rumfummeln kann. Ach, noch etwas, bevor ich es vergesse. Ich bin auch ganz gern allein auf Toilette. Und platze auch ungern rein, wenn sie draufsitzt. Ich habe innere Bilder von ihr. Wie sie lacht, wie sie weint, wie sie tanzt, wie sie träumt, aber ein inneres Bild davon, wie sie auf dem Klo hockt, brauch ich nicht. Zu viel Nähe schafft neue Distanz. Mit dem Alleinsein und Zusammensein ist es wie mit dem Atmen: einatmen – ausatmen – einatmen – ausatmen. Wer nur das eine will, platzt irgendwann.

Freiheit von der Freiheit

Alle sagen, ich sei unheimlich frei. Wieso? Unheimliche Freiheit braucht unheimliche Disziplin. Für meine Unabhängigkeit nach außen versklave ich mich nach innen. Anders geht es nicht. Manchmal wünsche ich mir, es gäbe eine «Rent a boss»-Agentur. Man mietet sich ein Ekel, das einmal am Tag vorbeikommt, die Arbeit sehen will und einen zusammenschreit. Einen Miet-Sklaventreiber, einen Call-Choleriker, mit bezahlbaren Tarifen. Das würde vieles vereinfachen und wäre einigermaßen absurd. Aber das Streben nach Freiheit ist ohnehin voller Absurditäten.

Alle Männer, die ich am Amazonas gefragt habe, warum sie Goldsucher geworden sind, antworteten dasselbe: Weil sie keinen Boß wollen, keine Polizei und keine Frau. Dafür nehmen sie Dauerregen, Moskito-Wolken, Malaria-Attakken und schlecht heilende Wunden in Kauf sowie bissige Schlangen, bissige Fische und bissige Indianer, um nur das Gröbste zu nennen, und davon auch nur einen kleinen Teil. Keine Macht für niemand, aber alle Macht dem Regenwald. Kein Boß ist so brutal wie die Natur. Absolute Diktatur. Außerdem: Ausgangssperre ab siebzehn Uhr. Nach Anbruch der Dunkelheit darf niemand das Feuer, das Lager, die Hängematten verlassen. Sonst wird er gefressen. Ist das frei? Ist das eine ernstzunehmende Alternative zu den Zwängen der Zivilisation?

Meine Karriere als freier Mann begann in Amsterdam, wo die Joints wie brennende Tulpen glühen. Die Folgeerscheinungen definierten Freiheit folgendermaßen: Nie vor elf aufstehen, um zwölf frühstücken und nur arbeiten, wenn es Spaß macht. Am meisten Spaß machte es auf Amphetaminen, und tausend Rock-'n'-Roll-Vokalisten versprühten ihren Speichel dazu. Mit zu dieser Freiheit gehörte, daß (fast) jede größere Stadt eine Autobahnzufahrt hat. Und (fast) jede Hand einen Daumen. Die Freiheit, auszuschlafen, die Freiheit der Straße. Wenn man jung ist, nennt man das «Rolling Stone», wenn man alt ist, Penner. Wenn Sex and Drugs and Rock and Roll zu Oldies geworden sind, nennt man es das Ende der Autobahn. Und Fragen kommen auf.

Ist Freiheit ein Ammenmärchen? Vieles spricht dafür. Ich MUSS essen, ich MUSS trinken, ich MUSS aufs Klo. Befreiung vom Körper gibt es nicht. Von den Gefühlen auch nicht. Rainer Langhans arbeitet seit dreißig Jahren daran, die Eifersucht zu eliminieren. Er kann auch die nächsten dreißig Jahre daran arbeiten, es wird nicht funktionieren. Weil die Eifersucht ein paar Millionen Jahre älter ist als er. Wir MÜSSEN uns verlieben, und wenn es schiefläuft, MÜSSEN wir Liebeskummer schieben, das ist das Diktat unserer Natur. Wir MÜSSEN leiden, wenn wir lieben. Außerdem MUSS ich Steuern zahlen, zum Zahnarzt gehen, Präservative akzeptieren und im Kino die Klappe halten. Also von welcher Freiheit rede ich hier?

Es gibt große und kleine Fallen. Und es gibt Fallen, die ein Zeitmechanismus öffnet. Doch wenn ich nach, sagen wir, dreißig Jahren feststelle, daß sich da noch nichts getan hat, MUSS ich selber was für meine Freiheit tun. Wieder ein MUSS. Aber der Zweck heiligt die Mittel. Und es ist ein großes Unternehmen. Es hat Format. Der Gegner ist Goliath. Mehr verrate ich nicht, zu privat, aber ich denke, jeder hat seinen eigenen Goliath parat, seinen großen Tyrannen, seinen Spielverderber, sein Schicksal, die dunkle Seite seines Ichs. Jedes Ich hat zwei Seiten. Und die einzige Freiheit, die ich habe, ist, mich zu entscheiden, welche Seite ich fördern will und welche ich am ausgestreckten Arm verhungern lasse. Spricht man so über Goliath, wenn man David ist? Wird es gehen, sich der Abhängigkeit Stück für Stück, Tag für Tag, fast unmerklich zu entziehen? Oder braucht es den offenen Kampf? High Noon. Victoria o muerte. Sieg oder Tod. Braucht es die Revolution?

Eigentlich braucht es nur ein Wort. Es heißt «Nein». Das «Nein» zum Fassonschnitt zum Beispiel hat mir einen Dauerkrieg mit meinem Vater eingebracht, als ich in der Pubertät war. Der Krieg weitete sich in Windeseile aus. Verwandte beteiligten sich, Wirte warfen mich raus, Zugschaffner, Busfahrer, Polizisten, eigentlich jeder, der Mitte der sechziger Jahre älter als dreißig gewesen ist, fühlte sich von meinen langen Haaren bis aufs Blut provoziert. Kann mir einer erklären, was das sollte? War das geisteskrank? Ein kollektiver Wahn? Oder stand tatsächlich irgendwo in der Geschichte der Deutschen geschrieben, daß nur Frauen lange Haare tragen? Meines Wissens stand da geradezu Gegenteiliges: Bei den Germanen galten lange Haare als Zeichen des freien Mannes. Nur den Sklaven wurden sie geschnitten. Der Fassonschnitt war undeutsch. Warum kapierte Deutschland das nicht?

Ein weiteres beherztes Nein galt dem Krawattenzwang, der Wehrpflicht, dem deutschen Schlager, dem deutschen Wetter und dem Objektivitätsanspruch im Journalismus. Nein zur Lüge, nein zur Langeweile, nein zu drogenfreien

Redaktionen. Die Freiheit der siebziger Jahre war Rausch statt Arbeit, die Freiheit der Achtziger war Rausch trotz Arbeit, die Freiheit der Neunziger sah folgendermaßen für mich aus: wohnen in Marrakesch, schreiben für den deutschen Boulevard. Einmal die Woche und so gut bezahlt, daß mir die Arbeit wie das Putzen von Aladins Wunderlampe vorkam. Vom Honorar des ersten Arbeitstages konnte ich die Jahresmiete für mein Haus bezahlen, vom Honorar des zweiten Arbeitstages richtete ich den Riad komplett ein, und wäre ich nicht irgendwann nach Kuba umgezogen, hätte ich wahrscheinlich damit angefangen, mir Kamele zu kaufen, weil ich Karawanen so mag. Leben in Havanna, schreiben für den deutschen Boulevard. Hier brachte ein Tag Arbeit das Geld für sechs Partynächte ein. Mußte er auch. Die Karawane der Salsa-Tänzerinnen wollte mit Rum versorgt sein. Ist das frei? Nein, das ist reich. Das ist Sucht. Das ist die Angst, keinen mehr hochzukriegen, die Angst, nicht geliebt zu werden, die Angst vor der Depression durch Übersättigung. Ich selbst habe es nie zu wirklichem Reichtum gebracht. Aber ich weiß es von Freunden. Die Freiheit der Millionäre ist brutal. Und die Freiheit der Milliardäre ist tausendmal brutaler. Wer sich alle Träume kaufen kann, hat bald keine mehr. Und was ist eigentlich mit der Freiheit von der Eitelkeit? Der Freiheit von der Wollust? Der Freiheit vom Neid? Ist die Freiheit von den Todsünden sekundär? Das in etwa sind meine Fragen.

Und auch die: Muß nicht, was einmal befreit wurde, immer wieder befreit werden? Hat es in meinem Leben nicht immer irgendeinen Goliath gegeben? Bin ich nicht von Falle zu Falle geflohen? Ewiges Befreien. Von ewiger Abhängigkeit. Wenn das nie aufhört, warum lasse ich es dann nicht sein? Den kräftezehrenden Kampf gegen Drogen und die Grenzüberschreitungen der Liebe. Aber auch den Kampf gegen die Beziehungsunfähigkeit, die Veranlagungen, die Programmierung der Kindheit, den Kampf gegen mich. Will ich mich von mir selbst befreien? Das wäre blöd. Denn das geht leider nicht. Auch nicht in der Meditation. Nach der Überwindung des Ichs stehen wir vor dem Über-Ich, das auch nicht ohne Ansprüche ist. Die Freiheit des Dalai Lama beruht auf der strikten Einhaltung von etwa dreihundert Regeln. Willst du das? Kannst du das? Nein. Dann laß es sein. Laß los. Mach es wahr. Egal, wie absurd das klingt (und ist). Freiheit von der Freiheit heißt mein nächstes Projekt.

Viele der hier abgedruckten Reportagen und Texte wurden zwischen 1982 und 2009 in verschiedenen Zeitungen und Zeitschriften veröffentlicht (Bild am Sonntag, BZ, Faces, Geo Saison, Merian, Neon, Neue Zürcher Zeitung, Park Avenue, Playboy, Süddeutsche Zeitung Magazin, Tempo, Wiener). Sie erscheinen hier erstmals versammelt und in vom Autor stark überarbeiteten und erweiterten Fassungen.

Das für dieses Buch verwendete FSC®-zertifizierte Papier *Lux Cream* liefert Stora Enso, Finnland.